Collection Regaud-Vento

W0306211

Cahier de physique chimie 3e

CYCLE 4

Conforme aux ajustements de programme 2020

Sous la direction de
Denis REGAUD et Gérard VIDAL

Aurélie BÉLANGER
Julien BERTHERAT
Laurent CAÏTUCOLI
Thomas CASTELAS
Alexandra DELVALLE
Guillaume FOSSET
Nancy GARRABOS
Fabrice GRIMAUD
Sophie MOUSTIER
Denis REGAUD
Didier SBROGGIO
Gérard VIDAL

bordas éditeur

Sommaire

DOC activité documentaire EXP activité expérimentale INV démarche d'investigation

Organisation et transformations de la matière

1. DOC Quels sont les constituants d'un atome ? 4
2. DOC Quels éléments trouve-t-on sur Terre et dans l'Univers ? 8
3. EXP Comment identifier certains ions dans une solution ? 12
4. DOC Comment interpréter la corrosion d'un métal ? 16
5. EXP Que sont les solutions acides, basiques et neutres ? 20
6. DOC Le noyau atomique peut-il subir des transformations ? 24

Mouvements et interactions

7. DOC Comment modéliser des actions et des interactions ? 28
8. DOC Comment modéliser la gravitation universelle ? 32
9. EXP À quelle condition un objet est-il en équilibre statique ? 36
10. INV Poids et masse 40

L'énergie et ses conversions

11. EXP De quelles grandeurs dépend l'énergie cinétique ? 44
12. INV Énergie potentielle 48
13. EXP Quelle loi caractérise une résistance ? 52
14. INV Tension continue et tension alternative 56
15. DOC Comment l'énergie électrique est-elle transportée ? 60
16. EXP Quelles caractéristiques présentent la tension du secteur ? 64
17. DOC Quels dispositifs protègent des dangers du courant électrique ? 68
18. INV Puissance électrique 72
19. EXP Quelle est la relation entre puissance, tension et intensité ? 76
20. DOC Comment est mesurée l'énergie électrique facturée ? 80
21. DOC Comment est utilisée l'énergie nucléaire ? 84
22. DOC Comment s'effectue un transfert thermique ? 88
23. EXP Quel est le bilan énergétique d'un moteur électrique ? 92

Des signaux pour observer et communiquer

24. EXP Comment mesurer une distance grâce aux ultrasons ? 96

Tâches complexes

1. La planète Kepler-452b 100
2. Les dangers de l'électrocution 101
3. Une mare bien vivante 102
4. Allumer le feu ! 103

As-tu compris comment...

1. Diluer une solution acide 126
2. Traduire une chaîne énergétique par un diagramme 127
3. Mesurer un poids à l'aide d'un dynamomètre 128
4. Conduire une activité expérimentale 129
5. Comprendre les attendus d'un énoncé 130

Fiches outils

1. Les pictogrammes de sécurité 131
2. Schémas et symboles 132
3. Unités, multiples et sous-multiples 133
4. Les puissances de 10 134
5. Mesurer un pH 135
6. Les fonctions d'un multimètre 136
7. Modéliser un graphique avec un tableur 137
8. Précision des mesures et des résultats 138
9. Rédiger la solution d'un exercice 139

Le dico

Les mots importants de l'année 142

Édition : Julien Barret
Conception graphique : Oxygène
Coordination artistique : Pierre Taillemite
Composition et schémas : STDI
Iconographie : Nathalie Lasserre
Fabrication : Jean-Philippe Dore
Illustrations : Bod'z
Couverture : Pierre Taillemite
Relecture des textes en anglais : Carleton Horner

Dossier Brevet

Le mémo

Toutes les connaissances du cycle 4 104

Les sujets de brevet

1. La surveillance de l'eau d'une piscine municipale 112
2. Le dispositif de sécurité d'un TGV 114
3. Autonomie d'une automobile électrique 116
4. La détermination de la distance Terre-Lune par « Écho-Laser » 118
5. La pétanque 120
6. Gravure aux « eaux fortes » 122
7. Cartographier la Voie lactée 124

Exercices sur le développement durable

- Atmosphère, atmosphère... 11
- La chimie autour de nous (terres rares) 11
- Acidification des océans 18
- Acid rain 23
- Wind power 59
- La centrale hydraulique 62
- Hydrolienne 62
- La physique autour de nous (consommation) 74
- Sortir du nucléaire 75
- Wind turbines 75
- Numérique et environnement 82
- Éteint, c'est plus cher ! 83
- Du vent 86
- Mieux vaut s'isoler 90
- Vue d'en haut 90
- Effet de serre et réchauffement climatique 91
- Chaleur sous les toits 94
- Une mare bien vivante 102

Exercices sur l'Histoire des sciences

- Activité documentaire 4
- Faraday's Experience 14
- Un couple rayonnant et très actif 26
- Rutherford's discovery 27
- Le point de vue de Newton 35
- Continu ou alternatif ? 59
- La guerre des courants 62
- Circuit breakers 71

Je sais...

- Utiliser le tableau périodique 140
- Faire des conversions (1) 140
- Mesurer un pH 140
- Utiliser un tableur 140
- Écrire le résultat d'un calcul 140
- Mesurer une force 141
- Faire des calculs en tenant compte des chiffres significatifs 141
- Représenter une chaîne énergétique 141
- Modéliser un graphique avec un tableur 141
- Convertir des unités de vitesse 141
- Calculer un pourcentage 141

Crédits photographiques

Couverture : © Heath Korvola/GETTY IMAGES ; © SF/SHUTTERSTOCK ; © Choja/GETTY IMAGES ; © Chris Holman/ADOBE STOCK.

Pages : 6 © SF/SHUTTERSTOCK ; **7 g** © Power and Syred/SPL/COSMOS ; **7 d** © Garo/PHANIE ; **8 m** © NASA ; **8 d** © ITER ; **8 g** © S. Andrews (Harvard-Smithsonian CfA), ALMA (ESO/NAOJ/NRAO)/ ESO ; **16** Coutoisie de Melissa Lowery/Etsy ; **18** © Viperagp/FOTOLIA ; **22** © BOYER/ANDIA ; **23** © CuboImages/LEEMAGE-OPALE ; **26 d** © Gribayyedoff/Archives Larbor/BIS ; **27** Droits Réservés ; **28** © EQI/PANORAMIC ; **31** © Drustizin/DREAMSTIME ; **35** © National Portrait Gallery/Archives Larbor/BIS ; **39 g** © Bettemann/CORBIS/GETTY IMAGES ; **39 d** © Emile POL/SIPA PRESS ; **43 g** © ESA ; **43 d** © NASA/SPL/COSMOS ; **46** © INSURANCE INSTITUTE FOR HIGHWAY SAFETY ; **47 ht** © XPB/ICON SPORT ; **47 bas** © Mauricio GRAIKI/SHUTTERSTOCK ; **50 ht** © Arkanoid/FOTOLIA ; **50 bas** © Helge TSCHARN/RED BULL CONTENT POOL ; **55 ht** © Denis REGAUD ; **55 bas** © Texex/FOTOLIA ; **59** © Cameron DAVIDSON/CORBIS/GETTY IMAGES ; **62** © Kampan/ADOBE STOCK ; **63 m** © Bain Collection/Library of Congress ; **63 d** © Joseph G. Gessford/Library of Congress ; **63 d** BIS/Ph. Coll. Archives Larbor ; **67** © VTT Studio/ADOBE STOCK ; **69** © Stefanu GARAU/FOTOLIA ; **71 htg** © Historical Pictures, STOTZ ; **71 m** © Historical Pictures, STOTZ ; **75** © Elena ELISEEVA/SHUTTERSTOCK ; **79 g** © Denis REGAUD ; **79 d** © Krsik/SHUTTERSTOCK ; **83** © GETTY IMAGES France/Corbis/Kevin Shafer ; **90 htg** © Denis REGAUG ; **90 basg** © Stocksolutions/FOTOLIA ; **90 basd** © Ingo BARTUSSEK/FOTOLIA ; **95** © Gosphotodesign/FOTOLIA ; **99** © USGov/PD ; **100** © NASA ; **102** © Michael MARTEN/SL/COSMOS ; **103** © Karine VILLALONGA:SIPA PRESS ; **112** © FOTOLIA/Packshot ; **120** © FOTOLIA/Lightpoet ; **122** © CENSIG Jean ; **124** © ESA ; **142** © Shishiga/FOTOLIA ; **143 basg** © Coll. Archives Larbor/BIS ; **143 htd** © Aisa/LEEMAGE-OPALE ; **144 g** © Francis SIMON/SPL/COSMOS ; **144 basd** © Coll. Archives Larbor/BIS.

Photos non référencées : Philippe Guignard/Air Images - Contreforts Production

1 Quels sont les constituants d'un atome ?

Activité documentaire

Si tu ne comprends pas certains des mots utilisés dans cette activité, demande à ton professeur ou consulte le Dico, p. 142

Historique de l'atome

Quatre siècles av. J.-C., le philosophe grec Démocrite imagina que la matière était constituée de petites particules indivisibles, les atomes. Au début du XIXe siècle, J. Dalton émit, sur la base d'expériences, l'hypothèse que la matière était formée d'atomes associés les uns aux autres.

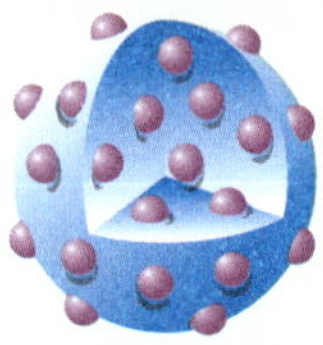

modèle de Thomson 1902

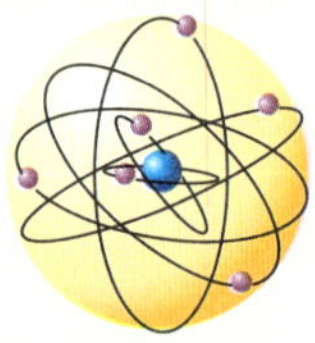

modèle de Rutherford 1909

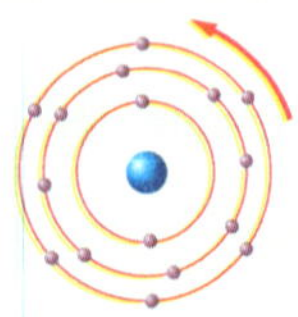

modèle de Bohr 1913

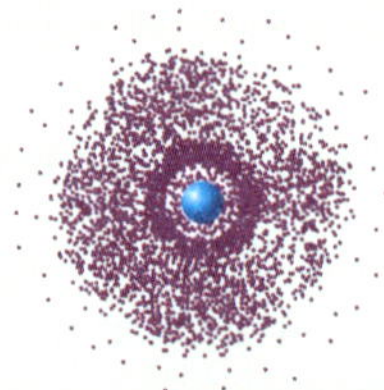

modèle de Schrödinger 1927

Presque 100 ans plus tard, J.J. Thomson découvrit l'électron – l'atome n'est donc pas indivisible – et proposa un modèle compact comparable à un « pudding » chargé positivement et fourré d'électrons. En 1909, E. Rutherford découvrit que l'atome était constitué d'un noyau autour duquel tournent les électrons. N. Bohr pensa que les électrons se déplacent sur des « orbites » bien définies. Toujours utilisé, le modèle de Schrödinger (1927) définit des zones dans lesquelles il y a le plus de chance de trouver les électrons, mais sans connaitre précisément leurs positions. Le diamètre de l'atome est de l'ordre de 10^{-10} m.

Le noyau de l'atome

Le noyau, de diamètre de l'ordre de 10^{-15} m, est formé de deux types de particules, appelées nucléons : le proton et le neutron. Leurs caractéristiques sont très proches, mais le proton est chargé positivement alors que le neutron n'a pas de charge électrique.

Extrais des informations

1. Quelles particules sont présentes dans un atome ? Où se trouvent-elles ?

2. Quels types de charges possèdent les protons, les neutrons et les électrons ?

3. Donne l'ordre de grandeur du diamètre de l'atome et de son noyau.

Interprète

4. Quel est le modèle de l'atome utilisé de nos jours ? Quelle différence a-t-il avec le modèle de Bohr ?

5. Quel est le type de charge du noyau ?

6. Compare les ordres de grandeur du diamètre de l'atome et de celui de son noyau.

Rédige ta conclusion

....

....

L'essentiel à compléter

- Un **atome** est constitué d'un noyau autour duquel se déplacent des ....
- L'électron possède une charge négative. Le noyau de l'atome est constitué de particules appelées les **nucléons**. Il s'agit des ...., électriquement neutres, et des ...., chargés positivement.
- Le nombre de protons de l'atome, caractérisé par le **numéro atomique** noté **Z**, est égal au nombre d'électrons. La charge électrique totale d'un atome est nulle, il est électriquement ....
  Dans le tableau de la couverture, les atomes sont classés par numéros atomiques croissants.
- La dimension du noyau de l'atome est de l'ordre de 10^{-15} m. Elle est environ 10^5 fois .... à celle de l'atome. L'atome est donc formé essentiellement de vide. Il a une **structure lacunaire**.

As-tu compris l'essentiel ?

1 Légende

Place les mots « électron », « proton » et « neutron » sur le schéma suivant représentant un atome.

2 Vrai ou faux ?

Coche la réponse correcte et corrige les phrases fausses.

a. Un atome est composé d'un noyau.

☐ Vrai ☐ Faux

....

....

b. Un atome est électriquement neutre.

☐ Vrai ☐ Faux

....

c. Les électrons et les protons constituent les nucléons.

☐ Vrai ☐ Faux

....

....

d. Le noyau de l'atome est 100 000 plus grand que l'atome.

☐ Vrai ☐ Faux

....

....

3 Fais le bon choix

Quelle est la représentation correcte de l'atome d'oxygène ?

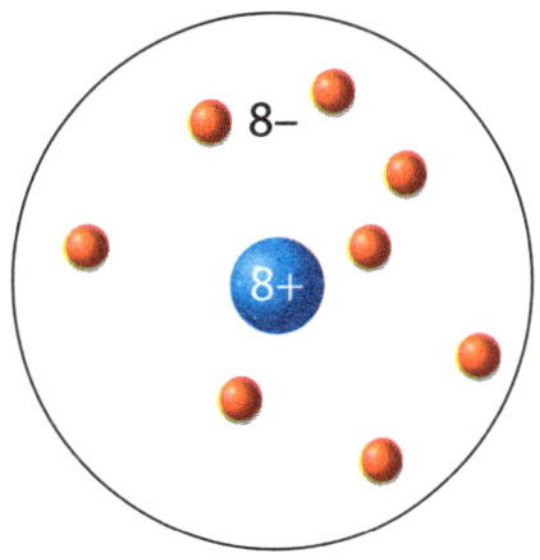

☐

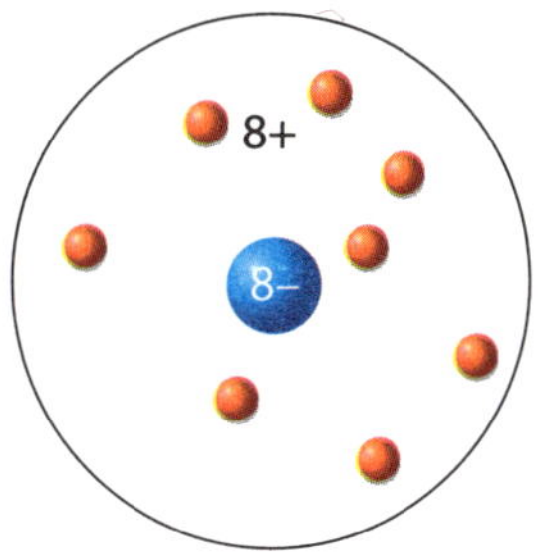

☐

4 Relie

Relie la dimension de l'atome d'hydrogène avec sa valeur correcte.

$1{,}06 \times 10^{-15}$ m • $1{,}06 \times 10^{10}$ m • $1{,}06 \times 10^{-10}$ m

• Dimension de l'atome d'hydrogène

Fais le point sur tes compétences

5 Constituants de l'atome d'azote*

D1 Comprendre des documents scientifiques ○I ○F ○S ○TB

L'élément azote est le plus présent dans l'atmosphère. Son symbole est N, il a pour numéro atomique Z = 7.

a. Quelle est la charge totale de l'atome d'azote ?

....

....

b. Combien de protons et d'électrons l'atome d'azote possède-t-il ?

....

....

c. Détermine, d'après le tableau périodique (voir le rabat du cahier), les numéros atomiques du carbone et de l'oxygène et compare-les avec l'atome d'azote.

....

....

....

6 Représentation d'un atome*

D4 Tirer des conclusions ○I ○F ○S ○TB

Les avionneurs utilisent un métal léger pour la construction de certains avions. Une particule de ce métal a pour numéro atomique Z = 13. Elle possède 13 charges positives et 13 électrons.

a. De quel type de particule s'agit-il ?

....

....

b. Complète ci-dessous le schéma de cette particule. Représente un électron par un point rouge et le noyau par un point bleu.

c. Grâce à la classification périodique de la couverture, donne le nom de l'élément chimique correspondant.

....

d. Combien cet atome possède-t-il de protons ?

....

7 Un problème d'échelle*

D4 Tirer des conclusions ○I ○F ○S ○TB

La taille d'un atome est de l'ordre de 10^{-10} m, celle de son noyau est de l'ordre de 10^{-15} m.

En comparant le noyau de l'atome à une balle de tennis de 6 cm, quelle serait alors la taille de « l'atome » ?

....

....

8 La chimie autour de nous**

D1 Comprendre des documents scientifiques ○I ○F ○S ○TB

L'Atomium est un monument de 102 m de haut se trouvant à Bruxelles. Il représente un cristal de fer composé de 9 sphères de 18 m de diamètre, chacune représentant les atomes.

Diamètre de l'atome de fer : $2{,}8 \times 10^{-10}$ m
Longueur de l'arête du cristal de fer : $3{,}2 \times 10^{-10}$ m

a. Combien de fois est agrandi l'atome de fer dans l'Atomium de Bruxelles ?

....

....

b. Quelle longueur de tube a dû prévoir l'architecte de l'édifice pour construire une arête de l'Atomium ?

....

9 Un atome à la masse !**

D4 Tirer des conclusions ○I ○F ○S ○TB

L'atome d'hydrogène est le plus simple des atomes. Le noyau comporte un seul proton de masse $1{,}67 \times 10^{-27}$ kg, et un électron de masse $9{,}1 \times 10^{-31}$ kg.

Zélie veut corriger ce dessin fait par un camarade pour son exposé. Ce dessin représente une balance de Roberval et les constituants d'un atome.

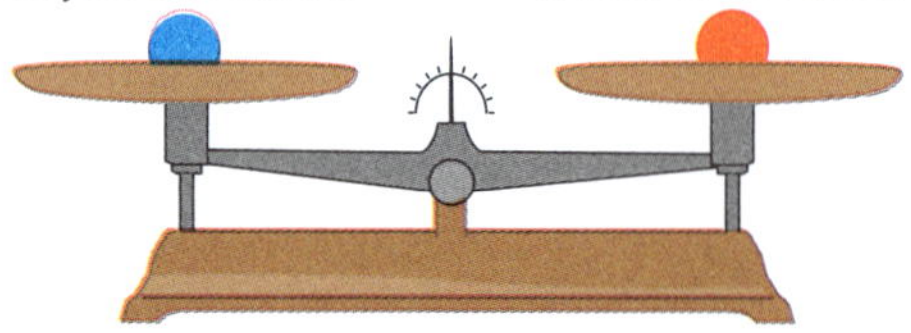

a. Effectue le quotient $\frac{m\text{ (proton)}}{m\text{ (électron)}}$ dans lequel m représente la masse.

....

b. Comment modifierais-tu sa représentation ?

....

....

c. Que peux-tu en conclure quant à la répartition des masses dans un atome ?

....

....

10 Split hairs★★

D1 Comprendre des documents scientifiques ○I ○F ○S ○TB

Hair is different following individuals. They are more or less thick. Their widths vary from 50 to 100 micrometers.

Diameter of atom: 1×10^{-10} m

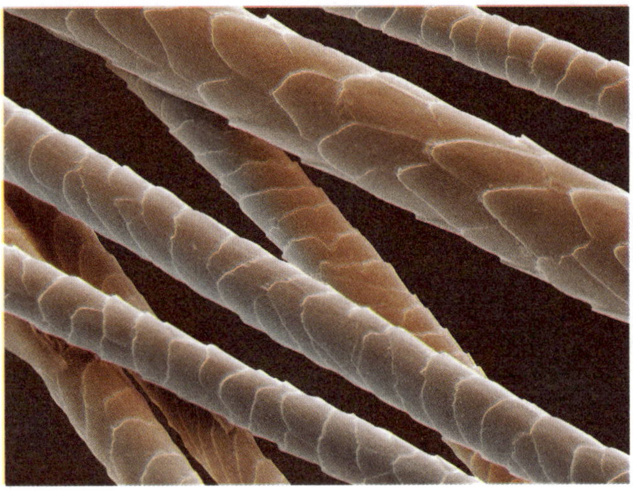

Leo has one million atoms in the thickness of a hair.

Leo a-t-il des cheveux épais ?

....

....

11 Prends des initiatives★★

D4 Identifier des questions de nature scientifique ○I ○F ○S ○TB

Nicole aimerait savoir combien d'atomes approximativement rentrent dans nos poumons lors de la respiration. Renseignements pris sur Internet, elle trouve que pour chaque inspiration, il entre environ 2 L d'air dans les poumons. 1 L d'air a pour masse 1,2 g. Un atome d'oxygène a pour masse $2,7 \times 10^{-26}$ kg et un atome d'azote $2,3 \times 10^{-26}$ kg.

Trouve ce nombre et conclus.

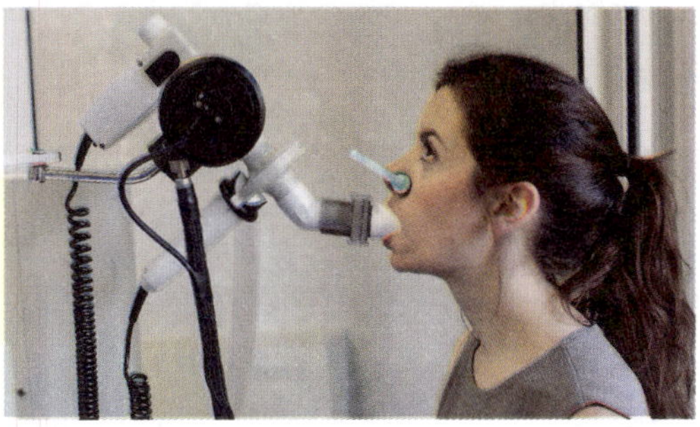

....

....

....

....

....

....

....

....

12 Je sais le « fer »★★★

D4 Tirer des conclusions ○I ○F ○S ○TB

Marie a lu que le fer, de symbole Fe, est le 6e élément le plus abondant dans l'Univers et qu'il compose environ 5 % en masse de la croûte terrestre. Il possède aussi 30 neutrons mais elle ne connaît pas son nombre de nucléons.

Masse totale des électrons de l'atome de fer : $2,366 \times 10^{-29}$ kg
Masse d'un électron : $9,1 \times 10^{-31}$ kg
Masse d'un nucléon : $1,7 \times 10^{-27}$ kg
Rayon de l'atome de fer : 142 pm

a. Combien d'électrons et de protons possède l'atome de fer ? Combien de nucléons ?

....

....

....

....

....

b. En négligeant la masse des électrons, quelle est la masse volumique de l'atome de fer ?

....

....

....

....

2 Quels éléments trouve-t-on sur Terre et dans l'Univers ?

Activité documentaire

Si tu ne comprends pas certains des mots utilisés dans cette activité, demande à ton professeur ou consulte le Dico, p. 142

Fig. 1 Tokamak d'ITER : il permettra à l'hydrogène d'atteindre 150 millions de degrés Celsius

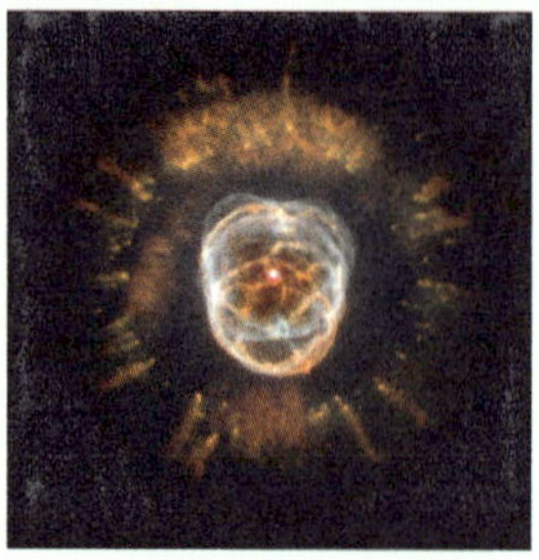
Fig. 2 Nébuleuse de l'eskimo. L'étoile au centre a explosé voici 10 000 ans.

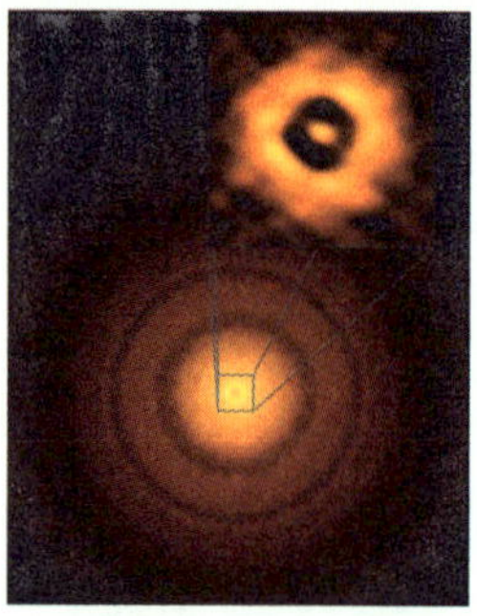
Fig. 3 Disque de formation planétaire autour de la jeune étoile TW Hydrae, étoile semblable au Soleil

La construction de la centrale ITER a débuté en 2010 pour une mise en service prévue en 2025. Son objectif est de produire de l'énergie par formation d'un noyau d'hélium à partir d'hydrogène, reproduisant ainsi un « Soleil sur Terre ». Pour cela, des températures impressionnantes devront être atteintes. C'est un défi technique (Fig. 1).
À ces températures, les atomes ne peuvent conserver leurs électrons, seuls les noyaux sont stables. Le terme élément est alors utilisé pour décrire toutes les formes dans lesquelles le noyau d'un atome peut se retrouver.
Dans notre Soleil et dans toutes les étoiles, des éléments sont forgés à partir de l'hydrogène issu du Big Bang. Les noyaux plus gros ou plus riches en protons, comme le fer, sont créés dans le noyau des étoiles ou lors des supernovæ (explosions d'étoiles) à des températures de plusieurs milliards de degrés Celsius (Fig. 2) ! Lors de ces explosions d'étoiles géantes, les couches externes contenant tous les éléments présents sont éjectées dans l'espace à des vitesses très élevées.
Ainsi ces éléments formeront des nébuleuses, ou nuages de poussières (Fig. 2). Et après différentes transformations, de nouvelles étoiles se formeront, entourées de nouvelles planètes contenant les mêmes éléments que toutes les autres planètes et étoiles de l'Univers (Fig. 3). L'oxygène de l'air, le fer de nos globules rouges, l'or de nos bijoux, tous proviennent des étoiles ayant déjà brillé et explosé dans un autre ciel.

Extrais des informations

1. Quel évènement a initié la formation de tout l'hydrogène de l'Univers ?

....

2. Les éléments présents sur Terre sont-ils différents de ceux présents dans une autre planète ? Dans une étoile ?

....

Interprète

3. Pourquoi la centrale ITER va-t-elle produire l'élément hélium et pas l'élément fer ?

....

....

4. Du fer est présent dans la croûte terrestre. Provient-il du Soleil ou d'une autre étoile ?

....

....

....

Rédige ta conclusion

....

....

....

....

....

....

L'essentiel à compléter

- Un élément est défini par son nombre de .... correspondant à un numéro atomique .... Un .... correspond à toutes les formes possibles sous lesquelles un noyau atomique peut se présenter.
- Tous les éléments présents sur Terre sont .... à ceux présents dans le reste de l'.............................. . L'.............................. a été le premier élément créé après le Big Bang, il est le composant principal des étoiles.
- Dans les ...., des éléments sont produits si la ....
- Une .... est le résultat de l'explosion d'une étoile. Les éléments produits sont expulsés dans l'espace et formeront des nébuleuses. À leur tour, ces éléments disséminés pourront former des étoiles ou des planètes.

As-tu compris l'essentiel ?

1 Fais le bon choix

a. L'hydrogène de l'Univers a été formé :

- ☐ après le Big Bang
- ☐ lors d'une supernova
- ☐ dans le Soleil

b. La constitution d'un élément dans l'Univers :

- ☐ dépend de l'étoile
- ☐ dépend de la planète
- ☐ est identique partout

c. Un élément est défini par son nombre :

☐ de protons ☐ de neutrons ☐ d'électrons

2 Relie

Relie le nom de l'élément avec sa position dans l'étoile.

fer •

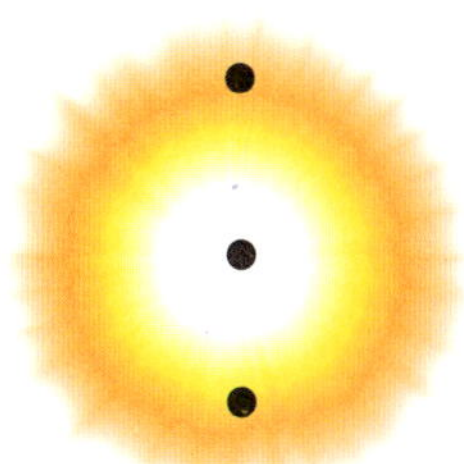

• hydrogène

• hélium

3 Vrai ou faux ?

Coche la réponse correcte et corrige les phrases fausses.

a. La formation des éléments dans les étoiles a lieu à faible température. ☐ Vrai ☐ Faux

....

....

b. Une nébuleuse est une explosion d'étoile, dispersant les éléments. ☐ Vrai ☐ Faux

....

....

c. Un atome de carbone sur Terre est identique à un atome de carbone sur Mars. ☐ Vrai ☐ Faux

....

4 Entoure

L'atome de carbone contient 6 protons. Entoure les propositions correctes décrivant l'atome de carbone :

a. Symbole C **b.** Symbole Ca

c. Numéro atomique : $Z = 6$

d. Numéro atomique : $Z = 12$

5 Poussière d'étoile...*

D1 S'exprimer à l'oral lors d'un débat ○ I ○ F ○ S ○ TB

L'astronome Hubert Reeves déclare que nous sommes « tous des poussières d'étoiles ».

Formez des groupes, argumentez à propos de cette affirmation. Rédigez ces arguments afin de préparer une réponse orale.

6 Étoile d'avant**

D4 Développer des modèles simples ○ I ○ F ○ S ○ TB

La décomposition de la lumière d'une étoile permet d'identifier les éléments l'entourant. Si seuls des éléments légers sont présents autour d'elle, l'étoile est un témoin des premiers temps de l'Univers. La présence d'éléments lourds signale une étoile formée à partir d'éléments dispersés par une supernova.

Voici l'analyse comparée de la lumière du Soleil et de l'étoile Pristine 221 dans laquelle chaque pic coloré est caractéristique d'un élément.

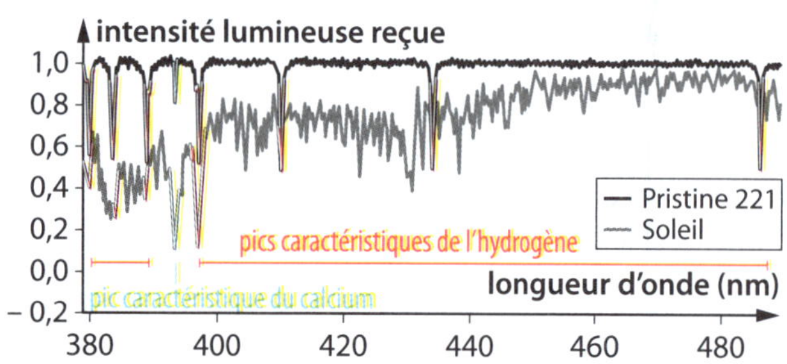

a. Combien d'éléments signale le spectre de l'étoile Pristine 221 ? Lesquels ?

b. Ces éléments sont considérés comme « légers ». Justifier ce terme en utilisant le tableau périodique.

c. Le Soleil et Pristine 221 ne sont pas des étoiles de la même génération. Expliquer cette appellation.

d. Pourquoi Pristine 221 est-elle un témoin des premiers temps de notre Univers ?

7 Caché dans la lumière du Soleil**

D4 Développer des modèles simples ○ I ○ F ○ S ○ TB

Le spectre d'une lumière est obtenu expérimentalement en séparant les couleurs composant cette lumière. Chaque couleur est représentée par une longueur d'onde. Lorsqu'un élément est présent dans la couronne de gaz entourant une étoile ou dans l'atmosphère d'une planète, il absorbe de la lumière. Cette lumière est absente et ainsi des raies noires apparaissent dans le spectre de la lumière traversant le gaz.

a. Dans le schéma ci-dessous, représentant le phénomène d'absorption de la lumière, quel astre représente la lampe en astronomie ?

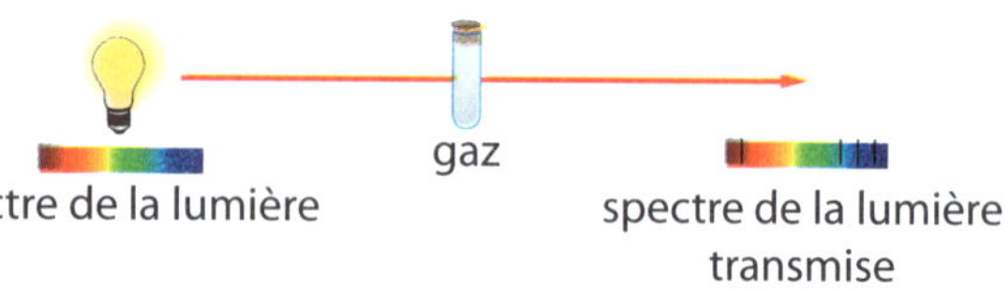

b. Dans le spectre du Soleil ci-après, les raies H, F et C sont causées par l'hydrogène. À quelles longueurs d'onde correspondent-elles ?

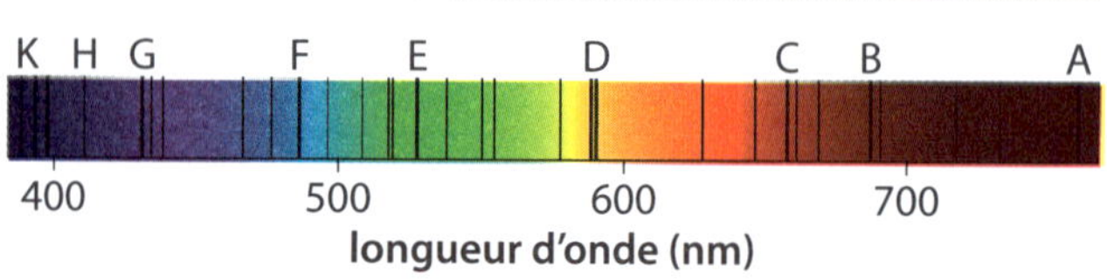

c. Est-il normal de trouver de l'hydrogène dans la couronne de gaz entourant le Soleil ?

8 Atmosphère, atmosphère...★★

D4. Passer d'une forme de langage scientifique à une autre ○ I ○ F ○ S ○ TB

Lors de son « transit », Vénus passe entre la Terre et le Soleil. Les astronomes sont alors capables de déterminer la composition de son atmosphère en analysant la lumière du Soleil la traversant.

a. L'atmosphère de Vénus est composée de 96,5 % de dioxyde de carbone et de 3,5 % de diazote. Compare ces valeurs à celles de l'atmosphère terrestre, indiquées par l'histogramme ci-contre.

gaz de l'atmosphère terrestre

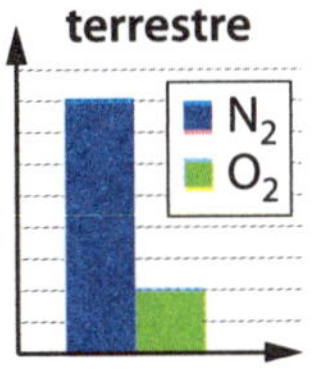

....

....

....

b. Représente la proportion de gaz présents sur Vénus par un camembert.

c. La température à la surface de Vénus est de 467 °C car le dioxyde de carbone est un gaz à effet de serre. Pourquoi l'analyse de cette planète inquiète les astronomes sur le futur de la Terre ?

....

....

....

....

9 Chez les voisines★★★

D1 Comprendre des documents scientifiques ○ I ○ F ○ S ○ TB

Voici les courbes d'analyse de l'atmosphère de trois planètes telluriques du système solaire, obtenues par analyse du rayonnement infra-rouge de ces astres.

La courbe présente un pic d'absorption représenté par une brusque diminution en cas de présence d'une molécule.

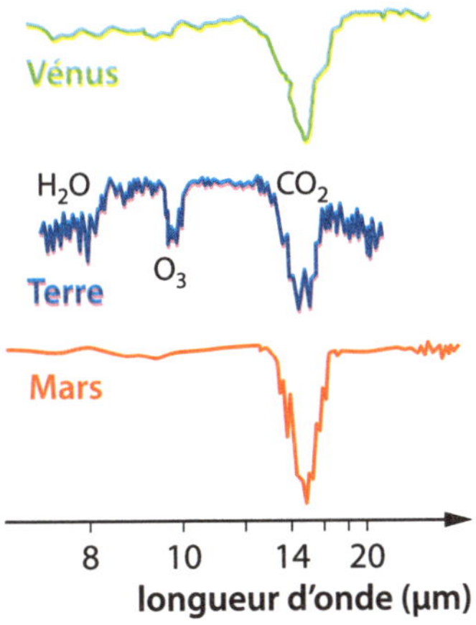

a. Quelle molécule est présente dans les atmosphères de Vénus et Mars ?

....

....

....

b. Quels éléments sont contenus dans l'atmosphère de Vénus et Mars ?

....

c. Quel(s) élément(s) semble(nt) absent(s) de l'atmosphère de Vénus et Mars ?

....

10 La chimie autour de nous★★★

D4 Expliquer l'influence de l'histoire des Sciences sur la société ○ I ○ F ○ S ○ TB

Le Scandium, l'Yttrium et les lanthanides, soient les éléments regroupés dans la ligne commençant à la case 57 du lanthane dans le tableau périodique, sont appelés des « terres rares ». Ces éléments sont de plus en plus utilisés dans les appareils électroniques.

a. En utilisant le tableau périodique (voir le rabat du cahier), déterminer le nombre d'éléments faisant partie des « terres rares ».

....

....

b. L'exploitation des terres rares rejette des polluants. Près de la mine de Baoutou, en Mongolie, la radioactivité est 32 fois supérieure à la normale, contre 14 fois à Tchernobyl en Ukraine. Pourquoi le recyclage des objets technologiques est-il mondialement encouragé ?

....

....

....

c. La Chine produit 88 % des terres rares. À ton avis, pourquoi certains pays s'inquiètent-ils de cette situation ?

....

....

....

....

....

....

....

....

3 Comment identifier certains ions dans une solution ?

Activité expérimentale

Si tu ne comprends pas certains des mots utilisés dans cette activité, demande à ton professeur ou consulte le Dico, p. 142.

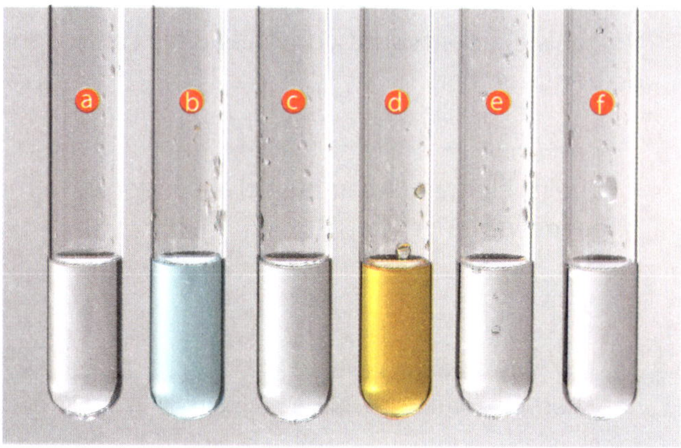

Fig. 1 Solutions étudiées

Fig. 2 Ajouts de réactifs tests

Expérimente

- Dans six tubes à essais, verse respectivement quelques millilitres de solutions de chlorure de sodium ou eau salée (tube a), de sulfate de cuivre (b), de sulfate de fer II (c) et de chlorure de fer III (d), de chlorure d'aluminium (e), de sulfate de zinc (f) (Fig. 1).
- À l'aide d'une pipette, ajoute quelques gouttes d'une solution de nitrate d'argent dans la solution de chlorure de sodium (Fig. 2).
- Avec une autre pipette, ajoute quelques gouttes de soude dans les cinq autres tubes (Fig. 2).

Fais attention !

Verse seulement quelques millilitres de la solution à tester. Ajoute goutte à goutte le réactif approprié.

Observe

1. Complète le tableau suivant en précisant l'ion à identifier, le nom du réactif et la couleur du précipité obtenu.

Ion	chlorure Cl^-	cuivre II Cu^{2+}	fer II Fe^{2+}	fer III Fe^{3+}	zinc Zn^{2+}	aluminium Al^{3+}
Réactif	....	....	....	....	....	....
Couleur	....	....	....	....	....	....

Interprète

2. Chaque ion donne-t-il un précipité reconnaissable?

....

....

3. À quelle condition cette méthode permet-elle d'identifier directement un ion ?

....

4. Pourquoi l'ion sulfate est-il qualifié de « spectateur » ?

....

Rédige ta conclusion

....

....

L'essentiel à compléter

- Un **ion** est formé à partir d'un atome, ou d'un groupe d'atomes ayant perdu ou gagné un ou plusieurs électrons.
- Le noyau du ou des .... n'est pas modifié. À la différence d'un atome, un ion possède une charge ....
- Si l'atome ou le groupe d'atomes perd un ou plusieurs ...., il devient un ion ....
- Si l'atome ou le groupe d'atomes gagne un ou plusieurs ...., il devient un ion ....
- Pour les identifier, les ions réagissent avec des .... spécifiques pour former des .... caractéristiques.

Ion à identifier	Réactif	Couleur du précipité
chlorure Cl^-	....	....
cuivre II Cu^{2+}	....	....
fer II	....	....
fer III Fe^{3+}	....	....
zinc	....	....
.... Al^{3+}	....	....

As-tu compris l'essentiel ?

1 Complète le schéma

Dessine le résultat du mélange de l'ion indiqué avec la soude, et rajoute en légende la couleur du précipité.

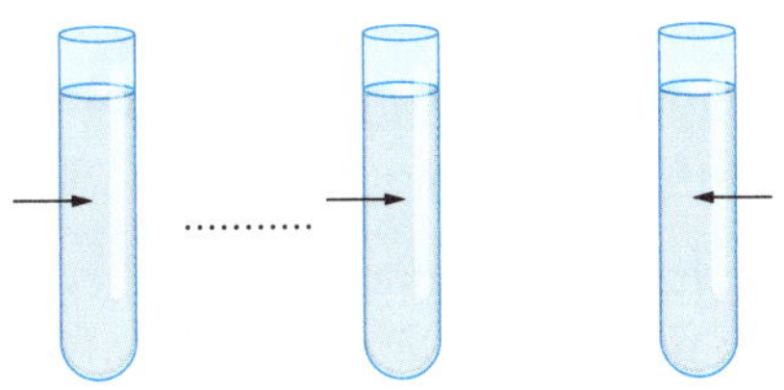

....

ion Al^{3+} ion Cl^- ion Zn^{2+}

2 Relie

Associe l'espèce chimique à sa nature.

- N_2
- CH_4
- $Na\ SO_4^-$
- Fe^{3+}
- Cu
- PCl_2^-

- atome
- ion
- molécule

3 Fais le bon choix

Coche la ou les proposition(s) correcte(s).

a. L'ion O^{2-} est constitué :

- ☐ d'un atome d'oxygène
- ☐ de deux atomes d'oxygène
- ☐ d'un atome d'oxygène avec deux électrons en plus
- ☐ d'un atome d'oxygène avec deux électrons en moins

b. Pour identifier un ion, il est possible d'utiliser la couleur :

- ☐ des solutions
- ☐ des précipités
- ☐ des réactifs

4 Relie

Associe chaque résultat du test à la soude à l'ion correspondant.

ion Fe^{2+} ion Cu^{2+} ion Fe^{3+}

Fais le point sur tes compétences

5 La chimie autour de nous*

D4 Proposer des hypothèses ○ I ○ F ○ S ○ TB

Livio voudrait vérifier la présence des ions indiqués sur l'étiquette de son eau pétillante :

Utilise les résultats des tests suivants pour répondre aux questions.

Ion	Réactif	Résultat
Ca^{2+}	soude	précipité blanc
Mg^{2+}	soude	précipité blanc
Na^+	soude	rien
HCO_3^-	soude	rien
SO_4^{2-}	soude	rien
Cl^-	soude	rien
K^+	soude	rien
NO_3^-	soude	rien

a. Qu'observerait-il en versant quelques gouttes de nitrate d'argent dans cette eau pétillante ?

b. Qu'observerait-il en versant quelques gouttes de soude dans cette eau pétillante ?

6 Ion connu ou inconnu ?*

D4 Concevoir une expérience pour tester une hypothèse ○ I ○ F ○ S ○ TB

Mina voudrait savoir si le désinfectant qu'elle utilise contient bien des ions argent. Décris la méthode et les opérations que Mina doit réaliser.

7 Tout feu, tout flamme*

D4 Tirer des conclusions ○ I ○ F ○ S ○ TB

Lamia a retrouvé un flacon à la fin de ses manipulations d'identification des ions. Celui-ci n'a plus d'étiquette. À l'aide des indications suivantes, explique comment Lamia a pu identifier l'ion contenu dans le flacon.
- La solution de départ est incolore.
- L'ajout de soude ne forme aucun précipité.
- Le test à la flamme donne une coloration jaune-orangé.

Tests à la flamme de certains ions :

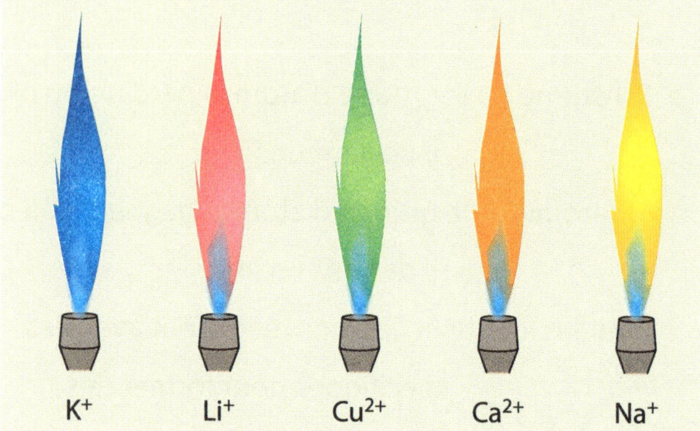

8 Faraday's Experience**

D4 Comprendre des documents scientifiques ○ I ○ F ○ S ○ TB

In 1834, Faraday studied electrical current in liquids. He put two different pieces of metal called electrodes into a solution. As he saw one electrode being destroyed (anode), and the other one getting bigger (cathode), he thought that matter was moving through the solution. "Ion" means "going" in ancient Greek.
Faraday didn't know what an ion was, but he knew that it is electrically charged. He also discovered that two types of ions exist: anions, going to anode (linked to positive pole of generator), and cations, going to cathode (linked to negative pole).

a. Pourquoi Faraday a-t-il choisi le mot grec « ion » ?

b. Légende le schéma suivant :

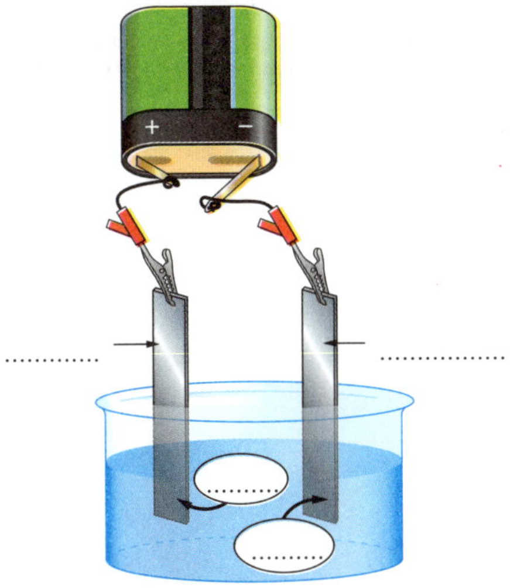

c. Nomme les deux électrodes, représentées après une heure d'utilisation :

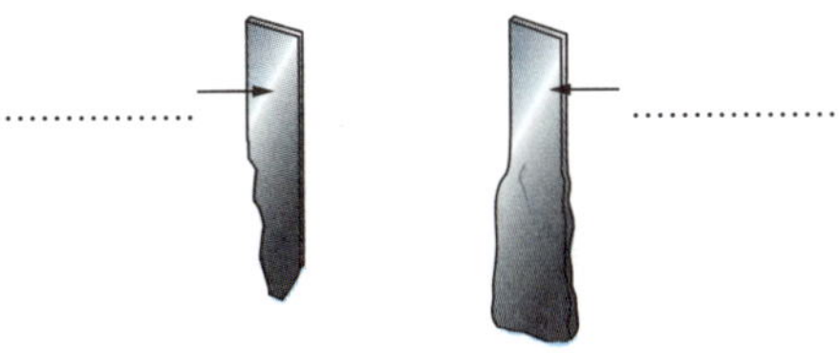

9 Sauvez Willy !★★★

D4 Proposer une hypothèse ○ I ○ F ○ S ○ TB

Gabin mesure la conductivité de l'eau salée de son aquarium. La conductivité est une grandeur physique évaluant le caractère conducteur d'une solution. Pour un volume donné, plus la solution contient d'ions, plus la conductivité est importante. Le tableau suivant présente l'évolution de la conductivité en fonction de la salinité d'une eau salée :

Conductivité (USI)	10	30	50	70
Salinité (ppm)	7	20	32	45

a. Si la salinité de l'aquarium est incorrecte, que peut faire Gabin pour la corriger ?

....

....

b. Gabin possède deux poissons-clowns Willy et Willette. Le vendeur lui recommande une salinité de 35 ppm. Gabin mesure une conductivité de 50 USI. Comment Gabin doit-il traiter l'eau de l'aquarium ?

....

....

....

c. Avant la découverte des appareils de mesure de la conductivité, des tests chimiques étaient utilisés pour déterminer la salinité. Quels ions étaient utilisés lors de ces tests ?

....

....

10 T'as de beaux ions, tu sais !★★★

D4 Exploiter des résultats expérimentaux ○ I ○ F ○ S ○ TB

Aurélie veut traiter ses arbres fruitiers à l'aide d'un mélange contenant des ions cuivre II. Pour vérifier la teneur inscrite sur l'emballage d'ions cuivre de $t_e = 20$ g à plus ou moins 5 %, elle ajoute une solution de soude.

a. Quelle est la couleur du mélange ? Cette couleur change-t-elle pendant la réaction ? Justifie.

....

....

....

b. Voici le tableau présentant la coloration mesurée par un dispositif approprié du mélange cuivré en fonction du volume de soude versée.

Volume de soude (mL)	Coloration	Masse de cuivre correspondante (g)
0	1,4	0
2,1	1,013	1,05
5	0,7	3
14,2	0,334	7,1
25	0,1	12,5
38,4	0	19,2

Pour quel volume de réactif la coloration diminue-t-elle de moitié ? Pour quel volume la réaction est-elle terminée ? Quelle est la masse t_c de cuivre correspondante ?

....

....

....

c. L'écart relatif en % entre les deux mesures est donné par la relation $\frac{t_e - t_c}{t_e} \times 100$. Calcule cet écart relatif. Est-il conforme aux indications portées sur l'emballage ?

....

....

....

....

4 Comment interpréter la corrosion d'un métal ?

Activité documentaire

Si tu ne comprends pas certains des mots utilisés dans cette activité, demande à ton professeur ou consulte le Dico, p. 142.

• **Corrosion des métaux**

Certains métaux, comme le fer ou le cuivre, subissent des dégradations de la part de l'environnement dans lequel ils se trouvent. Ils ont tendance à revenir à leur état naturel de minerais par transformation en présence du dioxygène de l'air ou à cause des acides présents dans l'eau. Ce phénomène s'appelle la corrosion. La corrosion altère ces métaux par transformation chimique ou physico-chimique.

• **Corrosion du cuivre à l'air**

Si on laisse un bracelet de cuivre à l'air il se corrode par réaction, essentiellement avec le dioxygène de l'air, en se recouvrant d'une couche d'oxyde de couleur vert-de-gris. Cette transformation est d'autant plus rapide que le métal est laissé à l'air libre en présence d'eau.

• **Corrosion du fer par un acide**

En versant de l'acide chlorhydrique sur du fer, il se produit un dégagement de dihydrogène mis en évidence par une détonation caractéristique en présence d'une flamme. La solution se colore en vert par la présence des ions fer II.

Écriture littérale :

acide chlorhydrique + fer → dihydrogène + chlorure de fer II

Équation de la réaction :

$$2H^+ + Fe \rightarrow H_2 + Fe^{2+}$$

Les ions chlorure Cl^- sont présents dans les réactifs et les produits. Ils sont qualifiés de « spectateurs » et n'apparaissent pas dans l'équation de réaction.

Extrais des informations

1. Quelle est la définition de la corrosion d'un métal ?

....

2. Qu'observe-t-on lors de la corrosion du cuivre dans l'air ?

....

3. Donne le nom du gaz produit lors de la corrosion du fer plongé dans l'acide chlorhydrique.

....

Interprète

4. Montre que la corrosion du cuivre dans l'air est une transformation chimique.

....

5. Montre que la corrosion du fer dans l'acide est une transformation chimique

....

....

Rédige ta conclusion

....

....

....

L'essentiel à compléter

- La **corrosion** représente l'altération d'un métal par .... chimique ou physico-chimique. Le métal réagit notamment avec le .... de l'air de formule .... ou avec l'ion hydrogène .... d'un acide.
- Dans l'air, le cuivre se .... Il se forme une couche de couleur vert-de-gris. L'aluminium se couvre d'une couche d'alumine qui le protège, le fer rouille et se désagrège, le zinc ternit et l'argent noircit. En revanche, l'or et le platine ne se corrodent pas. Ce sont des métaux « nobles ».
- En contact avec un acide, un métal se corrode pour former du .... et un ion métallique. L'acide chlorhydrique .... avec le fer, le zinc et l'aluminium, mais pas avec le cuivre, l'argent, l'or et le platine.
- Les équations de réaction sont écrites en respectant de chaque côté de l'équation le même nombre d'.................................. et le même nombre total de .... électriques.

As-tu compris l'essentiel ?

1 Complète le tableau

Voici l'expression littérale de la corrosion du zinc par un acide : zinc + acide → ion zinc + dihydrogène.

Complète le tableau suivant :

Équation	Zn	+ 2	→ Zn^{2+}	+ ....
Nombre d'atomes	....	....	....	....
Nombre de charges électriques	....	....	....	....
Charge totale	....		....	

2 Complète les équations

Place les nombres corrects devant les formules des atomes et des ions.

a. Fe + ... H^+ → $Fe^{2+} + H_2$

b. .... Al + ... H^+ → $2\ Al^{3+} + 3\ H_2$

c. Zn + ... H^+ → $H_2 + Zn^{2+}$

d. .... Al + ... O_2 → .... Al_2O_3

3 Corrige

Les équations suivantes sont mal écrites.
Rature les espèces en trop.

a. $2\ Al + 6\ Cl^- + 6\ H^+ \rightarrow 2\ Al^{3+} + 3\ H_2 + 6\ Cl^-$

b. $Fe + 2\ H^+ + 2\ Cl^- \rightarrow Fe^{2+} + H_2 + 2\ Cl^-$

4 Fais le bon choix

Choisis la réponse correcte.

a. Le gaz formé lors de la corrosion d'un métal par un acide est le :

- ☐ dioxygène
- ☐ dihydrogène
- ☐ diazote

b. L'acide chlorhydrique réagit avec :

- ☐ le platine
- ☐ le fer
- ☐ l'or

c. Dans l'écriture d'une réaction impliquant des ions, le nombre total de charges des réactifs et des produits :

- ☐ ne varie pas
- ☐ augmente
- ☐ diminue

Fais le point sur tes compétences

5 Ouille, ça rouille !*

D4 Interpréter des résultats expérimentaux ○ I ○ F ○ S ○ TB

Pour connaître les conditions de corrosion du fer, Mila place un clou en fer dans chacun des tubes à essais suivants et les laisse quelques jours.

a. Compare les contenus des 4 tubes à essais entre le début et la fin de l'expérience.

b. Donne les deux conditions pour que le fer rouille.

c. Quel est le rôle du sel ?

6 Acidification des océans*

D4 Argumenter ○ I ○ F ○ S ○ TB

Les coques de bateaux doivent être solides pour résister aux chocs. Elles sont par exemple fabriquées en acier ou en cupronickel. L'acier est un alliage de fer et de carbone. Le cupronickel est un alliage de cuivre et de nickel. Une coque doit pouvoir résister à la corrosion de sa partie à l'air et de sa partie immergée, d'autant que le dioxyde de carbone présent dans l'atmosphère se dissout dans l'eau de mer et l'acidifie.

a. Lequel de ces deux alliages résiste le plus à la corrosion ?

b. Explique pourquoi les coques de bateaux en acier doivent être protégées plus fréquemment en raison du réchauffement climatique.

7 La chimie autour de nous*

D4 Tirer des conclusions ○ I ○ F ○ S ○ TB

Le cola est une boisson gazeuse acide. Au supermarché, les canettes de cola sont en acier ou en aluminium.

a. Explique ce que doivent faire les industriels pour protéger les canettes de la corrosion.

b. Pourquoi les boissons au cola peuvent-elles être stockées directement dans des bouteilles en matière plastique ?

8 Le zinc et l'acide*

D1 Utiliser la langue française ○ I ○ F ○ S ○ TB

Juan fait corroder, dans un tube à essais, du zinc par de l'acide chlorhydrique. L'équation de la réaction est la suivante :

$$Zn + 2\,H^+ \rightarrow H_2 + Zn^{2+}$$

Quelles expériences ont permis à Juan d'identifier les produits de cette réaction ?

9 Prends des initiatives*

D4-D5 Interpréter des informations ○ I ○ F ○ S ○ TB

Pour éviter qu'elles ne se corrodent à l'air, des ouvriers entreposent des tôles d'acier, alliage de fer et de carbone. Or, l'entrepôt choisi contient des bidons d'acide chlorhydrique dont un qui fuit légèrement.

Explique pourquoi cette situation est très dangereuse.

10 La chimie autour de nous*

D4 Tirer des conclusions ○ I ○ F ○ S ○ TB

Certains propriétaires doivent changer régulièrement les gouttières en zinc de leur maison. Explique pourquoi ces gouttières ont parfois des fuites.

11 La preuve de l'infraction**

D4 Argumenter ○ I ○ F ○ S ○ TB

Souhaitant faire disparaître le coupe-papier en laiton qu'il avait utilisé pour fracturer la fenêtre du laboratoire de chimie, un voleur l'a plongé dans un bidon d'acide chlorhydrique présent pour que le métal soit rapidement corrodé.

Après une fouille minutieuse des lieux, la police a découvert les restes du coupe-papier. En identifiant son propriétaire, elle a pu remonter jusqu'au voleur et le mettre sous les verrous.

Le laiton est un alliage formé de cuivre et de zinc.

Explique au voleur l'erreur qu'il a commise.

12 L'aluminium et l'acide***

D4 Argumenter ○ I ○ F ○ S ○ TB

Un scientifique vient de mélanger de l'aluminium et de l'acide chlorhydrique. Il constate que l'aluminium se corrode.

Une fois son expérience réalisée, le scientifique donne comme équation de réaction :

$2\ Al + 6\ H^+ \rightarrow 2\ Al^{3+} + 3\ H_2$.

Comment a-t-il trouvé ce résultat ?

13 Le dire c'est bien, le « fer » c'est mieux***

D4 Mettre en œuvre des démarches propres aux sciences ○ I ○ F ○ S ○ TB

Zélie veut faire rouiller du fer. Pour cela, elle utilise de la paille de fer et un flacon vide de 5,0 L.

a. Quelle masse de paille de fer doit-elle utiliser pour que la paille rouille complètement ?

b. Que se passera-t-il si elle ne met que 2,0 g de paille de fer ?

Donnée :
1 g de fer réagit avec 300 mL de dioxygène.

5 Que sont les solutions acides, basiques et neutres ?

Activité expérimentale

Si tu ne comprends pas certains des mots utilisés dans cette activité, demande à ton professeur ou consulte le Dico, p. 142.

Fig. 1 Mesure du pH d'une boisson au cola

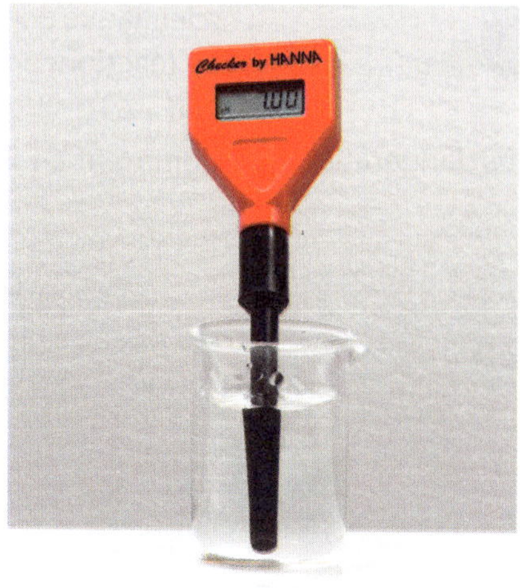

Fig. 2 Mesure du pH d'une eau minérale

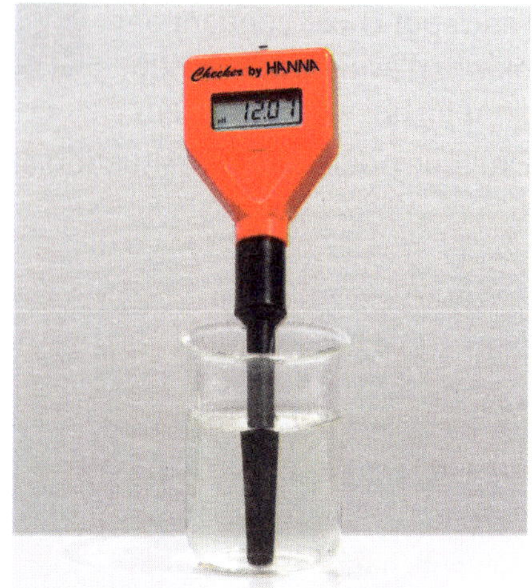

Fig. 3 Mesure du pH de l'eau de Javel

Expérimente

- **Verse dans un bécher de la boisson au cola. Plonge le pH-mètre dans la solution et mesure le pH (Fig. 1).**
- **Réalise la même expérience avec une eau minérale (Fig. 2).**
- **Mesure le pH d'une solution d'eau de Javel (Fig. 3), du jus de citron, et de la soude.**

Fais attention !

Entre chaque mesure, rince le pH-mètre et essuie-le délicatement avec du papier absorbant.

Observe

1. Remplis le tableau ci-dessous :

Boisson	boisson au cola	eau minérale	eau de Javel	jus de citron	soude
pH	....	....	....	....	....

2. Classe les boissons testées sur l'axe ci-dessous, du pH le plus petit au pH le plus grand.

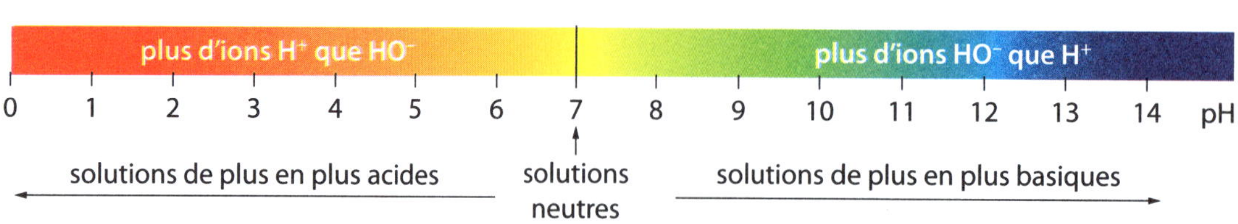

Interprète

3. Quelles sont les solutions acides ? les solutions neutres ? les solutions basiques ?

....

....

Rédige ta conclusion

....

....

....

....

L'essentiel à compléter

› Les solutions aqueuses contiennent des ions hydrogène .... et des ions hydroxyde ....

› Le caractère **acide** ou **basique** d'une solution aqueuse est déterminé par une grandeur, le **pH**, dont les valeurs sont comprises entre .... et ....

› Une solution est neutre si son pH est .... à 7,0. Dans ce cas, elle contient autant d'ions .... que d'ions ....

› Une solution est .... si son pH est inférieur à 7,0. Elle contient plus d'ions .... que d'ions ....

› Une solution est .... si son pH est supérieur à 7,0. Elle contient moins d'ions .... que d'ions ....

› Les solutions acides et basiques peuvent être dangereuses si elles sont .... Pour diminuer leur dangerosité, il faut les ....

As-tu compris l'essentiel ?

1 Fais le bon choix

Coche la case indiquant si la solution est acide, basique ou neutre.

Solution	vinaigre	détartreur	eau pure	jus de pamplemousse
pH	2,5	10	7,0	3,0
Acide				
Neutre				
Basique				

2 Légende

Légende le schéma en indiquant sur la flèche où se trouvent les solutions acides, basiques et neutres.

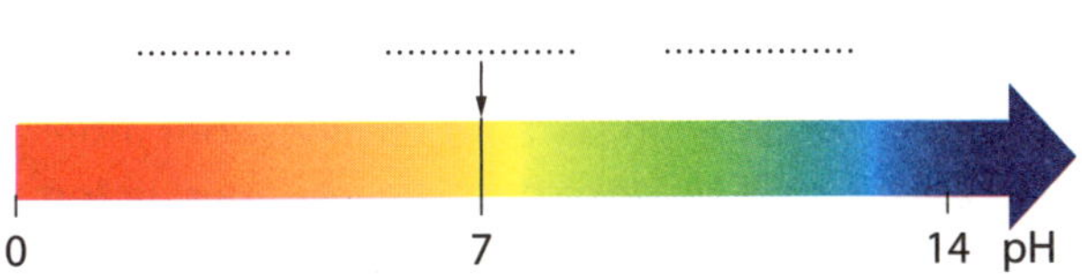

3 Trouve l'intrus

Entoure l'intrus sur le schéma.

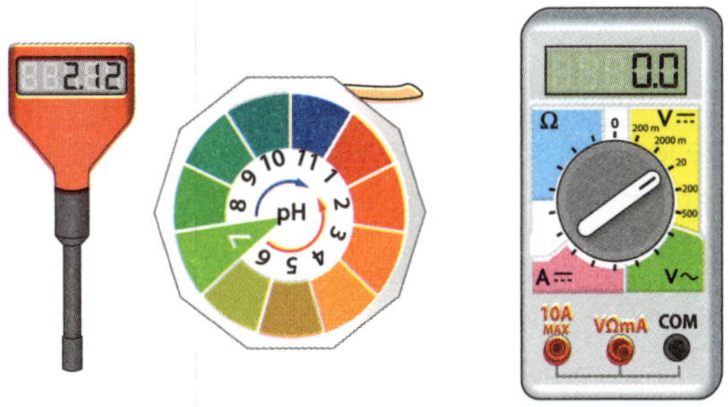

4 Entoure la réponse correcte

Entoure la réponse correcte.

a. Dans une solution acide, il y a *autant/plus/moins* d'ions H^+ que d'ions HO^-.

b. Dans une solution basique, il y a *autant/plus/moins* d'ions H^+ que d'ions HO^-.

c. Dans une solution neutre, il y a *autant/plus/moins* d'ions H^+ que d'ions HO^-.

d. Une solution d'acide très *concentrée/diluée* est dangereuse.

5 Un lac piquant*

D3 Réinvestir la sécurité de façon responsable ○ I ○ F ○ S ○ TB

Le lac Kawah Ijen situé en Indonésie est le lac le plus dangereux du monde. Situé dans le cratère d'un volcan, son pH peut atteindre 0,2. Les habitants de la région se rendent sur ses rives pour récupérer du soufre, mais l'accès au lac est très contrôlé par des biologistes. Rester à proximité de cette eau peut provoquer des maladies pulmonaires très graves. Il faut donc, pour l'approcher, porter un équipement de sécurité constitué de gants, de lunettes de protection et d'un masque.

a. L'eau du lac est-elle neutre, acide ou basique ? Justifie.

....

....

b. Comment les biologistes peuvent-ils mesurer le pH de ce lac ?

....

....

c. Quelles précautions doivent-ils prendre pour effectuer leur mesure ?

....

....

6 Nettoyage naturel*

D4 Identifier des questions de nature scientifique ○ I ○ F ○ S ○ TB

Avec le temps, l'argent s'oxyde et se couvre d'une pellicule noirâtre. Pour nettoyer les objets en argent, il suffit de les tremper dans des bains de jus de citron ou de vinaigre.

a. Quel est le point commun entre le citron et le vinaigre ?

....

....

b. Quel est l'ion présent en plus grande quantité dans ces deux solutions ?

....

....

7 Pas si neutre**

D3,5 Réinvestir la sécurité de façon responsable ○ I ○ F ○ S ○ TB

Dans les laboratoires ou dans l'industrie, les solutions acides ou basiques, une fois utilisées, sont récupérées et retraitées. Étant dangereuses pour l'environnement, elles subissent un procédé appelé neutralisation avant d'être rejetées dans la nature. Cette opération consiste à ramener le pH de la solution à une valeur comprise entre 5,5 et 8,5. Pour cela est ajouté à la solution traitée un produit ayant un pH très différent. Par exemple, un acide est traité à l'aide d'une base.
Voici quelques produits utilisés au cours de ce traitement :

Produit	chaux	acide sulfurique	carbonate de calcium
pH	11	2	9

a. Que deviennent les solutions acides et basiques utilisées dans l'industrie ou en laboratoire ?

....

....

....

b. Quel(s) produit(s) peu(ven)t être utilisé(s) pour neutraliser de l'acide chlorhydrique de pH = 3 ?

....

....

....

c. Quel(s) produit(s) peu(ven)t être utilisé(s) pour neutraliser de la potasse, pH = 9 ?

....

....

8 La chimie autour de nous**

D4 Proposer une hypothèse ○ I ○ F ○ S ○ TB

Laura a planté des camélias dans son jardin mais elle est très déçue du résultat. Les plantes ont du mal à grandir et donnent peu de fleurs. Le camélia est une plante acidophile. Les plantes acidophiles ne se développent que dans un sol au pH acide. Pour améliorer la floraison, elle dispose des deux engrais, la terre de bruyère de pH égal à 4 et la chaux, de pH égal à 8.

a. Propose une hypothèse afin d'expliquer la mauvaise croissance du camélia de Laura.

b. Quelle expérience pourrait-elle faire pour vérifier son hypothèse ?

c. Que doit faire Laura pour obtenir une croissance satisfaisante de son camélia ?

9 Acid rain★★

D1 Comprendre des documents scientifiques ○ I ○ F ○ S ○ TB

Sulfure oxide and carbon dioxide emissions have a direct effect on ocean acidity. The acidity increases each year forcing fish to move to different areas. This acidity can be found in the rain which causes problems for forests and agriculture.
Acid rain prevents germination and plant development. Another problem caused by acid rain is water pollution. Some populations may be affected and be deprived of their drinking water.

a. Quels composés sont responsables de l'augmentation de l'acidité des océans ?

b. Cite les conséquences des pluies acides.

10 Une tache tenace★★★

D3 Expliquer les règles de sécurité en chimie ○ I ○ F ○ S ○ TB

Pablo a terminé de vernir les meubles de son appartement, mais son sol est plein de taches. Après quelques recherches, il achète de l'ammoniaque, efficace contre les taches de ce type. L'étiquette du produit acheté est présentée ci-après :

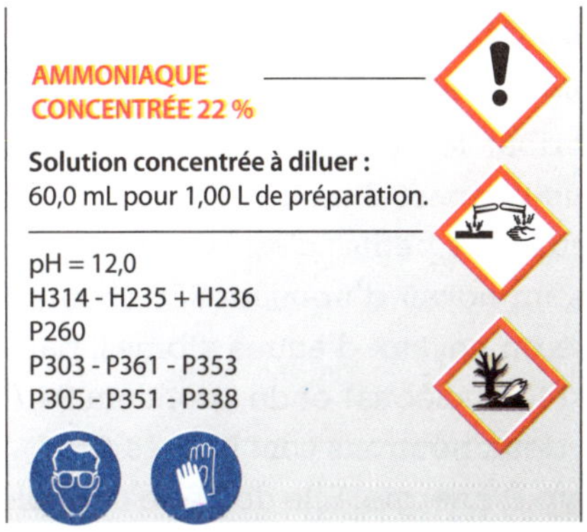

a. Que signifient les pictogrammes de sécurité de l'ammoniaque ?

b. L'ammoniaque est-elle une solution acide ou basique ? Justifie.

c. De quel volume d'eau Pablo a-t-il besoin pour préparer 3,00 L de détergent ? et de quel volume d'ammoniaque ?

d. Comment varie le pH du détergent au cours de la dilution ?

e. Comment varie le nombre d'ions HO^- par rapport au nombre d'ions H^+ au cours de la dilution ?

6 Le noyau atomique peut-il subir des transformations ?

Activité documentaire

Si tu ne comprends pas certains des mots utilisés dans cette activité, demande à ton professeur ou consulte le Dico, p. 142.

Que se passe-t-il dans le réacteur des centrales nucléaires et au centre du Soleil et des étoiles ?

• La cuve du réacteur nucléaire est chargée de « combustible fissile » dont les réactifs sont des noyaux d'atomes d'uranium 235. Sous l'impact d'un flux de neutrons, ces noyaux sont brisés en noyaux plus petits : c'est la réaction de fission. Frappé par un neutron, un noyau d'uranium 235 (^{235}U possédant 235 nucléons) est brisé en noyaux d'autres atomes, par exemple de xénon 140 (^{140}Xe : 140 nucléons) et de strontium 94 (^{94}Sr : 94 nucléons), tandis que deux neutrons sont libérés (Fig. 1). Cette réaction dégage beaucoup d'énergie. Elle doit être contrôlée.

• Dans le projet ITER, les physiciens vont tenter de reproduire les réactions de fusion de l'hydrogène se déroulant au cœur du Soleil et des étoiles. Il existe trois types de noyaux d'hydrogène H : l'hydrogène, le deutérium et le tritium. Ils possèdent tous un proton mais des nombres de neutrons différents : ce sont des noyaux isotopes. À très haute température, des noyaux de deutérium (1 proton et 1 neutron) fusionnent avec des noyaux de tritium (1 proton et 2 neutrons) pour former des noyaux d'hélium (2 protons et 2 neutrons), en libérant un neutron et beaucoup d'énergie (Fig. 2).

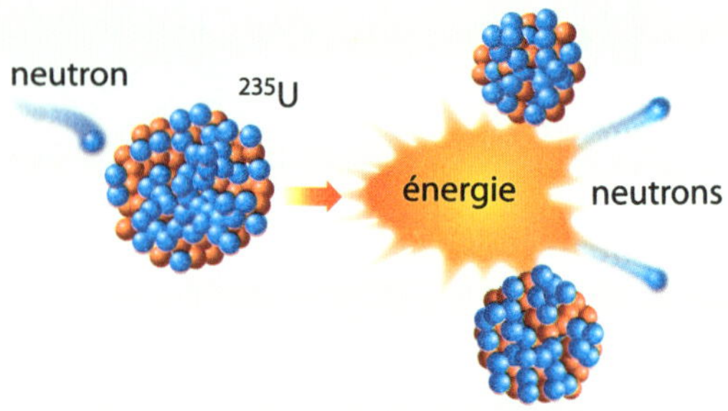

Fig. 1 Une réaction de fission de l'uranium 235

Fig. 2 La réaction de fusion deutérium-tritium

Extrais des informations

1. Comment sont modifiés les noyaux d'uranium 235 lors de la réaction de fission des noyaux ?

....

2. Comment sont modifiés les noyaux de deutérium et de tritium lors de la réaction de fusion des noyaux ?

....

3. Quelle est la caractéristique énergétique de la modification de ces noyaux ?

....

Interprète

4. Fais le bilan du nombre de nucléons au cours de la réaction de fission.

....

....

5. Fais le bilan du nombre de nucléons au cours de la réaction de fusion.

....

....

6. Comment évolue le nombre de nucléons au cours de la réaction nucléaire ?

....

Rédige ta conclusion

....

....

L'essentiel à compléter

› Les réactions de fission et de fusion transforment les .... des atomes : ce sont des **transformations nucléaires.** Le nombre total de .... est inchangé au cours de ces transformations.

› Des .... sont des noyaux possédant le même nombre de protons, mais des nombres de neutrons différents. Ils ont donc le même numéro ....

› Dans une réaction de ...., des noyaux d'atomes fissiles sont .... en noyaux plus petits, sous l'action de l'impact de ....

› Dans une réaction de .... nucléaire, des noyaux légers .... pour former un noyau plus lourd. Ces transformations des noyaux atomiques s'accompagnent d'un .... dégagement d' ....

As-tu compris l'essentiel ?

1 Entoure

Les dessins ci-dessous représentent très schématiquement des noyaux atomiques. Entoure les noyaux isotopes.

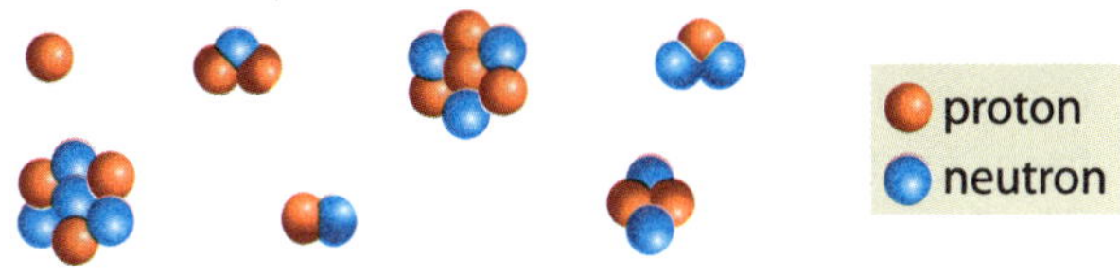

2 Fais le bon choix

Quelles sont, parmi les particules ci-dessous, celles dont le nombre se conserve toujours lors d'une transformation nucléaire ?

☐ les neutrons ☐ les protons
☐ les atomes ☐ les nucléons
☐ les noyaux ☐ les électrons

3 Vrai ou faux ?

Coche la réponse correcte et corrige les phrases fausses.

a. La fission d'un noyau lourd est déclenchée par une température très élevée. ☐ Vrai ☐ Faux

....

....

b. Une réaction nucléaire modifie la nature chimique des atomes ou des ions. ☐ Vrai ☐ Faux

....

....

c. Le calcium 40 et le potassium 40 sont isotopes.
☐ Vrai ☐ Faux

....

d. L'iode 127 et l'iode 123 sont isotopes.
☐ Vrai ☐ Faux

....

4 Fais le bon choix

La figure représente trois schémas de réactions nucléaires. Réponds aux questions ci-dessous.

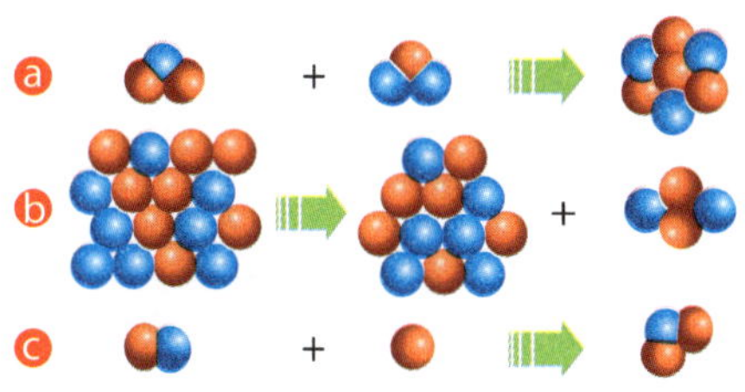

a. Quel schéma ne représente pas une réaction de fusion nucléaire ?
☐ a ☐ b ☐ c

b. Quel schéma représente la fusion du deutérium avec un proton ?
☐ a ☐ b ☐ c

c. Quel schéma de réaction de fusion ne respecte pas la conservation du nombre de nucléons ?
☐ a ☐ b ☐ c

5 Prends des initiatives*

D4 Argumenter ○I ○F ○S ○TB

Karim et Wendy sont en désaccord sur la nature des transformations représentées par les schémas ci-dessous.

Symboles : atome O, atome H, atome C, proton, neutron

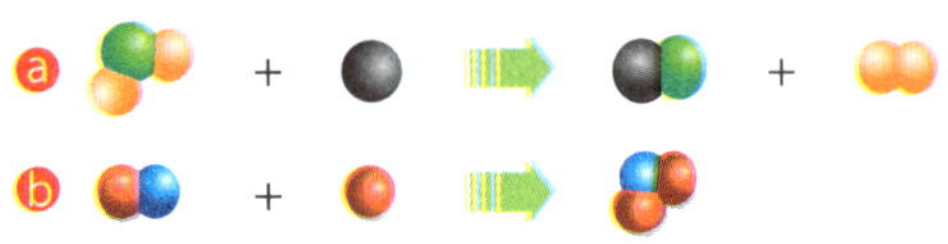

Pour Karim, il s'agit de deux réactions chimiques, mais pour Wendy, ⓐ représente une transformation chimique, et ⓑ une transformation nucléaire.

Argumente pour mettre fin à ce désaccord.

6 Des noyaux durs à digérer*

D4 Développer des modèles simples ○I ○F ○S ○TB

Un noyau est représenté par son symbole chimique devant lequel est précisé en bas à gauche le numéro atomique Z et en haut à gauche le nombre total de nucléons A. Par exemple, le noyau du fer 56, pour lequel Z = 26 protons, a pour symbole $^{56}_{26}Fe$. Un neutron est symbolisé par $^{1}_{0}n$.

a. Représente les symboles des noyaux atomiques intervenant dans la réaction de fusion deutérium-tritium.

b. En appliquant la méthode d'écriture des équations chimiques, retrouve l'équation nucléaire traduisant cette transformation des noyaux atomiques.

Les « réactifs » initiaux sont : ....

Les « produits » obtenus sont : ....

Équation : ....

7 Un couple rayonnant et très actif**

D1 Comprendre des documents scientifiques ○I ○F ○S ○TB

En 1898, Pierre et Marie Curie découvrent un nouveau métal dans du minerai d'uranium : c'est le polonium 210. Il est radioactif, car il se désintègre spontanément en un noyau plus petit en émettant des noyaux d'hélium 4, appelés aussi particules α, de symbole $^{4}_{2}He$.

L'équation de la désintégration α s'écrit :

$$^{210}_{84}Po \rightarrow {}^{206}_{82}X + {}^{4}_{2}He$$

a. Retrouve le symbole chimique de l'élément X obtenu.

b. Le polonium 210 est un poison radioactif extrêmement violent présent dans le tabac. Recherche et résume un document désignant le ^{210}Po parmi d'autres poisons et polluants présents dans une cigarette.

8 La piste des éléments dans les étoiles**

D2 Garder des traces des résultats obtenus ○ I ○ F ○ S ○ TB

Le cœur des étoiles est le siège de réactions nucléaires. Ces réactions produisent des noyaux atomiques de plus en plus gros, à partir de l'hydrogène initial. Ci-dessous sont données, dans le désordre, quelques équations nucléaires dans lesquelles les symboles chimiques ont été remplacés par les lettres W, X, Y et Z.

1. $^{8}_{4}X + ^{4}_{2}W \rightarrow ^{12}_{6}Y$
2. $4\,^{1}_{1}H \rightarrow ^{4}_{2}W + 2\,e^{+}$ (positon)
3. $^{12}_{6}Y + ^{4}_{2}W \rightarrow ^{16}_{8}Z$
4. $^{4}_{2}W + ^{4}_{2}W \rightarrow ^{8}_{4}X$

a. Retrouve, à l'aide du tableau périodique, les symboles des éléments chimiques masqués par les lettres W, X, Y, Z. De quel type de réactions s'agit-il ? Justifie.

b. Mets dans l'ordre correct ces réactions successives de synthèse des éléments chimiques dans les étoiles.

9 Rutherford's discovery**

D1 Comprendre des documents scientifiques ○ I ○ F ○ S ○ TB

In 1919, Ernest Rutherford carried out the first nuclear reaction induced by man.
He was able to strike a nitrogen-14 nucleus with alpha particles (helium-4 nuclei), which produced a new particle, an oxygen-17 nucleus, while a proton (hydrogen nucleus) was ejected.

a. Écris les symboles des noyaux atomiques mentionnés dans le texte.

b. Pourquoi cette transformation peut-elle être considérée comme une transformation nucléaire ?

10 La physique autour de nous***

D4 Tirer des conclusions ○ I ○ F ○ S ○ TB

Les noyaux instables d'un échantillon radioactif disparaissent progressivement au cours du temps.

La demi-vie d'un élément radioactif est la durée au bout de laquelle le nombre de noyaux radioactifs d'un échantillon de cet élément est divisé par deux. Elle est caractéristique de chaque noyau radioactif.

Le document ci-dessous illustre la décroissance radioactive du carbone 14 dans un organisme mort, ce qui permet de déterminer la date de sa mort.

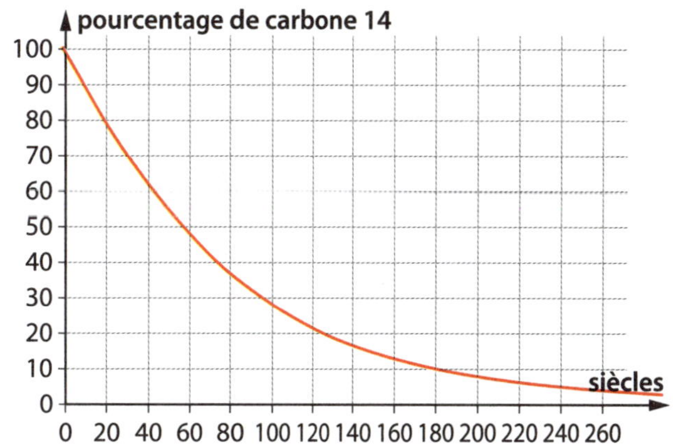

a. Quelle est la demi-vie du carbone 14 ?

b. Dans une momie d'enfant découverte au Chili en 2014, a été mesuré un pourcentage restant en $^{14}C^{*}$ radioactif de 42 %. Détermine l'âge de la momie et la date de la mort de l'enfant.

c. Calcule le pourcentage de $^{14}C^{*}$ restant dans un échantillon au bout d'une durée égale à 7 demi-vies. Conclus.

7 Comment modéliser des actions et des interactions ?

Activité documentaire

Si tu ne comprends pas certains des mots utilisés dans cette activité, demande à ton professeur ou consulte le Dico, p. 142.

Fig. 1 Un joueur de tennis

• Lorsque le tennisman tape dans la balle, le tamis de la raquette exerce sur la balle une action de contact.
Une action mécanique permet de modifier le mouvement de la balle et de la déformer lors de l'impact. Cette action est représentée par un segment fléché appelé vecteur force et noté $\vec{F}$. L'origine de ce vecteur force est le centre de la surface de contact entre le cordage et la balle. Sa direction est horizontale et son sens est vers la droite. Sa longueur est proportionnelle à l'intensité de l'action (**Fig. 1**).
L'unité de force est le newton, de symbole N.
Au moment de l'impact de la balle, le cordage se déforme.
La balle exerce aussi une action sur la raquette.

• La Terre exerce sur la Lune une action attractive, à distance, dont l'intensité est $2{,}0 \times 10^{20}$ N.
Cette action peut être modélisée par un vecteur force noté $\vec{F}'$. Ce vecteur a même direction et même sens que l'action. Il est dirigé de la Lune vers le centre de la Terre et a pour origine le centre de la Lune (**Fig. 2**).
La Lune attire également la Terre. La Lune et la Terre sont donc en interaction attractive à distance.

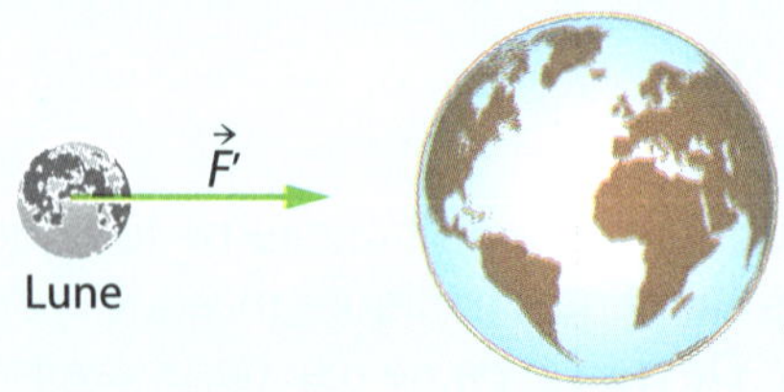

Fig. 2 Action de la Terre sur la Lune

• Un diagramme objets-interactions est une représentation du ou des objet(s) étudié(s) et de leurs interactions avec les autres objets de l'espace environnant.
Dans le cas de la **Fig. 1**, l'objet étudié est la balle et le diagramme objets-interactions est le suivant :

raquette ⟷ balle ⟷ Terre

Dans le cas de la **Fig. 2**, l'objet étudié est la Lune et le diagramme objet-interactions est le suivant :

Lune ⟷ Terre

Extrais des informations

1. Sur quel objet la balle exerce-t-elle une action ? Sur quel objet la Lune exerce-t-elle une action ?

....

....

2. Complète le tableau suivant :

	Vecteur force $\vec{F}$	Vecteur force $\vec{F}'$
Direction	....	....
Sens	....	....
Origine	....	....

Interprète

3. Quelles différences y a-t-il entre l'action subie par la balle et l'action subie par la Lune ?

....

....

Rédige ta conclusion

....

....

....

....

....

L'essentiel à compléter

› L'**action** exercée par une raquette sur une balle est une action de ....
Elle est .... au centre du contact entre la raquette et la balle.

› L'action exercée par la Terre sur la Lune est une action à .... Elle est .... dans toute la Lune. La Terre attire la Lune de la même façon que la Lune attire la Terre : c'est une ....

› Une action peut être représentée par un segment fléché appelé vecteur ....
Ce vecteur a même direction et même sens que l'action et une longueur proportionnelle à sa valeur mesurée en .... de symbole ....

› Un .... objet-interactions est la représentation de l'objet étudié et des interactions avec les autres objets de l'espace environnant.

As-tu compris l'essentiel ?

1 Complète

Complète le diagramme objets-interactions de la raquette suivant :

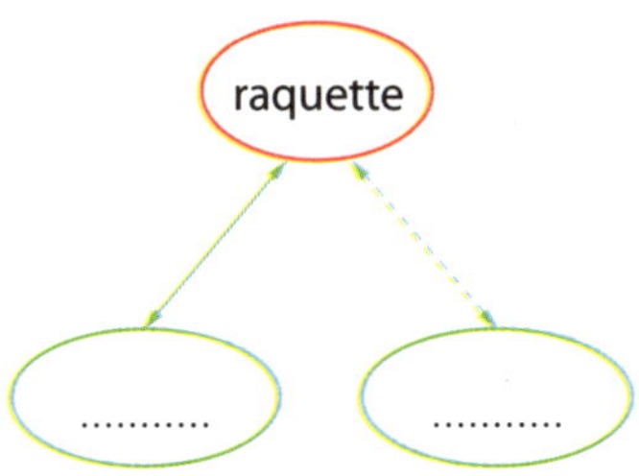

2 Fais le bon choix

Coche la ou les réponse(s) correcte(s).

a. L'action exercée par le lanceur sur un javelot est une action :

- ☐ localisée
- ☐ répartie
- ☐ de contact

b. Une action de contact peut être modélisée par :

- ☐ un vecteur force
- ☐ un segment fléché
- ☐ un segment de droite

3 Schématise

Fatou joue aux Indiens avec ses amis. Sans considération d'échelle, représente l'action exercée par la main de Fatou sur la corde de l'arc.

4 Vrai ou faux ?

Coche la réponse correcte et corrige les phrases fausses.

a. La Lune attire la Terre.

☐ Vrai ☐ Faux

....

....

b. L'action exercée par le lanceur sur un disque est une action à distance.

☐ Vrai ☐ Faux

....

....

5 Sur un fil d'araignée !*

D4 Identifier des questions de nature scientifique ○I ○F ○S ○TB

Un grimpeur effectuant une descente en rappel s'immobilise un moment pour contempler un paysage à couper le souffle. L'action de la corde sur le grimpeur est représentée par le vecteur $\vec{F}_{corde/grimpeur}$.

a. Fais l'inventaire des actions s'exerçant sur le grimpeur et représente le vecteur force manquant sur la photographie.

....

....

b. Indique pour chaque action si elle est de contact ou à distance.

....

....

c. Construis le diagramme objet-interactions du grimpeur.

6 Et la Lune dans tout ça ?*

D4 Tirer des conclusions ○I ○F ○S ○TB

La Terre exerce sur la Lune une action attractive, à distance, dont la valeur vaut environ $2{,}0 \times 10^{20}$ N. Elle est modélisée par le vecteur force $\vec{F}$.

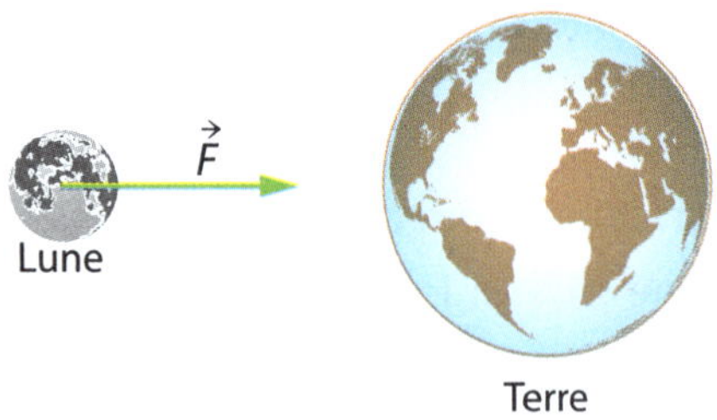

a. Quelles sont les caractéristiques du vecteur force modélisant l'action exercée par la Lune sur la Terre ?

....

....

....

....

....

b. Représente ce vecteur force sur le schéma ci-dessus.

....

....

7 La physique autour de nous*

D2 Interpréter un phénomène ○I ○F ○S ○TB

Le petit frère de Léo joue à un jeu de construction magnétique comprenant des petites boules métalliques et des bâtonnets aimantés. Il s'aperçoit que les billes sont attirées par les bâtonnets aimantés.

a. L'action exercée par le bâtonnet aimanté sur la bille est-elle de contact ou à distance ? répartie ou localisée ?

....

....

....

b. L'attraction magnétique est analogue à l'attraction de la Lune par la Terre. Peux-tu dire si la valeur de cette attraction reste constante ou si elle varie lorsque la bille se rapproche du bâtonnet ?

....

....

8 Un âge avancé*

D4 Développer des modèles simples ○I ○F ○S ○TB

Un dessin fait par Anna montre un personnage somnolant appuyé sur sa canne.

a. Fais la liste des actions s'exerçant sur le système « canne ».

....

....

b. Établis un diagramme objets-interactions pour la canne.

c. Représente en différentes couleurs les trois actions exercées sur la canne, sur le schéma ci-contre, sans te soucier de la longueur des vecteurs. Ajoute les noms des vecteurs $\vec{F}_{M/C}$, $\vec{F}_{T/C}$ et $\vec{F}_{S/C}$.

9 Toc toc★★

D4 Argumenter ○I ○F ○S ○TB

Constance et Étienne ne sont pas d'accord sur l'analyse des actions qui interviennent quand on plante un clou. Constance pense que l'action est exercée par le marteau sur le clou. Étienne pense que l'action est exercée par le clou sur la planche.

a. L'action exercée par le marteau sur la tête du clou est-elle une action localisée ou répartie ?

b. La valeur de cette force est de 50 newtons (N). Représente le vecteur force correspondant à cette action, avec l'échelle : 1 cm ↔ 25 N.

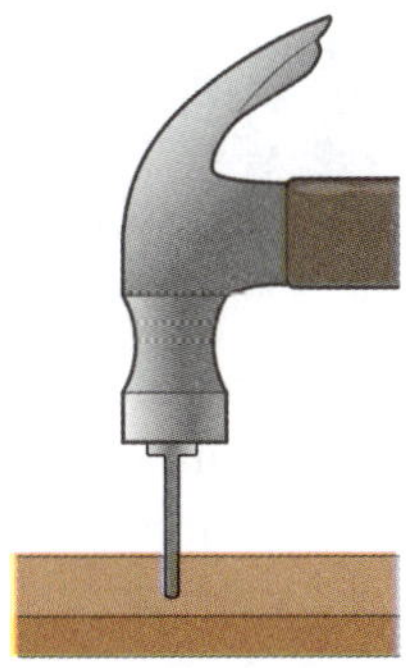

c. La valeur de la force exercée par le clou sur la planche est aussi de 50 N. Cette action peut-elle être représentée par le même vecteur force ?

10 Éclipse de Soleil★★

D4 Mettre en œuvre des démarches propres aux sciences ○I ○F ○S ○TB

Lors d'une éclipse de Soleil, la Lune se place devant le Soleil, cachant totalement ou partiellement le Soleil depuis certains points de la Terre.

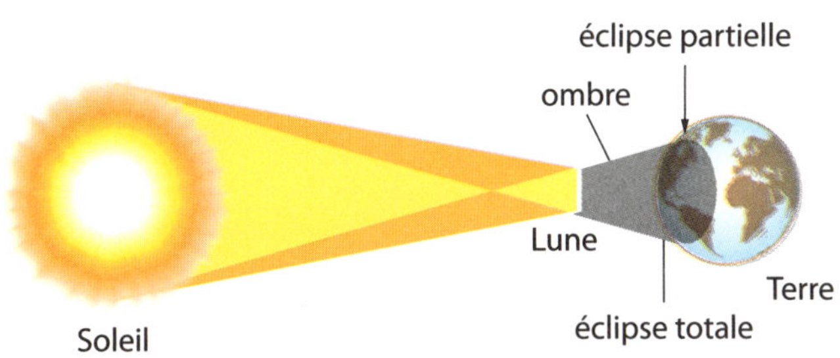

a. Quelles actions s'exercent sur la Lune ?

b. Établis un diagramme objets-interactions pour la Lune.

c. Quelles sont les caractéristiques de l'action exercée par la Terre sur la Lune ?

d. L'action exercée par le Soleil sur la Lune est environ deux fois plus grande que celle exercée par la Terre. Représente et désigne ces interactions sur le schéma situé au début de l'énoncé.

11 Plusieurs forces★★★

D2 Garder des traces des résultats obtenus ○I ○F ○S ○TB

Katharina Molitor est devenue championne du monde du lancer du javelot en 2015 avec un lancer à 67,69 m.

L'échelle de représentation est 1 cm pour 20 N.

a. L'action exercée par la Terre sur le javelot est modélisée par le vecteur force $\vec{F}$. Quelles sont les caractéristiques de ce vecteur force ?

b. Déduis-en la valeur de l'action exercée par la Terre sur le javelot.

c. Représente le vecteur force de propulsion modélisant l'action exercée par la main sur le javelot de valeur 60 N.

8 Comment modéliser la gravitation universelle ?

Activité documentaire

Si tu ne comprends pas certains des mots utilisés dans cette activité, demande à ton professeur ou consulte le Dico, p. 142.

Fig. 1 Représentation du système solaire

Le système solaire est constitué de huit planètes dont la Terre, se déplaçant sur des trajectoires presque circulaires autour de leur étoile, le Soleil.
Le Soleil exerce une action à distance, attractive, due à sa masse, sur chaque planète. Cette attraction diminue lorsque la distance augmente.
Chaque planète possède une masse importante et attire aussi le Soleil. Cette attraction a peu d'effets car la masse du Soleil reste beaucoup plus grande que celle des planètes.
Le Soleil et les planètes sont donc en interaction attractive à distance : c'est l'interaction gravitationnelle ou gravitation universelle.

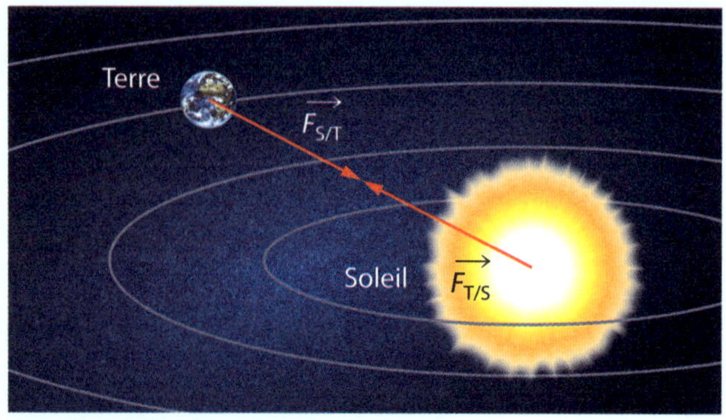

Fig. 2 Interaction gravitationnelle Soleil-Terre

La force d'attraction gravitationnelle exercée par le Soleil sur la Terre a les caractéristiques suivantes :
– direction : la droite passant par les centres des deux astres ;
– sens : de la Terre vers le Soleil ;
– point d'application : le centre de la Terre ;
– valeur : $F_{S/T} = G \cdot \dfrac{M_S \cdot M_T}{d^2}$.
F est en newton (N), $G = 6{,}67 \times 10^{-11}$ unités SI.
M_T et M_S sont respectivement les masses de la Terre et du Soleil, en kg.
d est la distance entre le centre de la Terre et le centre du Soleil, en m.

Extrais des informations

1. De quel type est l'action exercée par le Soleil sur les planètes ?

....

2. Quel(s) point(s) commun(s) et quelles différences existe-t-il entre la force d'interaction gravitationnelle exercée par le Soleil sur la Terre et celle exercée par la Terre sur le Soleil ?

....

....

Interprète

3. Pourquoi l'action exercée par le Soleil sur les planètes est-elle appelée « interaction gravitationnelle » ?

....

4. Pourquoi la valeur de la force d'interaction gravitationnelle exercée par le Soleil sur la Terre et celle exercée par la Terre sur le Soleil sont-elles identiques ?

....

....

Rédige ta conclusion

....

....

....

....

....

L'essentiel à compléter

- Les planètes se maintiennent sur leurs orbites grâce à l'action .... exercée par le Soleil.
- Les planètes .... le Soleil de la même façon que le Soleil .... les planètes. Il s'agit d'une .... gravitationnelle.
- L'**interaction gravitationnelle** existe entre deux objets possédant une .... *m*. Elle .... lorsque la distance *d* entre les deux objets augmente.
- Si un objet A exerce sur un objet B une force d'attraction gravitationnelle $\vec{F}_{A/B}$ alors l'objet B exerce réciproquement une force d'attraction gravitationnelle $\vec{F}_{B/A}$ de même ...., de même .... et de .... opposé.
- La valeur de l'attraction gravitationnelle est calculée par la relation $F_{A/B} = F_{B/A} = G \cdot \frac{m_A \cdot m_B}{d^2}$, avec $G = 6{,}67 \times 10^{-11}$ unités SI, *m* en kg, *d* en m, *F* en N.

As-tu compris l'essentiel ?

1 Fais le bon choix

Coche la ou les réponse(s) correcte(s).

a. La Terre exerce sur la Lune une action :

☐ répulsive ☐ attractive
☐ de contact ☐ à distance

b. Si un astre A exerce sur un astre B une force d'attraction gravitationnelle, alors l'astre B exerce réciproquement une force d'attraction gravitationnelle :

☐ de même sens
☐ de même valeur
☐ de même direction

2 Relie

Vénus et la Terre ont des masses très proches. Relie chacune des planètes avec l'action qu'exerce sur elle le Soleil.

Vénus •	• $3{,}5 \times 10^{22}$ N
Terre •	• $5{,}5 \times 10^{22}$ N

3 Entoure

Entoure la représentation correcte de l'action exercée par la Terre sur le satellite :

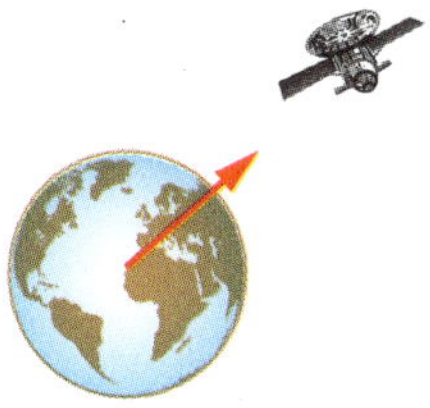

4 Vrai ou faux ?

Coche la réponse correcte et corrige les phrases fausses.

a. La Lune attire la Terre.

☐ Vrai ☐ Faux

....

b. L'interaction gravitationnelle existe entre deux objets du fait de leur vitesse.

☐ Vrai ☐ Faux

....

....

Fais le point sur tes compétences

5 Interaction Terre-Lune*

D4 Développer des modèles simples ○I ○F ○S ○TB

La Lune tourne autour de la Terre.

a. Représente en vert la force exercée par la Terre sur la Lune et désigne le vecteur.

b. Représente en rouge la force exercée par la Lune sur la Terre et désigne le vecteur.

6 La physique autour de nous*

D4 Tirer des conclusions ○I ○F ○S ○TB

Pierre attend dans sa chambre un appel de son correspondant sud-africain, Jay.

La force d'attraction gravitationnelle exercée par la Terre sur Pierre vaut 750 N.

a. La masse de Jay étant la même que celle de Pierre, quelle est la valeur de la force d'attraction gravitationnelle exercée par la Terre sur Jay ?

b. Représente, sans souci d'échelle, ces deux forces sur le schéma. Désigne les vecteurs correspondants.

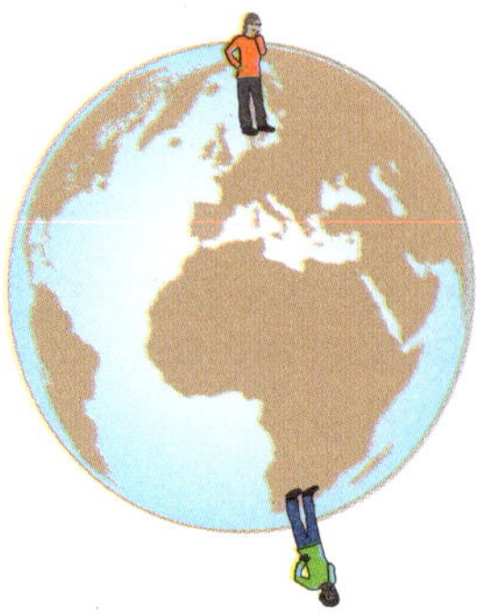

c. La force d'attraction gravitationnelle serait-elle la même pour un garçon de masse identique situé en haut de l'Everest ? Justifie.

7 Une menace pour la Terre*

D4 Proposer des hypothèses ○I ○F ○S ○TB

Un astéroïde se rapproche de la Terre en suivant la ligne en pointillés. Il est soumis à l'attraction terrestre.

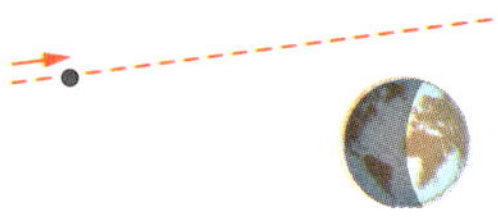

a. Quelles sont les trajectoires impossibles parmi les suivantes ? Justifie.

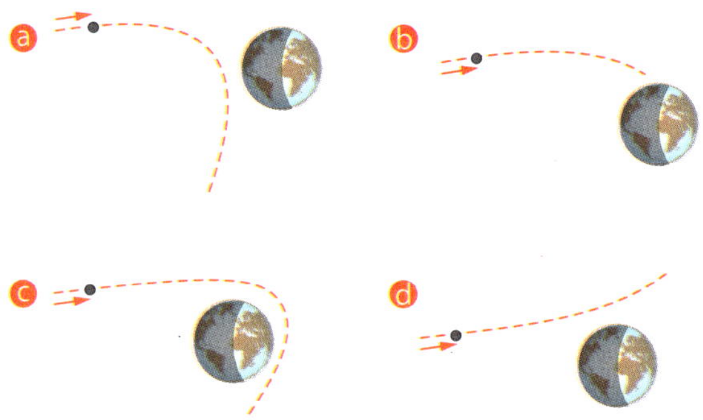

b. Pourquoi, dans le cas c, l'astéroïde ne s'écrase-t-il pas sur la Terre ?

8 L'étoile du Berger*

D4 Développer des modèles simples ○I ○F ○S ○TB

Vénus est une des planètes du système solaire. Elle est, après le Soleil et la Lune, l'astre le plus brillant du ciel. Pour cette raison Vénus est appelée « l'étoile du Berger ». Elle permettait aux bergers de s'orienter au début ou en fin de nuit.

La force exercée par le Soleil sur Vénus vaut environ : $F_{S/V} = 5{,}4 \times 10^{22}$ N.

a. Quelle est la valeur de la force exercée par Vénus sur le Soleil ?

b. Quelles sont les caractéristiques de la force exercée par le Soleil sur Vénus ?

c. Représente cette force sur le schéma ci-après en prenant comme échelle 1 cm pour 1×10^{22} N.

9 Attirée, mais comment ?★

D4 Argumenter ○I ○F ○S ○TB

Voici quatre situations représentant deux astres A et B de masses respectives m_A et m_B.

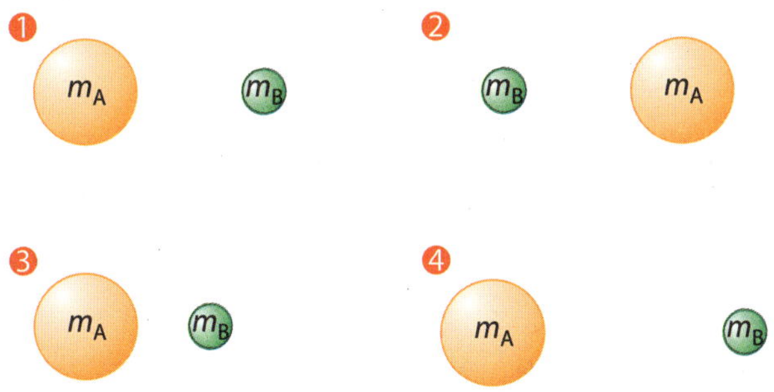

a. L'attraction entre les astres A et B est-elle la même dans les situations ❶ et ❷ ? Justifie.

b. L'attraction entre les astres A et B est-elle la même dans les situations ❶ et ❸ ? Justifie.

c. Dans quelle situation l'attraction entre les astres A et B est-elle la plus faible ? Justifie.

10 Le point de vue de Newton★★

D4 Interpréter des résultats ○I ○F ○S ○TB

Newton a compris au XVIIe siècle que deux objets possédant une masse s'attirent de façon inversement proportionnelle au carré de la distance *d* séparant leurs centres.

La valeur *F* de cette action peut se calculer à l'aide de la relation :

$$F = G \cdot \frac{m \cdot m'}{d^2}$$

avec $G = 6{,}67 \times 10^{-11}$ USI, *m* et *m'* en kg, et *d* en m.

Masse du Soleil : $m_S = 2{,}0 \times 10^{30}$ kg
Masse de la Terre : $m_T = 6{,}0 \times 10^{24}$ kg
Distance Terre-Soleil : $d = 150 \times 10^6$ km

a. Calcule la valeur *F* pour deux personnes de 75 kg placées à 2,0 m l'une de l'autre.

b. Calcule la valeur *F* entre la Terre et le Soleil.

c. Dans quel cas l'interaction gravitationnelle doit-elle être prise en compte ?

9 À quelle condition un objet est-il en équilibre statique ?

Activité expérimentale

Si tu ne comprends pas certains des mots utilisés dans cette activité, demande à ton professeur ou consulte le Dico, p. 142.

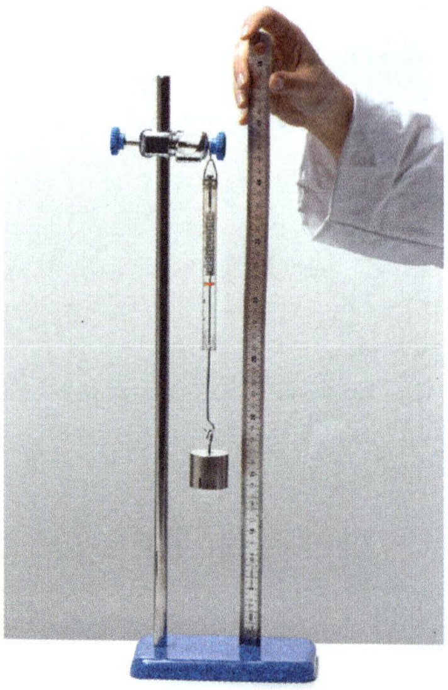

Fig. 1 Mesure de la longueur du ressort

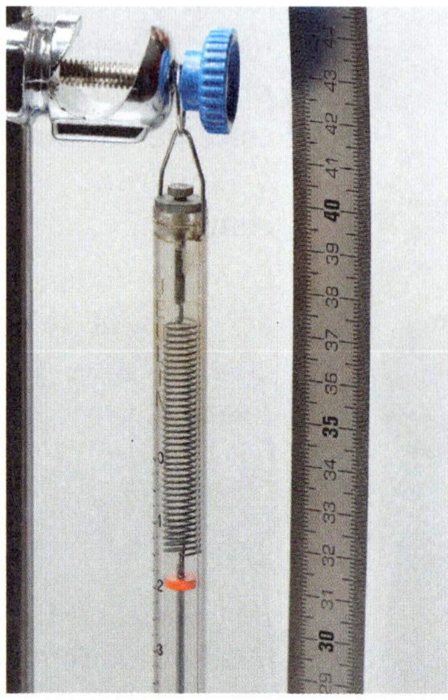

Fig. 2 Lecture de la valeur sur le dynamomètre

Expérimente

- Mesure la longueur du ressort d'un dynamomètre. Accroche-lui une masse de 200 g. La masse est alors en équilibre statique. Mesure la longueur du ressort (**Fig. 1**) et lis la valeur indiquée par le dynamomètre (**Fig. 2**).
- Reproduis la même expérience avec des masses de 100 g et 150 g.

Fais attention !

Suspends la masse au dynamomètre sans tirer sur le ressort afin d'éviter de le déformer de manière irréversible.

Observe

1. Quelle est l'unité des valeurs indiquées par le dynamomètre ? Quelle est la longueur ℓ_0 du ressort ?

....

2. Remplis les lignes 2 et 3 du tableau suivant :

Masse (g)	100	150	200
Valeur lue sur le dynamomètre (N)	....	....	....
Longueur du ressort ℓ (cm)	....	....	....
Allongement du ressort $\Delta\ell$ (cm)	....	....	....
Force de rappel (N)	....	....	....

3. Schématise le montage dans l'encadré ci-contre.

Interprète

4. Quelle grandeur est mesurée par le dynamomètre ? Donne ses caractéristiques.

....

5. La force exercée par le ressort sur la masse est appelée force de rappel. Elle se calcule de la manière suivante : $F = k \cdot \Delta\ell$, avec k la constante de raideur du ressort égale à .... et $\Delta\ell$ l'allongement du ressort en m. Complète les lignes 4 et 5 du tableau et commente les résultats.

....

....

6. Complète le schéma en représentant les forces exercées sur la masse.

Rédige ta conclusion

……………………………………………………………………………………………

……………………………………………………………………………………………

……………………………………………………………………………………………

……………………………………………………………………………………………

……………………………………………………………………………………………

L'essentiel à compléter

- L'unité de force est le …………………… de symbole …………………… .
- Une force se mesure avec un …………………… .
- Un objet est en …………………… , c'est-à-dire immobile, si les forces appliquées sont …………………… : mêmes directions, mêmes valeurs mais sens opposés.

As-tu compris l'essentiel ?

1 Fais le bon choix

Coche la (ou les) réponse(s) correcte(s).

a. L'instrument mesurant une force s'appelle :

- ☐ un force-mètre
- ☐ un dynamomètre
- ☐ un newton-mètre

b. Un objet est en équilibre statique quand les forces en jeu :

- ☐ ont des valeurs égales
- ☐ sont égales
- ☐ sont opposées

2 Complète le schéma

Coche la position correcte de ton œil pour effectuer une mesure de la force.

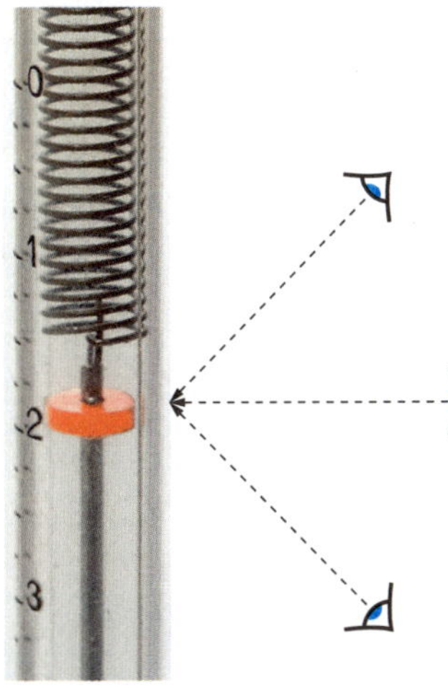

ⓐ ☐

ⓑ ☐

ⓒ ☐

3 Entoure

Entoure le ou les dessin(s) où la masse est en équilibre statique.

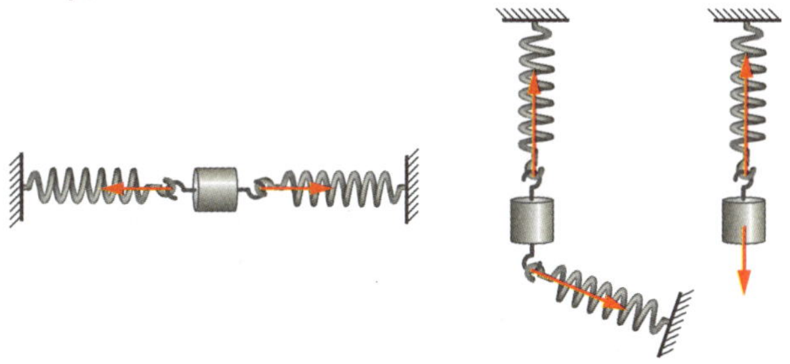

4 Légende

Place les légendes ci-dessous sur le schéma.

support — dynamomètre — ressort — index — masse

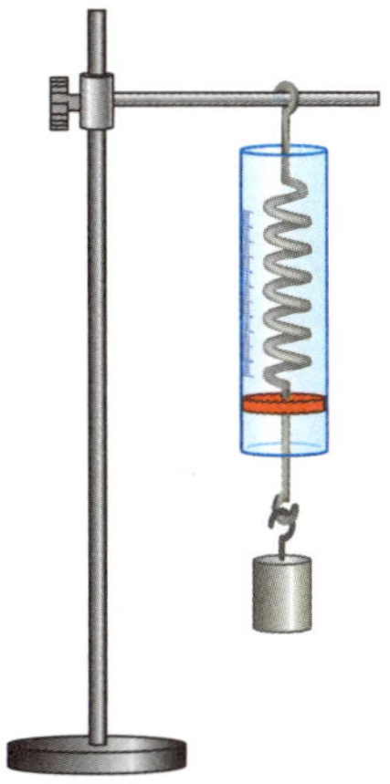

Fais le point sur tes compétences

5 Lecture précise*

D4 Mesurer des grandeurs physiques ○I ○F ○S ○TB

Sékou suspend différentes masses à des dynamomètres. Relève la valeur de la force indiquée par chacun des dynamomètres :

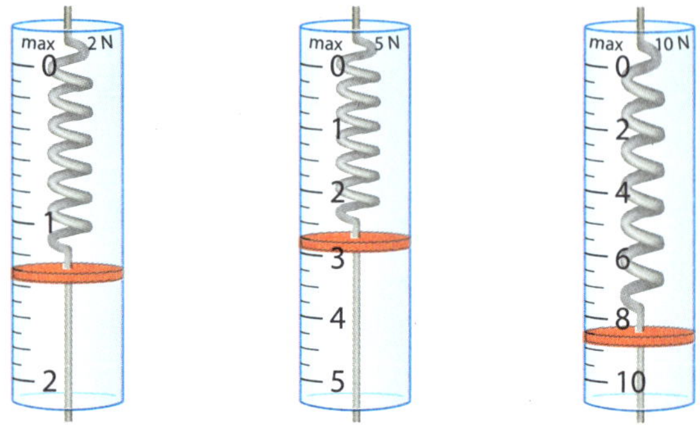

$F =$ .... $F =$ .... $F =$ ....

6 Un dynamomètre trompeur ?*

D4 Mettre en œuvre des démarches propres aux sciences ○I ○F ○S ○TB

Julie souhaite déterminer l'allongement maximal d'un ressort constituant un dynamomètre. Pour cela, elle prévoit de suspendre différentes masses au dynamomètre. Le schéma ci-dessous représente la première expérience qu'elle réalise.

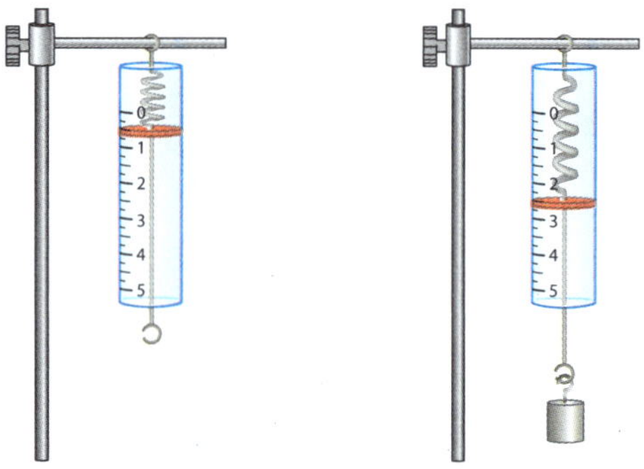

a. Quelle est la valeur de la force indiquée par le dynamomètre ?

....

b. Julie suspend la même masse à un capteur de force, dispositif électronique permettant de mesurer une force, et obtient 2,0 N. À quelle mesure doit-elle se fier ? Justifie.

....

....

....

....

....

....

....

7 Prends des initiatives*

D4 Développer des modèles simples ○I ○F ○S ○TB

Leïla souhaite réaliser un lanceur de projectile et s'intéresse au dispositif suivant :

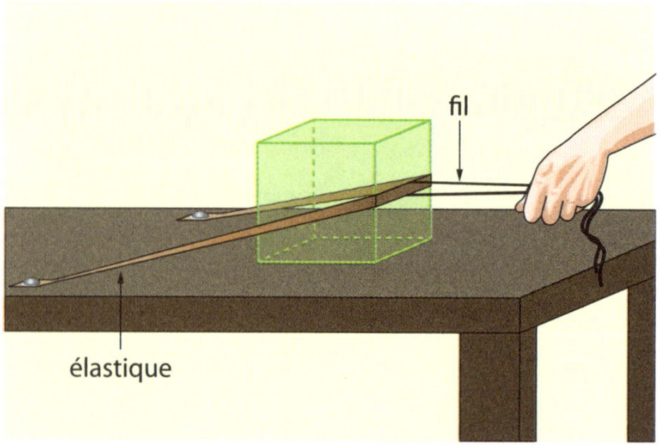

Quatre forces s'exercent sur l'objet : son poids $\vec{P}$, la réaction de la table $\vec{R}$, la force de rappel exercée par l'élastique et la force $\vec{F}$ de tension exercée par le fil $\vec{T}$.

Représente sur le schéma les quatre forces de manière à ce que l'objet soit immobile. Justifie ton choix.

Les forces peuvent être traitées deux à deux : $\vec{P}$ et $\vec{R}$, $\vec{F}$ et $\vec{T}$.

....

....

....

....

8 Accroche-toi bien !**

D2 Utiliser des outils de modèles numériques ○I ○F ○S ○TB

Mathis décore son salon et désire accrocher des cadres. Les crochets prévus à cet effet supportent une force maximale de 40 N. Il suspend les trois cadres à un capteur de force et relève les valeurs dans le tableau ci-après.

Cadre	c_1	c_2	c_3
Valeur de la force (N)	38,0	39,8	34,1

Sur la notice du capteur, il lit l'inscription : « précision : ± 1 % ».

a. Calcule la « précision » de chaque mesure, puis complète le tableau suivant avec un encadrement de la valeur de la force.

c_1 : ....

c_2 : ....

c_3 : ....

c_1	....
c_2	....
c_3	....

b. Quel(s) cadres(s) Mathis peut-il accrocher ?

....

....

9 Tug of war★★

D1 Comprendre des documents scientifiques ○I ○F ○S ○TB

Tug of war is a sport that directly puts two teams against each other in a test of strength: teams pull on opposite ends of a rope, the goal being to bring the rope a certain distance in one direction against the force of the opposite team's pull.

The rope is marked with a centre line and there are two markings 4 meters either side of the centre line. The teams start with the rope's centre line directly above a line marked on the ground. Once the contest has begun, they attempt to pull the other team so that the marking on the rope closest to their opponent crosses the centre line.

Source: Wikipedia

a. Compare la direction et le sens des forces exercées par les deux équipes sur la corde.

....

....

....

....

b. À quelle condition la corde reste-t-elle immobile ?

....

....

....

c. Dans les règles officielles, la masse totale de chaque équipe ne doit pas excéder une certaine valeur (selon la catégorie). Pourquoi ?

....

....

....

....

10 La physique autour de nous★★★

D1 Comprendre des documents scientifiques ○I ○F ○S ○TB

Une montgolfière est composée de trois éléments : une enveloppe, un brûleur et une nacelle. La combustion d'un carburant par le brûleur permet de chauffer l'air dans l'enveloppe. La différence de masse volumique entre l'air ambiant et l'air dans l'enveloppe crée une force appelée « poussée d'Archimède ». La poussée d'Archimède se calcule de la manière suivante :

$P_A = k \cdot V$ avec :

- P_A la poussée d'Archimède en N ;
- k une constante dépendant notamment de la température de l'air dans le ballon ;
- V le volume de l'enveloppe en m^3.

Quand la poussée est plus élevée que le poids P de la montgolfière, celle-ci monte. Une fois l'altitude désirée atteinte, la montgolfière peut effectuer une phase de vol stationnaire.

a. Précise le sens et la direction de la poussée d'Archimède.

....

....

b. Dans quelle phase de vol se trouve la montgolfière quand $P = P_A$?

....

....

....

c. Comment doit varier le volume du ballon pour faire atterrir la montgolfière ? Justifie.

....

....

....

10 Poids et masse

Démarche d'investigation

Si tu ne comprends pas certains des mots utilisés dans cette activité, demande à ton professeur ou consulte le Dico, p. 142.

Question

Quelle(s) différence(s) existe-t-il entre le poids et la masse ?

Matériel à disposition

une balance • un dynamomètre avec support • une boîte de masses marquées • un chronomètre • un fil à plomb

Fais attention !

Lors de l'utilisation du dynamomètre, vérifie que le fil passe bien dans la poulie.

Réfléchis

1. Fais une ou des hypothèses et propose un protocole expérimental comportant du texte et/ou des schémas, afin de déterminer une relation éventuelle liant le poids et la masse. *Fais-le vérifier par ton professeur.*

Expérimente

2. Réalise ton expérience, relève tes résultats et interprète-les.

m (g)	....	....	....	....	....	....
m (kg)	....	....	....	....	....	....
P (N)	....	....	....	....	....	....
P/*m*	....	....	....	....	....	....

....

....

Rédige ta conclusion

....

....

....

L'essentiel à compléter

› Le .... d'un corps est l'attraction exercée par la Terre lorsqu'il se trouve à sa proximité.

› Le .... est responsable de la .... du corps. Il s'exerce à la .... du lieu de la chute, du haut vers le bas. Sa mesure s'effectue avec un .... Son unité est le .... (..........).

› Le quotient du .... d'un corps en .... (..........) par sa .... en .... (..........) est une constante. En un lieu donné, le .... et la .... d'un corps sont ....

Le coefficient de proportionnalité est noté ***g*** et est appelé **intensité de la pesanteur**. Sa valeur moyenne sur Terre vaut 9,8 .... Le poids s'exprime donc par la relation : .... = ...

As-tu compris l'essentiel ?

1 Fais le bon choix

Coche la réponse correcte.

a. L'unité de poids est le :

- ☐ kg
- ☐ N
- ☐ N/kg

b. Le poids se mesure avec :

- ☐ une balance
- ☐ un dynamomètre
- ☐ un pèse-mètre

c. Le poids d'un corps est :

- ☐ proportionnel à sa masse
- ☐ égal à sa masse
- ☐ inférieur à sa masse

2 Relie

Relie le poids avec son appareil de mesure et son unité correcte.

- balance / kg
- dynamomètre / kg
- poids
- dynamomètre / N
- balance / N

3 Complète le schéma

Complète par une courbe le graphique représentant le poids en fonction de la masse.

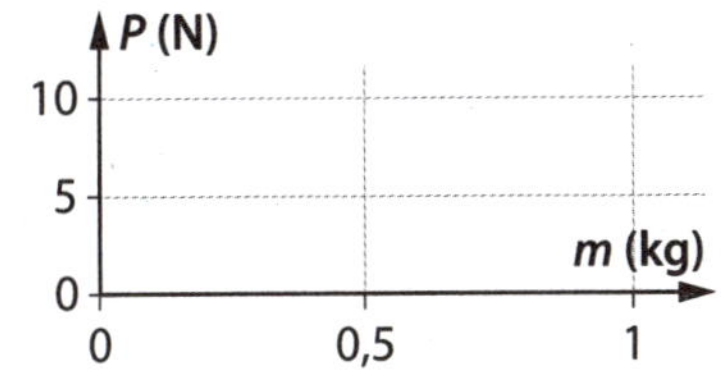

4 Vrai ou faux ?

Coche la réponse correcte et corrige les phrases fausses.

a. Le poids est la force d'attraction exercée par la Terre.

☐ Vrai ☐ Faux

....

b. Une balance mesure un poids.

☐ Vrai ☐ Faux

....

c. La relation entre la masse et le poids est $m = P \cdot g$.

☐ Vrai ☐ Faux

....

d. Un corps chute en suivant une droite horizontale.

☐ Vrai ☐ Faux

....

5 Représentation du poids★

D4 Développer des modèles simples ○ I ○ F ○ S ○ TB

Un satellite tourne autour de la Terre.

Représente par un vecteur le poids du satellite sur les deux positions ci-après.

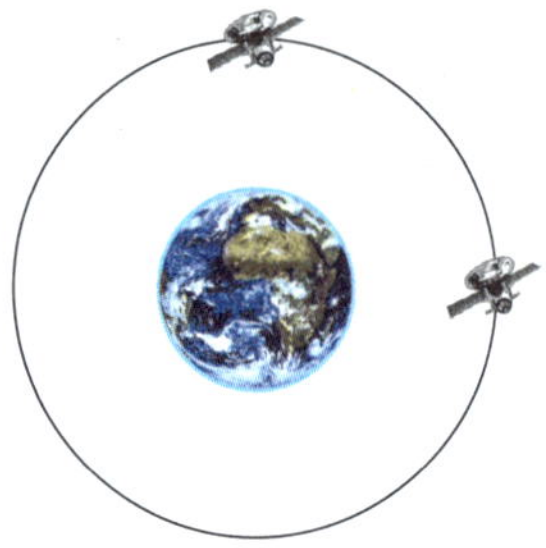

6 Mesure de *g*★

D2 Utiliser des outils de traitement des données ○ I ○ F ○ S ○ TB

Un scientifique souhaite connaître la valeur de g en un point de la Terre. Il prend une masse de 200 g et mesure un poids de 1,96 N.

Complète l'algorithme permettant de trouver g :

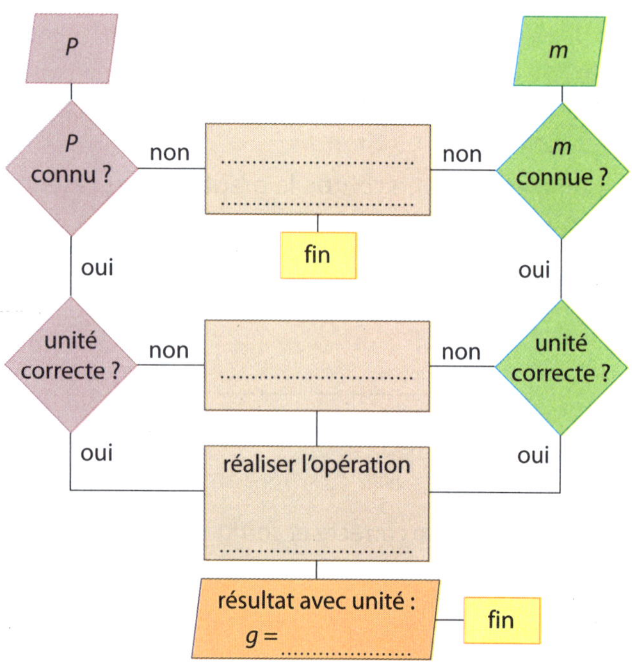

7 Découvrir Mars★

D4 Mettre en œuvre des démarches propres aux sciences ○ I ○ F ○ S ○ TB

En 2012, la NASA a envoyé sur Mars le robot *Curiosity* de masse 900 kg afin d'étudier la planète.

Intensité de la pesanteur sur Mars : $g_M = 3{,}7$ N/kg

a. Rappelle la relation entre le poids P et la masse m et précise les unités.

....

....

b. Quel est le poids de *Curiosity* sur Mars ?

....

....

c. Compare le poids de *Curiosity* sur la Terre et sur Mars. Pour quelle raison est-il plus important sur Terre ?

....

....

....

....

8 Poids et masse★

D4 Interpréter des résultats expérimentaux ○ I ○ F ○ S ○ TB

Différents objets de masses connues sont pesés :

m (g)	70	120	190	270	390
P (N)	0,70	1,1	1,9	2,8	4,0

a. À l'aide d'un tableur, modélise la courbe représentant le poids P en N en fonction de la masse m en kg. Représente l'allure générale de la courbe obtenue :

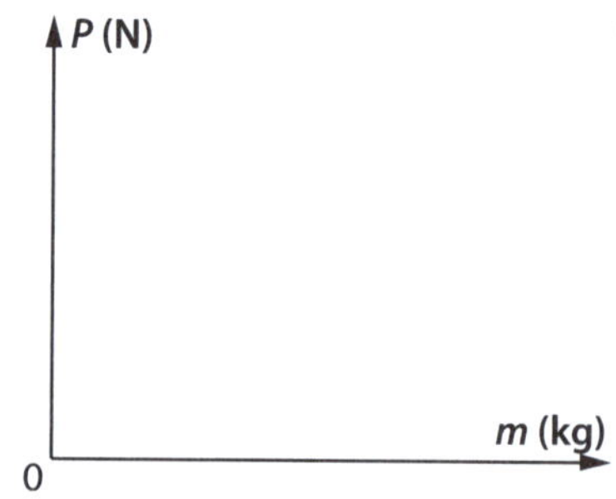

b. Par quel point remarquable passe ce graphique ? Qu'en déduit-on ?

....

....

c. Quelle relation entre le poids et la masse donne le tableur ?

$P =$ .... m.

d. Que vaut P pour $m = 200$ g ?

....

9 Les valeurs de *g* dans le système solaire★★

D2 Utiliser des outils de traitement des données ○ I ○ F ○ S ○ TB

Les valeurs de g à la surface de différentes planètes du système solaire sont données dans le tableau suivant :

Planète	Vénus	Terre	Mars	Jupiter
g (N/kg)	8,9	9,8	3,7	25

a. Représente ces données sous la forme d'un histogramme.

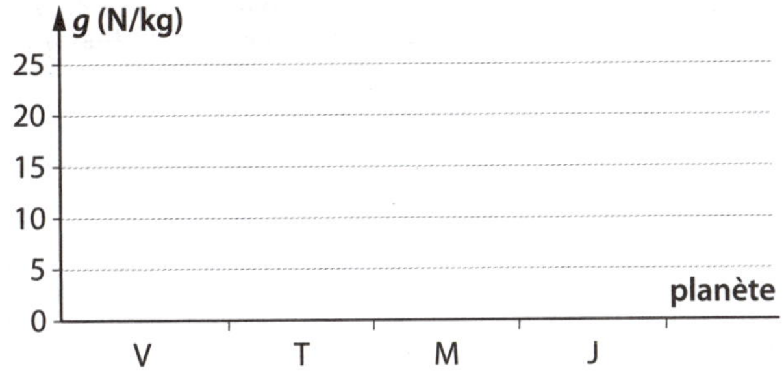

b. Qu'est-il possible d'en déduire quant au poids d'un objet sur chacune de ces planètes ?

....

....

10 La physique autour de nous ★★

D1 Comprendre des documents scientifiques ○ I ○ F ○ S ○ TB

> For a plane, during a horizontal flight, weight and lift are balanced. The maximum take-off weight (MTOW) or maximum take-off mass (MTOM) of an aircraft is the maximum weight at which the pilot of the aircraft is allowed to attempt to take off, due to structural or other limits. MTOW is usually specified in units of kilograms or pounds.
>
> Source: Wikipedia

a. La première phrase du texte évoque-t-elle le poids ou la masse d'un avion ?

....

b. Ce texte évoque une phase particulière du vol d'un avion. Laquelle ?

....

c. La suite du texte évoque-t-elle la masse maximale ou le poids maximal de l'avion ?

....

11 Variations de *g* sur Terre ★★★

D5 Expliquer l'évolution des sciences par leur histoire ○ I ○ F ○ S ○ TB

On trouve sur Internet l'image ci-contre de la Terre. Il s'agit d'une représentation amplifiée des variations de sa surface. Cette image a été réalisée par ordinateur à partir des mesures de *g* prises par satellite.

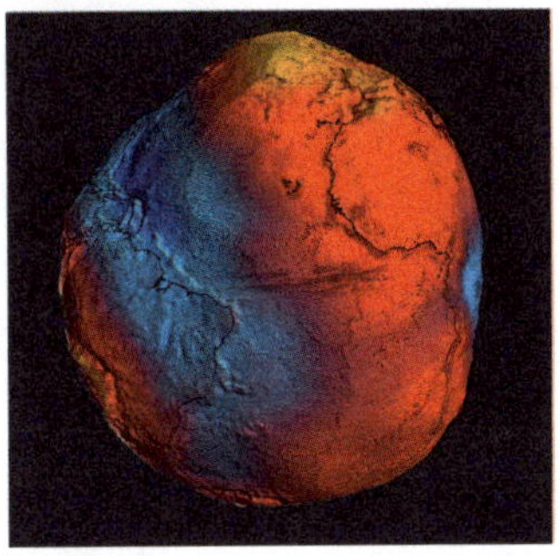

Dès le XVIIIe siècle, des mesures scientifiques ont été réalisées par des expéditions dirigées vers la Guyane, proche de l'équateur, puis vers le pôle Nord. La première a mesuré une valeur de g de 9,78 N/kg, tandis que l'autre a trouvé une valeur de 9,83 N/kg.

a. Quel est le poids P_e d'une personne de 60,0 kg à l'équateur ?

....

b. Quel est le poids P_p de cette même personne au pôle Nord ?

....

c. L'écart relatif en % entre les deux mesures est donné par la relation $\frac{P_e - P_p}{P_e} \times 100$. Calcule cet écart relatif. Est-il important ?

....

....

....

12 Prends des initiatives ★★★

D1 S'exprimer à l'oral lors d'un débat ○ I ○ F ○ S ○ TB

Un astronaute équipé des missions lunaires *Apollo* se pèse avec un pèse-personne. Il trouve la valeur 147 kg. Il se pèse à nouveau sur la Lune et pense avoir maigri car la valeur mesurée n'est plus que de 24,5 kg.

Pourquoi sa masse a-t-elle changé ?

Rédige ta synthèse argumentée du débat avec tes camarades. Présente-la.

....

....

....

....

....

....

11 De quelles grandeurs dépend l'énergie cinétique ?

Activité expérimentale

Si tu ne comprends pas certains des mots utilisés dans cette activité, demande à ton professeur ou consulte le Dico, p. 142.

Fig. 1 Chute d'une balle de masse m_1 d'une hauteur h_1

Fig. 2 Chute d'une balle de masse m_1 d'une hauteur h_2

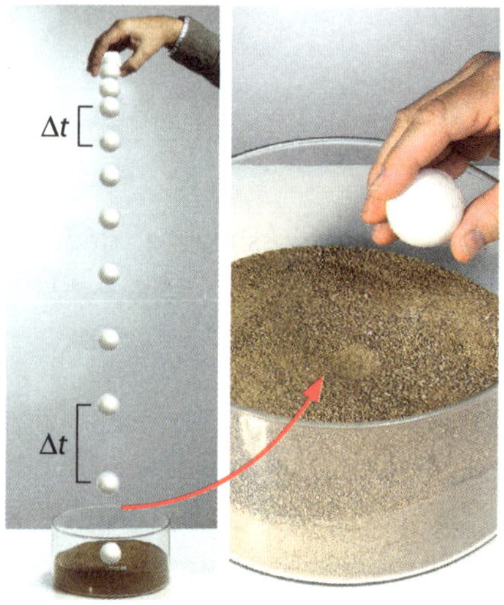

Fig. 3 Chute d'une balle de masse m_2 d'une hauteur h_2

Expérimente

- Place une balle de golf de masse $m_1 = 46$ g à une hauteur $h_1 = 40$ cm au-dessus d'un cristallisoir contenant du sable. Lâche la balle et observe l'impact sur le sable (**Fig. 1**).
- Réalise la même expérience en lâchant la balle d'une hauteur $h_2 = 80$ cm. Observe la trace de l'impact sur le sable (**Fig. 2**).
- Place une balle de polystyrène de masse $m_2 = 2$ g à une hauteur $h_2 = 80$ cm au-dessus du récipient. Lâche la balle et observe l'impact (**Fig. 3**).

Fais attention !

Avant chaque expérience, lisse la surface du sable afin de pouvoir observer l'impact.

Observe

1. Pour quelle hauteur, h_1 ou h_2, l'impact de la balle de golf est-il le plus important ?

....

2. Quelle balle lâchée d'une hauteur h_2 provoque l'impact le plus important dans le sable ?

....

Interprète

3. a. Dans quel cas, **Fig. 1** ou **Fig. 2**, la vitesse de la balle de golf est-elle la plus importante ? Justifie.

....

....

b. Explique la différence d'impact entre la **Fig. 1** et la **Fig. 2** en termes d'énergie cinétique (de vitesse).

....

....

4. a. Compare la vitesse des balles de la **Fig. 2** et de la **Fig. 3**. Justifie.

....

....

b. Explique la différence d'impact entre la **Fig. 2** et la **Fig. 3** en termes d'énergie cinétique.

....

....

Rédige ta conclusion

....

....

....

L'essentiel à compléter

- Au cours d'une chute, un objet gagne de l'énergie .... L'énergie cinétique augmente si la .... et/ou .... de l'objet augmentent.
- L'expression de l'énergie .... est $E_c = \frac{1}{2} \cdot m \cdot v^2$, avec E_c en **joule** (..........), m en .... (..........) et v en .... (..........).

As-tu compris l'essentiel ?

1 Vrai ou faux ?

Coche la réponse correcte et corrige les phrases fausses.

a. Au cours d'une chute, un objet gagne de l'énergie cinétique. ☐ Vrai ☐ Faux

....

....

b. L'énergie cinétique dépend de l'altitude de l'objet.
☐ Vrai ☐ Faux

....

c. L'énergie cinétique diminue lorsque la masse augmente. ☐ Vrai ☐ Faux

....

....

2 Complète le schéma

Indique dans chaque cadre l'unité correspondant à la grandeur désignée.

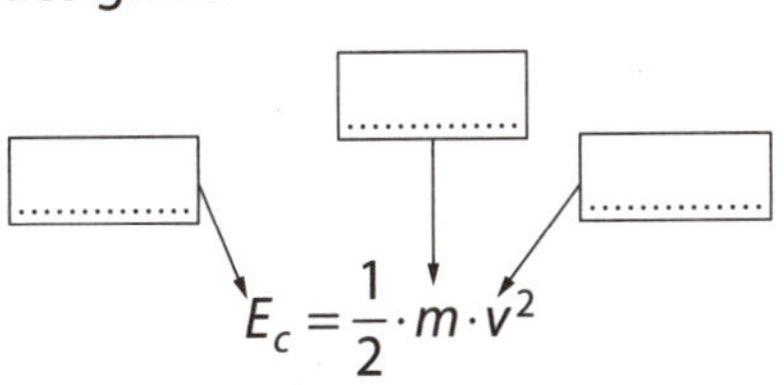

3 Fais le bon choix

Coche la ou les réponse(s) correcte(s).

a. L'énergie cinétique dépend de :
☐ la masse ☐ l'altitude
☐ la vitesse ☐ le volume

b. Si la masse d'un objet double, son énergie cinétique est :
☐ divisée par 2 ☐ la même
☐ multipliée par 2 ☐ multipliée par 4

c. Si la vitesse d'un objet double, son énergie cinétique est :
☐ divisée par 2 ☐ la même
☐ multipliée par 2 ☐ multipliée par 4

4 Entoure la réponse correcte

Entoure le dessin du véhicule possédant la plus grande énergie cinétique quand ils roulent tous à la même vitesse.

1 200 kg — 100 kg — 150 kg

Fais le point sur tes compétences

5 À l'eau★

D1 Comprendre des documents scientifiques ○ I ○ F ○ S ○ TB

Une centrale hydraulique permet de produire de l'énergie électrique. De l'eau retenue dans un barrage est canalisée dans une conduite, puis fait tourner une turbine couplée à un alternateur.

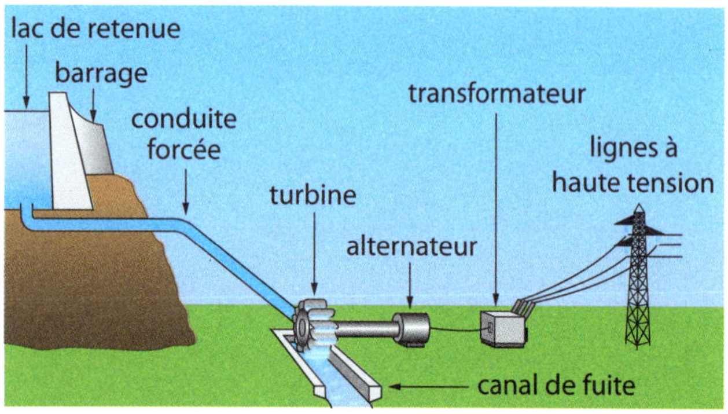

a. Quelle grandeur augmente lorsque l'eau passe dans la conduite forcée ?

b. Quelle énergie provoque la rotation de la turbine ?

6 Comparaison★

D2 Utiliser des outils de traitement de données ○ I ○ F ○ S ○ TB

Des ingénieurs en automobile comparent les courbes d'évolution de l'énergie cinétique en fonction de la vitesse pour deux modèles de véhicules A et B, afin de prévoir les dommages subis en cas de chocs.

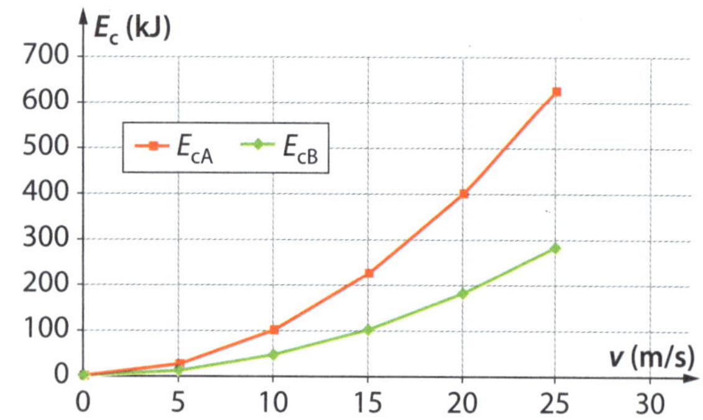

a. Quel véhicule possède la masse la plus importante ? Justifie.

b. Quelle est l'énergie cinétique du véhicule A lorsqu'il roule à 20 m/s ?

c. Quelle est la vitesse en km/h du véhicule B quand son énergie cinétique est de 100 kJ ?

7 Au sport★

D1 Passer d'une forme de langage scientifique à une autre ○ I ○ F ○ S ○ TB

Sacha se rend trois fois par semaine en scooter à son entraînement de basket. Il parcourt les 4,80 km en 10,0 minutes.

a. Calcule la vitesse de Sacha en m/s.

b. Sacha pèse 50 kg et son scooter 90 kg. Calcule l'énergie cinétique de Sacha et de son scooter.

8 La physique autour de nous★

D1 Identifier des questions de nature scientifique ○ I ○ F ○ S ○ TB

Chaque constructeur soumet ses véhicules au crash-test pour obtenir des étoiles, symboles de sécurité. Les testeurs projettent un véhicule à des vitesses différentes sur un obstacle.

Après le choc, les déformations de la voiture sont analysées pour améliorer les équipements de sécurité.

a. Quelle grandeur est modifiée lors d'un crash-test ?

b. Quelle énergie est responsable des déformations observées ?

9 New technology in Formula 1★

D1 Comprendre des documents scientifiques ○ I ○ F ○ S ○ TB

Since 2009, Formula 1 cars use a new technology called KERS (Kinetic Energy Recovery System). This technology was created in 1950 by an American physicist, Richard Feynman. When a pilot applies the car brakes, a part of the kinetic energy is retrieved and re-injected into the system. This energy gives the car extra power for 6 to 7 seconds during the acceleration phase. This energy-saving system is also used on trains and motorcycles.

a. Quels véhicules utilisent le système KERS ?

b. Quelle énergie utilise le KERS ?

c. D'où provient l'énergie mise en jeu dans le KERS ?

10 Quelle chute !★★

D4-D5 Interpréter des résultats expérimentaux ○ I ○ F ○ S ○ TB

Pour mettre au point les combinaisons des parachutistes, on étudie leurs vitesses de chute et leurs énergies cinétiques.

Le tableau ci-dessous a été établi au cours de la chute libre d'un parachutiste de 80 kg.

Vitesse (m/s)	0,00	5,00	10,0	15,0
E_c (J)	0,00	$1{,}00 \times 10^3$	$4{,}00 \times 10^3$	$9{,}00 \times 10^3$

a. Comment évolue l'énergie cinétique du parachutiste, lorsque la vitesse augmente ?

b. La vitesse et l'énergie sont-elles proportionnelles ? Justifie.

c. Comment évolueraient les valeurs de l'énergie cinétique si le parachutiste faisant l'essai était plus léger ?

11 Enquête sur la route★★★

D3 Réinvestir la sécurité de façon responsable ○ I ○ F ○ S ○ TB

Sur certaines autoroutes de montagne, des voies de détresse ont été installées. Sur ces voies ont été placés de grands bacs à sable permettant aux camions de s'arrêter en cas de problèmes mécaniques, notamment.

Suite à l'arrêt soudain d'un camion de livraison de masse 5,00 tonnes, la compagnie d'assurance a dépêché sur place un inspecteur. Après observation des traces laissées dans le sable, le rapport de l'inspecteur indique que le camion avait une énergie cinétique de $2{,}78 \times 10^6$ J à l'entrée de la voie.

a. Donne l'expression littérale de la vitesse en fonction de E_c et de m.

b. Calcule la vitesse du camion à l'entrée de la voie de détresse.

c. Sur autoroute, la vitesse est limitée à 110 km/h pour les poids lourds. Ce camion est-il en infraction ? Justifie.

12 Énergie potentielle

Démarche d'investigation

Si tu ne comprends pas certains des mots utilisés dans cette activité, demande à ton professeur ou consulte le Dico, p. 142.

Question

Pourquoi l'eau gagne-t-elle de la vitesse lors de sa chute ?

Matériel à disposition

- une seringue • un ensemble moulin et réservoir gradué
- un support • un bécher • une éprouvette graduée • de l'eau

Fais attention !

Entre chaque manipulation, remets l'axe du moulin dans sa position initiale.

Réfléchis

1. Fais une ou des hypothèses et propose un protocole expérimental comportant du texte et/ou des schémas, afin de déterminer pourquoi l'eau gagne de la vitesse lors de sa chute.
Fais-le vérifier par ton professeur.

Expérimente

2. Réalise ton expérience, relève tes résultats et interprète-les.

Rédige ta conclusion

....

....

....

....

....

L'essentiel à compléter

- Un objet possède une **énergie potentielle** dépendant de sa position.
- Au cours d'une chute d'eau, de l'énergie .... est convertie en énergie ....
- La somme de l'énergie .... E_p et de l'énergie .... E_c est égale à l'**énergie mécanique** E_m = ... + ...
- L'unité d'énergie mécanique est le joule de symbole ....

As-tu compris l'essentiel ?

1 Fais le bon choix

Coche la réponse correcte.

a. La relation entre les énergies mécanique, potentielle et cinétique est :

- ☐ $E_p + E_c = E_m$
- ☐ $E_p - E_c = E_m$
- ☐ $E_p + E_m = E_c$

b. L'unité de l'énergie mécanique est :

- ☐ le mètre (m)
- ☐ le joule (J)
- ☐ le newton (N)

c. L'énergie potentielle dépend de :

- ☐ l'altitude
- ☐ la vitesse
- ☐ la géométrie de l'objet

2 Remets dans l'ordre

Place les étiquettes dans l'ordre pour former une phrase.

est convertie

l'énergie potentielle

Au cours de la chute d'eau,

en énergie cinétique.

....

....

3 Entoure la réponse correcte

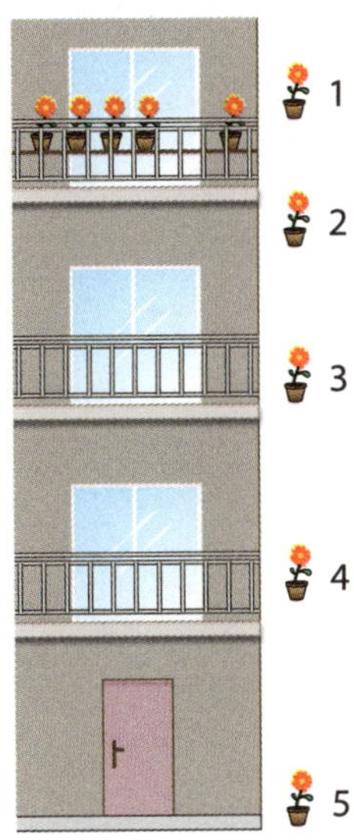

Un pot de fleur tombe par accident du balcon du 3e étage et passe par différentes positions.

Entoure le dessin du pot de fleur ayant l'énergie potentielle E_p la plus grande.

4 Relie

L'énergie cinétique d'un objet est de 30 kJ, son énergie de potentielle est 500 J.

Relie son énergie mécanique à sa valeur correcte.

530 J • 530 kJ

E_m

30 500 J • 30 500 kJ

Fais le point sur tes compétences

5 Le plongeur★

D4 Argumenter ○ I ○ F ○ S ○ TB

Un plongeur plonge du haut d'une falaise.

a. Quelle forme d'énergie le plongeur possède-t-il avant de sauter de la falaise ?

....

....

b. Quelle forme d'énergie a-t-il acquis à son entrée dans l'eau ?

....

....

c. Si le même plongeur sautait d'une falaise plus haute, comment varierait sa vitesse d'entrée dans l'eau ? Justifie.

....

....

....

6 Prends des initiatives★

D4 Proposer une hypothèse ○ I ○ F ○ S ○ TB

En vacances au bord d'une rivière, Maël a construit un moulin à eau avec une roue munie de pales. Pour le faire tourner il peut le positionner à deux endroits.

À quel endroit le moulin tournera-t-il le plus vite ?

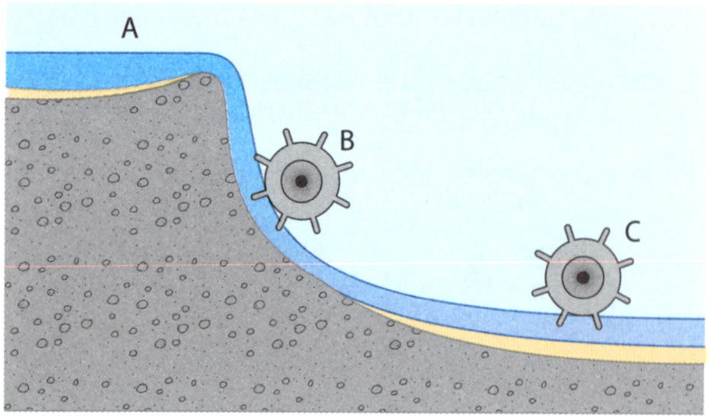

....

....

7 Une histoire de goutte★

D4 Interpréter des résultats expérimentaux ○ I ○ F ○ S ○ TB

Le robinet de l'évier de Marc fuit. Une goutte d'eau tombe et passe successivement par les points A et B.

a. Comment varie l'énergie potentielle de la goutte d'eau lors de sa chute ?

....

....

b. Comment varie l'énergie cinétique de la goutte d'eau lors de sa chute ?

....

....

c. Complète le graphique en représentant les énergies potentielle et cinétique sous forme de bâtons, pour les points A et B. La référence est l'évier.

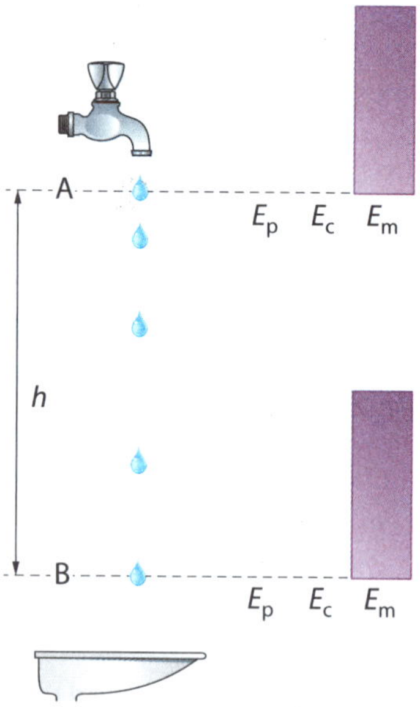

8 Le skateboard★

D4 Développer des modèles simples ○ I ○ F ○ S ○ TB

Lors d'un concours de skateboard, Erwan s'élance en A et acquiert de la vitesse pour atteindre l'autre côté de la rampe, en D.

Complète le diagramme des énergies ci-dessous par un bâton représentant l'énergie manquante pour chacune des situations A, B, C et D.

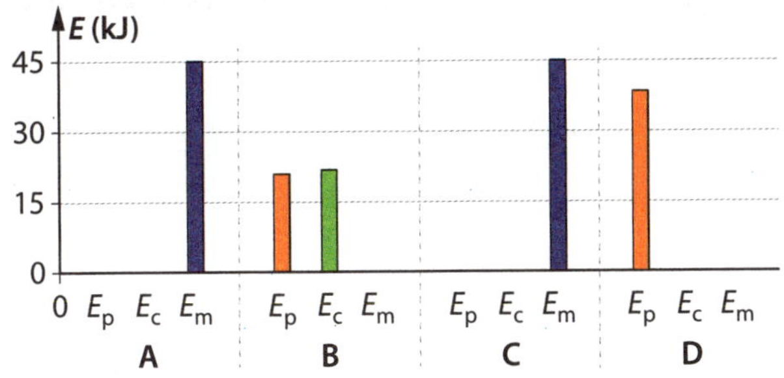

9 Potential energy**

D1 Comprendre des documents scientifiques ○ I ○ F ○ S ○ TB

Lorenzo finds his position thanks to the GPS chip of his smartphone. Its application transforms measurements into positional energy and displays the following curve.

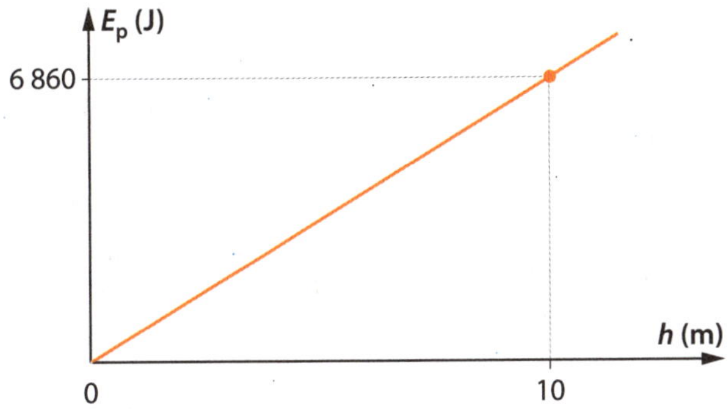

a. Déduis de la courbe une relation mathématique entre l'énergie potentielle E_p et la hauteur h.

....

....

....

b. À quelle hauteur correspond une énergie potentielle de 8 920 J ?

....

....

Pour les exercices suivants :
$E_p = m \cdot g \cdot h$ avec m la masse en kg et h la hauteur en m

10 La physique autour de nous**

D4 Identifier des questions de nature scientifiques ○ I ○ F ○ S ○ TB

L'électricité d'origine hydraulique représente 10 % de la production électrique en France. Une centrale produit de l'électricité grâce à une chute d'eau faisant tourner à une vitesse suffisante une turbine reliée à un alternateur.

a. Pourquoi le niveau de l'eau d'un barrage est-il toujours nettement plus haut que celui des installations électriques ?

....

....

....

b. Quel volume d'eau faut-il faire chuter d'une hauteur $h = 50$ m pour que la variation de l'énergie potentielle E_p soit égale à 300 kJ ?

....

....

....

11 Attention à la chute !**

D4 Tirer des conclusions ○ I ○ F ○ S ○ TB

Sur le chantier de construction d'un immeuble, un maçon laisse tomber accidentellement et d'une hauteur de 25,0 m une brique d'une masse de 2,00 kg. Son énergie mécanique est de 500 J.

a. Calcule l'énergie potentielle de la brique à 15,0 m.

....

b. Déduis-en son énergie cinétique à 15,0 m.

....

c. À quelle vitesse en km/h la brique arrive-t-elle au sol ?

....

....

....

12 Saut en hauteur***

D4 Tirer des conclusions ○ I ○ F ○ S ○ TB

Rayan, un élève de 3e de 58 kg, fait du saut en hauteur. Il se présente devant la barre à une vitesse de 15 km/h. Calcule la hauteur maximale qu'il peut dépasser s'il convertit toute son énergie cinétique et son énergie musculaire en énergie potentielle. Ses muscles fournissent une énergie de 350 J pendant l'impulsion.

....

....

....

....

....

....

....

13 Quelle loi caractérise une résistance ?

Activité expérimentale

Si tu ne comprends pas certains des mots utilisés dans cette activité, demande à ton professeur ou consulte le Dico, p. 142.

Fig. 1 Montage du circuit d'étude

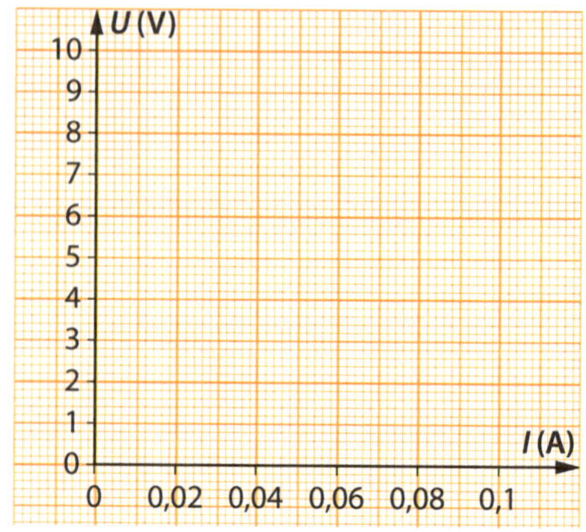

Fig. 2 Caractéristique à compléter

Expérimente

- Réalise un circuit en série comprenant un générateur de tension continue réglable, une lampe (6 V ; 0,1 A), un ampèremètre et un voltmètre aux bornes de la lampe. Mesure l'intensité I_1 traversant la lampe et la tension U_{L1}.
- Ajoute une résistance de 68 Ω. Mesure l'intensité I_2 et la tension U_{L2} (**Fig. 1**).

Fais attention !
Branche le voltmètre en dérivation et l'ampèremètre en série.

Observe

1. Sans résistance, comment brille la lampe ? Quelle est l'intensité I_1 ? Quelle est la tension U_{L1} ?

....

2. Avec la résistance, comment brille la lampe ? Quelle est l'intensité I_2 ? Quelle est la tension U_{L2} ?

....

3. Déplace le voltmètre pour mesurer U aux bornes de la résistance. Règle le générateur sur différentes valeurs de tension et complète les deux premières lignes du tableau ci-dessous.

U (V)	....	....	....	....	....	....
I (A)	....	....	....	....	....	....
U/I	....	....	....	....	....	....

Interprète

4. Complète le tableau de la question 3. Quelle remarque fais-tu à propos du quotient U/I ?

....

5. Sur la figure 2, trace la courbe moyenne correspondant à tes mesures. Quel type de courbe obtiens-tu ? Quelle relation existe-t-il entre U et I ?

....

....

Rédige ta conclusion

....

....

....

....

L'essentiel à compléter

- Une **résistance** se mesure à l'aide d'un .... en mode **ohmmètre**. L'unité est l'**ohm** (**Ω**).
- Si une .... est ajoutée dans un circuit, l' .... du courant diminue.
- Pour une résistance, le tracé du graphique de la tension en fonction de l' .... est une .... passant par l'origine. Ce graphique est appelé la **caractéristique** du dipôle.
- La tension .... aux bornes d'une résistance et l'intensité .... du courant la traversant sont .... Cette loi est appelée la **loi d'Ohm** et elle se traduit par la relation mathématique : $U =$ .... $\cdot I$ avec U en .... (..........), I en .... (..........) et R en ohm (..........).

As-tu compris l'essentiel ?

1 Fais le bon choix

Coche la réponse correcte.

a. Un ohmmètre permet de mesurer :

- ☐ une intensité
- ☐ une résistance
- ☐ une tension

b. En ajoutant une résistance dans un circuit en série, l'intensité :

- ☐ augmente
- ☐ reste constante
- ☐ diminue

2 Complète le schéma

Attribue à chaque schéma une des valeurs d'intensité suivantes : 20 mA, 60 mA, 100 mA.

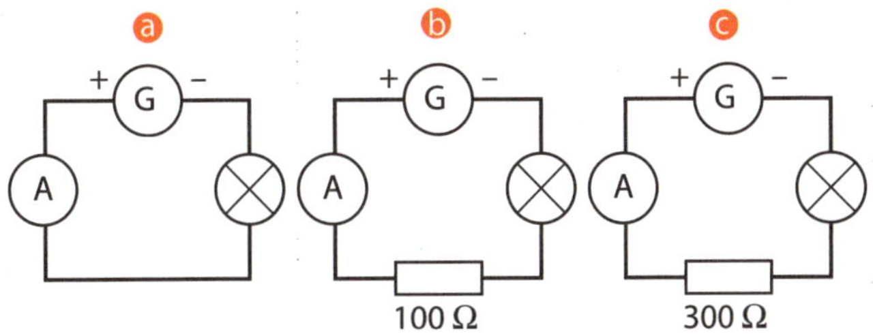

a .... b .... c ....

3 Vrai ou faux ?

Coche la réponse correcte et corrige les phrases fausses.

a. La tension U aux bornes d'une résistance et l'intensité I du courant la traversant sont proportionnelles.

☐ Vrai ☐ Faux

....

....

b. La loi d'Ohm se traduit par la relation mathématique : $I = R/U$.

☐ Vrai ☐ Faux

....

....

4 Entoure

Entoure le graphique correspondant à la caractéristique d'une résistance.

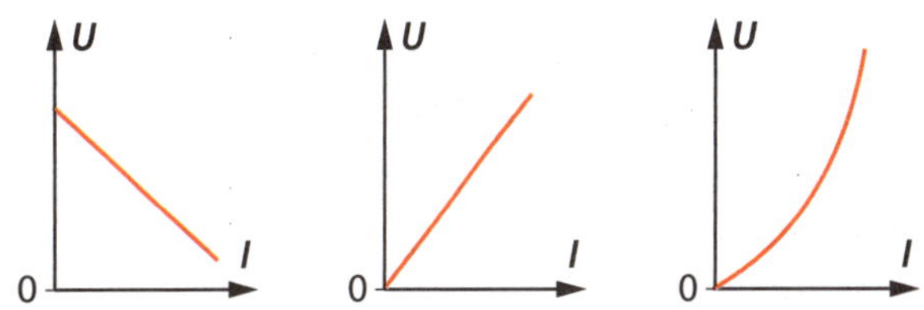

Fais le point sur tes compétences

5 La physique autour de nous*

D3-D5 Expliquer les règles de sécurité en électricité ○ I ○ F ○ S ○ TB

Le corps humain conduit le courant électrique. S'il est humide, il possède une résistance d'environ 1 kΩ. Pour limiter les risques d'électrocution, la réglementation impose aux électriciens de porter des chaussures de sécurité. De telles chaussures permettent d'augmenter la résistance de 750 kΩ.

a. Quelle est la résistance *R* d'une personne équipée de chaussures de sécurité ?

b. Quelle conséquence un tel équipement a-t-il sur l'intensité du courant en cas d'électrisation ? Justifie ta réponse.

6 Mon alimentation sent le brûlé !*

D1 Comprendre des documents scientifiques ○ I ○ F ○ S ○ TB

Maéva doit remplacer une résistance *R* de 120 Ω dans l'alimentation de son ordinateur pour le réparer. Cette résistance montre des traces noires inhabituelles, preuve d'un échauffement excessif. Elle dispose de plusieurs résistances et d'un extrait du code des couleurs d'une résistance :

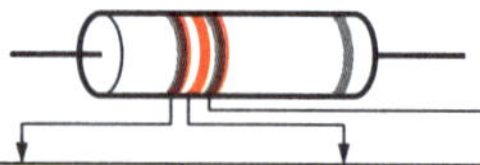

Couleur	1er chiffre	2e chiffre	Multiplicateur
noir	0	0	$10^0 = 1$
marron	1	1	$10^1 = 10$
rouge	2	2	$10^2 = 100$
orange	3	3	$10^3 = 1\,000$

a. Comment l'intensité du courant a-t-elle pu provoquer la détérioration de la résistance ?

b. Détermine quelles sont les couleurs présentes sur la résistance que Maéva doit choisir.

Maéva mesure la valeur de la résistance avec un ohmmètre et obtient 125 Ω. Un quatrième anneau doré présent sur la résistance signifie que sa valeur est comprise entre plus ou moins 5 % par rapport à l'inscription.

c. La valeur mesurée à l'ohmmètre par Maéva est-elle compatible avec les couleurs données par le constructeur ?

7 Dipôle ohmique ou pas ?*

D4 Interpréter des résultats expérimentaux ○ I ○ F ○ S ○ TB

Maya se demande si une diode électroluminescente (DEL) est un dipôle ohmique. Pour cela, elle trace sa caractéristique et obtient le graphique ci-dessous :

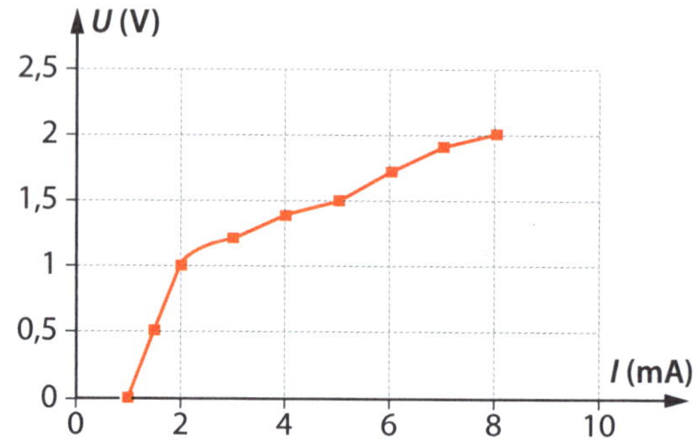

a. Quelles sont les valeurs respectives de la tension quand la DEL est traversée par des intensités de 2 mA et de 8 mA ?

c. Ce composant est-il un dipôle ohmique ? Justifie ta réponse.

8 Au frais…*

D1 Passer d'une forme de langage scientifique à une autre ○ I ○ F ○ S ○ TB

Les réfrigérateurs possèdent des conducteurs ohmiques de dégivrage afin d'éviter un dépôt de glace trop important sur les parois. Les seules informations données par le constructeur sur ces conducteurs ohmiques sont : 230 V – 2 A.

a. Que représentent ces informations ?

b. Quelle est la valeur des résistances ?

9 Adaptation d'une lampe★★

D1 Comprendre des documents scientifiques ○ I ○ F ○ S ○ TB

Khadija ne dispose que d'une pile de 9,0 V pour alimenter sa lampe. Le circuit électrique de la lampe de poche est en série et comporte une DEL blanche (3,6 V ; 20 mA).

a. Quel risque Khadija prend-elle si elle connecte directement la pile de 9,0 V sur la DEL ?

....

....

....

....

b. Quelle est la valeur de la résistance à ajouter au circuit pour faire fonctionner la DEL correctement ? Justifie ta réponse par des calculs.

....

....

....

....

....

....

10 Un ventilateur automatique★★★

D1 Passer d'une forme de langage scientifique à une autre ○ I ○ F ○ S ○ TB

Mario possède un petit ventilateur portatif et automatique dont le schéma du circuit électrique est ci-dessous.

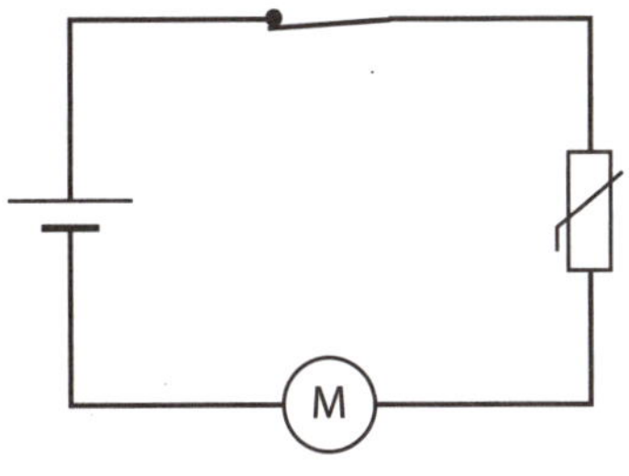

Il comporte une thermistance T (thermistance) dont la résistance dépend de la température. Le ventilateur se met en route automatiquement quand la température ambiante dépasse 25 °C.

a. Comment varie l'intensité du courant dans le circuit quand la température augmente ? Justifie ta réponse.

....

....

....

b. Comment varie la résistance de la thermistance quand la température augmente ? Justifie ta réponse.

....

....

....

11 Le pouvoir sur la lumière★★★

D4 Argumenter ○ I ○ F ○ S ○ TB

Arthur dispose d'une lampe de bureau dont il peut moduler l'éclat, car elle possède un potentiomètre (potentiomètre) linéaire muni d'un bouton. Le schéma électrique de la lampe se trouve ci-après.

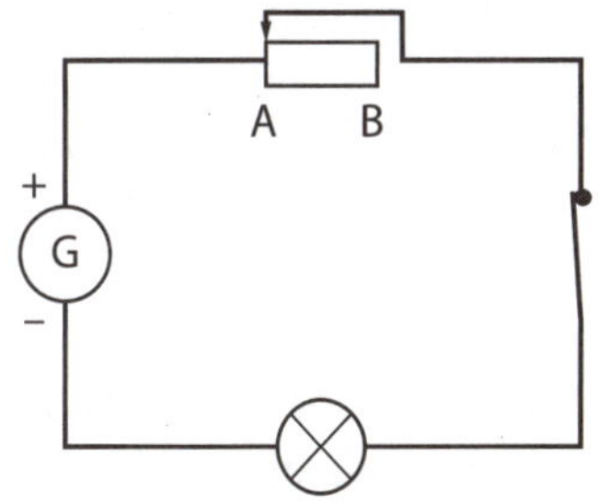

La résistance du potentiomètre varie proportionnellement au déplacement du bouton. Quand le bouton est en position A, l'éclat est maximal. Quand le bouton est en position B, l'éclat est normal. La lampe de bureau est alimentée par une tension de 18 V. Les valeurs nominales de la lampe sont (12 V ; 2 A).

Quelle est la résistance du potentiomètre pour chaque position A et B ? Justifie ta réponse.

....

....

....

....

....

....

....

....

....

....

....

14 Tension continue et tension alternative

Démarche d'investigation

Si tu ne comprends pas certains des mots utilisés dans cette activité, demande à ton professeur ou consulte le Dico, p. 142.

Question

Comment allumer deux DEL successivement ?

Matériel à disposition

une pile • deux pinces crocodiles • une DEL rouge • une DEL verte • un GTBF ou un alternateur • un interrupteur • des résistances • un voltmètre • des fils de connexion

Fais attention !

Vérifie que les DEL sont branchées en série avec une résistance de protection, afin d'éviter de les endommager.

Réfléchis

1. Fais une ou des hypothèses et propose un protocole expérimental comportant du texte et/ou des schémas afin de déterminer quel type de tension permet d'allumer deux DEL successivement. *Fais-le vérifier par ton professeur.*

Expérimente

2. Réalise ton expérience et relève tes résultats.

....

....

....

Rédige ta conclusion

....

....

....

....

L'essentiel à compléter

› La .... aux bornes d'une pile ne varie pas au cours du temps, elle est ....
Cette tension est dite ....

› La .... aux bornes d'un GTBF ou d'un alternateur est .... car sa valeur change au cours du temps. De plus, sa valeur changeant régulièrement de ...., elle est ....

As-tu compris l'essentiel ?

1 Vrai ou faux ?

Coche la réponse correcte et corrige les phrases fausses.

a. Une tension variable est nécessairement alternative.

☐ Vrai ☐ Faux

....

....

b. Une tension continue peut être négative.

☐ Vrai ☐ Faux

....

....

c. Une tension alternative change de signe au cours du temps.

☐ Vrai ☐ Faux

....

....

2 Légende

À chacune des tensions suivantes, attribue deux qualificatifs, de la liste ci-dessous :

continue/variable/alternative/positive/négative.

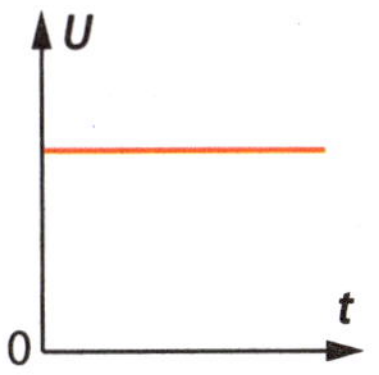

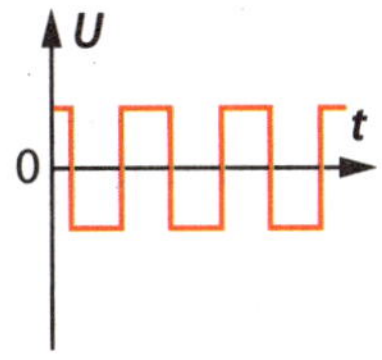

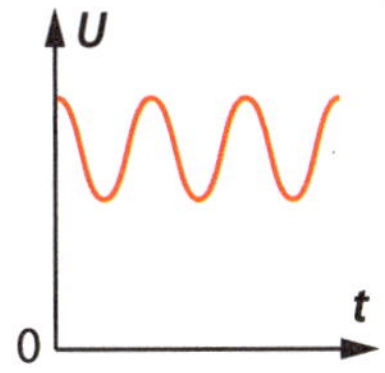

....

....

3 Fais le bon choix

Coche les cases correspondant aux réponses correctes.

a. La tension aux bornes d'une pile est :

☐ variable
☐ continue
☐ alternative

b. La tension aux bornes d'un GTBF ou d'un alternateur est :

☐ variable
☐ continue
☐ alternative

4 Complète les schémas

Sur chacun des schémas suivants, trace l'allure de la tension correspondant aux deux caractéristiques qui sont énoncées :

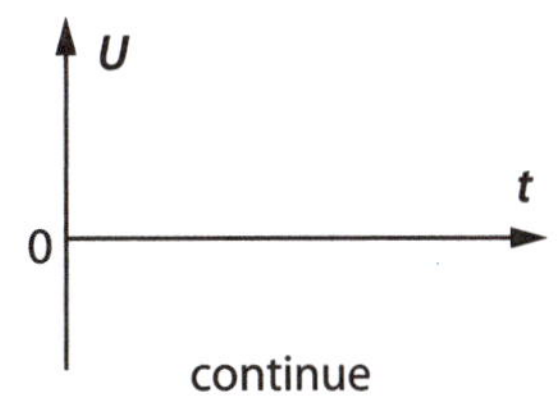

continue
positive

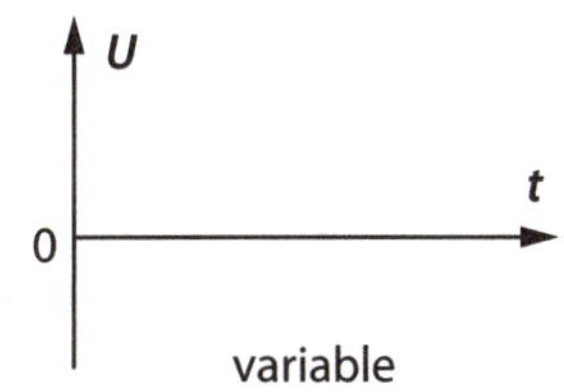

variable
alternative

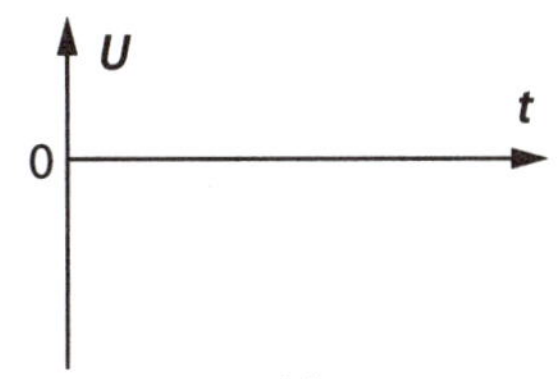

variable
négative

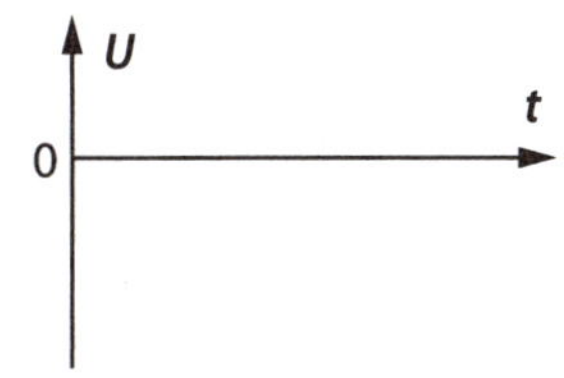

continue
négative

5 L'alternateur★

D1 Comprendre des documents scientifiques ○I ○F ○S ○TB

L'alternateur est l'élément commun à toutes les centrales électriques. Il est constitué d'un aimant et d'une bobine. Lorsque l'aimant tourne à l'intérieur de la bobine, une tension alternative apparaît à ses bornes. Ce mouvement est généralement provoqué par une turbine mise en rotation par un fluide en mouvement.

a. Quel type de tension est délivré par un alternateur ?

....

b. Quel est le rôle de l'alternateur ? Précise son fonctionnement dans un barrage hydroélectrique.

....

....

....

....

....

....

6 Tracer une tension★

D2 Utiliser des outils de traitement de données ○I ○F ○S ○TB

À l'aide d'un voltmètre, Liam relève la tension aux bornes du moteur d'une grue électrique en fonction du temps. Ses mesures sont reportées dans le tableau ci-dessous :

t (s)	1	2	3	4	5	6	7
U (V)	2,8	0,0	– 2,8	– 4	– 2,8	0	2,8

t (s)	8	9	10	11	12	13	14
U (V)	4	2,8	0	– 2,8	– 4	– 2,8	0

a. Trace la courbe représentant la tension *U* en fonction du temps *t*.

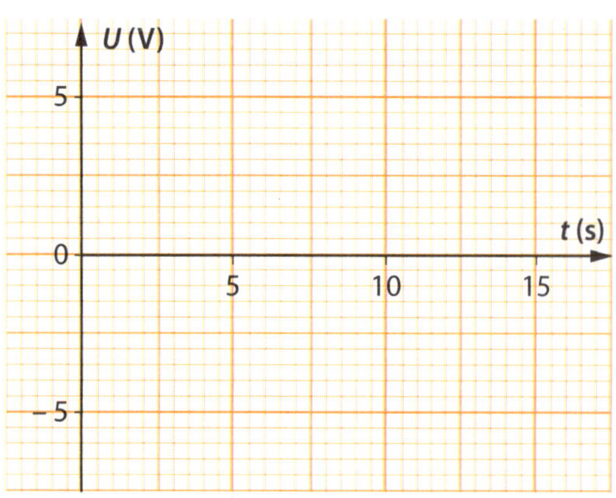

b. Comment varie la tension entre 2 s et 4 s ?

....

....

c. À quels instants la tension est-elle maximale ? minimale ?

....

....

7 Tension à la console de jeu★

D4 Proposer des hypothèses ○I ○F ○S ○TB

La batterie de la console de jeu portable de Bertrand est à plat. Après l'avoir rechargée, il vérifie la tension à ses bornes à l'aide d'un voltmètre dont les bornes sont mal identifiées. Il mesure $U = 9$ V. Après avoir joué pendant une heure, il vérifie à nouveau la tension de la batterie et mesure cette fois-ci $U = -9$ V. Perplexe, Bertrand se dit : « La tension était positive, elle est maintenant négative. La tension délivrée par la batterie serait-elle alternative ? »

a. Quel type de tension délivre la batterie de la console ?

....

....

b. Quelles sont les causes d'erreurs commises par Bertrand ?

....

....

....

8 La physique autour de nous★★

D4 Mettre en œuvre des démarches propres aux sciences ○I ○F ○S ○TB

Steve souhaite réaliser un système d'éclairage et de signalisation pour son circuit de voitures électriques. Il voudrait éclairer continûment un tunnel à l'aide d'une lampe, faire clignoter deux DEL blanches à un passage à niveau et réaliser deux feux de circulation, l'un continûment vert et l'autre continûment rouge. Il dispose d'interrupteurs, d'une pile, d'un générateur alternatif, de lampes, de DEL de couleurs blanche, verte et rouge ainsi que de résistances pour protéger les LED.

a. Steve peut-il réaliser son système d'éclairage et de signalisation avec une seule source de tension ? Si oui, laquelle ?

....

....

....

b. Dessine le schéma du montage électrique correspondant au système d'éclairage du tunnel et des deux feux de circulation voulus par Steve.

9 Wind power★★

D1 Comprendre des documents scientifiques ○I ○F ○S ○TB

Wind power is extracted from air flow using wind turbines to produce alternative current. Wind power as an alternative to fossil fuels, is plentiful, renewable, widely distributed, clean, produces no greenhouse gas emissions during operation, and uses little land. The net effects on the environment are far less problematic than those of non-renewable power sources.

a. Quelle est la source d'énergie utilisée par une éolienne et dans quel but ?

....

....

b. Quel type de tension est produit par une éolienne ? Justifie ta réponse.

....

....

....

c. D'après le texte, quels sont les avantages de l'énergie éolienne ?

....

....

....

....

....

10 Continu ou alternatif ?★★

D5 Expliquer l'influence de l'histoire des sciences sur la société ○I ○F ○S ○TB

En 1882, les premiers réseaux électriques apparaissent simultanément à New York et en Europe. Ils sont très locaux et utilisent le courant continu. Ces réseaux sont très limités car l'acheminement de l'électricité n'est possible que sur quelques kilomètres. En 1896, la mise en service de la première ligne industrielle alternative est un succès total et conduit pour un siècle au moins à imposer universellement le courant alternatif triphasé comme moyen de transport de l'énergie électrique, mieux adapté à cette époque au transport sur de longues distances.

D'après Wikipedia

a. Entre quels points un réseau électrique achemine-t-il l'énergie électrique ?

....

....

b. Quelle évolution s'est opérée quant au type de tension utilisée sur les réseaux électriques ?

....

....

....

c. Quel appareil présent dans les centrales électriques produit ce courant ? Quel est son avantage ?

....

....

....

15 Comment l'énergie électrique est-elle transportée ?

Activité documentaire

Si tu ne comprends pas certains des mots utilisés dans cette activité, demande à ton professeur ou consulte le Dico, p. 142.

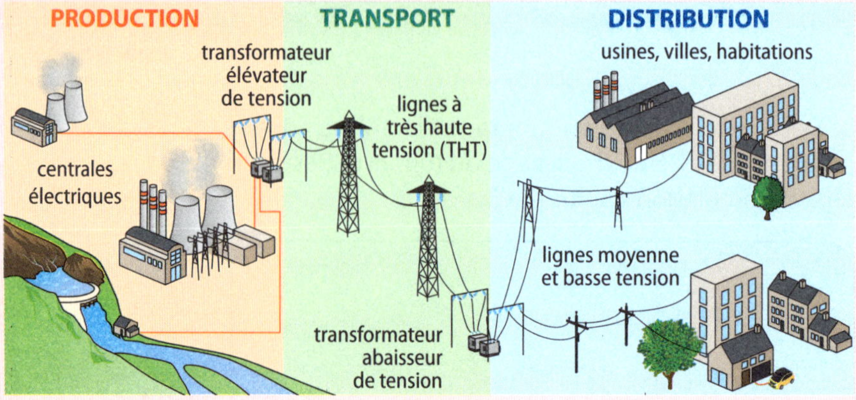

La majorité des centrales électriques convertit, grâce à un alternateur, une partie de l'énergie cinétique causée par la circulation de l'eau, liquide ou vapeur, en énergie électrique. Les centrales sont souvent situées loin des villes. Pour répondre à nos besoins croissants, l'énergie électrique doit être transportée jusqu'à nos habitations grâce à un immense réseau de lignes électriques.

Ce réseau est très important car l'énergie électrique ne peut pas être stockée. Il faut donc acheminer l'électricité dès sa production vers les lieux de consommation. La production d'énergie électrique doit en effet couvrir, à chaque instant, les besoins des consommateurs.

Les lignes électriques sont constituées d'un alliage à base d'aluminium plus léger et moins cher que le cuivre. Lors de son voyage dans les lignes électriques, une partie de l'énergie électrique, convertie en énergie thermique par effet Joule, est dissipée dans l'air. Pour limiter ces pertes lors du transport, on élève la tension afin de diminuer l'intensité du courant électrique.

Le transport de l'énergie électrique débute à la sortie de la centrale électrique. La tension est élevée à environ 400 000 V par des transformateurs pour être transportée par des lignes à très haute tension ou THT. À proximité des habitations, la tension est abaissée progressivement avant d'être distribuée à sa valeur d'utilisation de 230 V.

Extrais des informations

1. Quelle conversion d'énergie est réalisée par l'alternateur d'une centrale électrique ?

....

2. Quelle conversion d'énergie est à l'origine des pertes énergétiques sur les lignes électriques ?

....

....

Interprète

3. Complète le bilan énergétique ci-dessous.

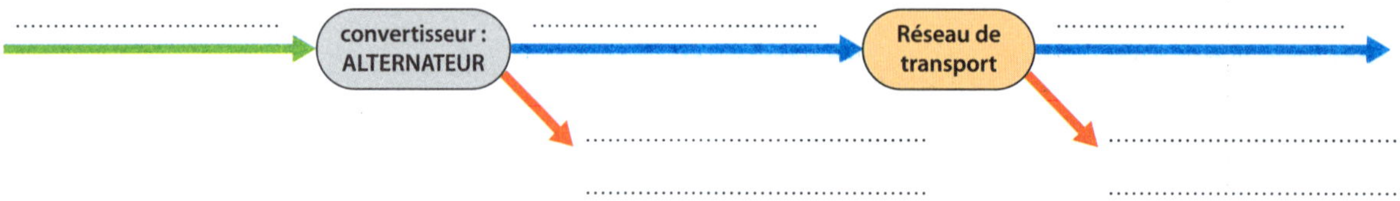

4. Comment faire pour diminuer les pertes lors du transport de l'électricité ?

....

....

Rédige ta conclusion

....

....

....

....

....

L'essentiel à compléter

› La majorité des centrales électriques convertit, grâce à un alternateur, de l'énergie .... en énergie .... L'énergie électrique obtenue est .... sur de grandes distances par des .... à très haute tension puis distribuée aux utilisateurs.

› Afin de limiter les pertes par effet ...., la tension électrique est fortement augmentée par des .... À proximité des lieux où elle est utilisée, la tension est .... afin d'être distribuée à .... V. L'énergie électrique ne peut pas être ....

As-tu compris l'essentiel ?

1 Vrai ou faux ?

Coche la réponse correcte et corrige les phrases fausses.

a. Des transformateurs élèvent la tension électrique pour limiter les pertes d'énergie électrique lors du transport. ☐ Vrai ☐ Faux

....

....

....

b. L'énergie électrique peut être stockée.

☐ Vrai ☐ Faux

....

2 Qui suis-je ?

À l'aide des indices ci-dessous, découvre qui je suis.

a. Je permets de transporter l'énergie électrique à très haute tension pour diminuer les pertes. Je suis un dispositif électrique dont le rôle est d'augmenter ou d'abaisser la tension électrique.

Je suis ....

b. Je permets le transport de l'énergie électrique des centrales jusqu'aux réseaux de distribution.

Je suis ....

c. Je porte le nom du physicien anglais qui m'a découvert au XIXe siècle. Je suis la cause du dégagement d'énergie thermique se produisant lors du passage du courant dans un conducteur électrique.

Je suis ....

3 Fais le bon choix

Coche la ou les réponse(s) correcte(s).

a. L'énergie électrique est transportée sous très haute tension :

- ☐ pour diminuer les pertes d'énergie
- ☐ parce que l'électricité est produite sous très haute tension
- ☐ pour gagner du temps

b. Un transformateur permet :

- ☐ d'abaisser la tension électrique
- ☐ de ne pas modifier la tension électrique
- ☐ d'augmenter la tension électrique

4 Le chemin de l'électricité

Donne un titre à chaque partie du schéma.

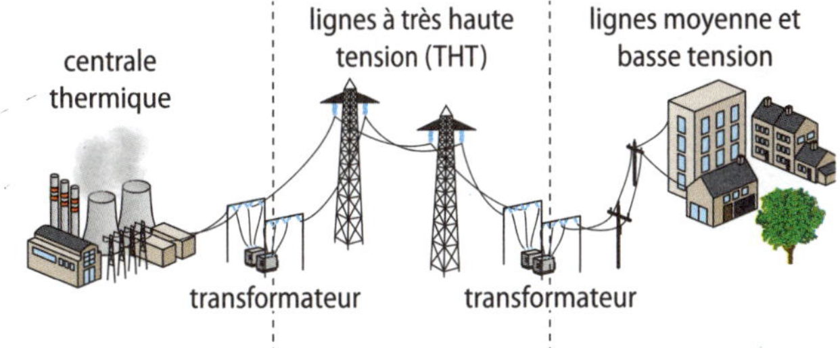

.... | .... | ....

Fais le point sur tes compétences

5 La centrale hydraulique*

D1 Comprendre des documents scientifiques ○ I ○ F ○ S ○ TB

Voici le schéma d'une centrale hydraulique.

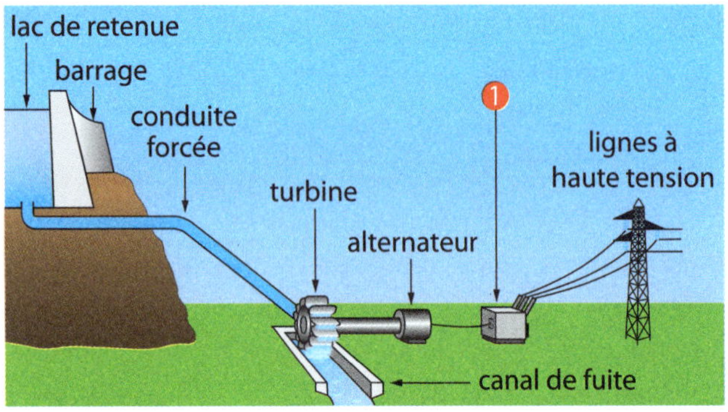

a. Quelle est la source d'énergie de la centrale hydraulique ?

....

b. Quel est le nom de l'élément 1 ?

....

c. Quel est son rôle ?

....

....

....

....

6 Hydrolienne*

D1 Passer d'une forme de langage à une autre ○ I ○ F ○ S ○ TB

Voici le schéma d'une hydrolienne.

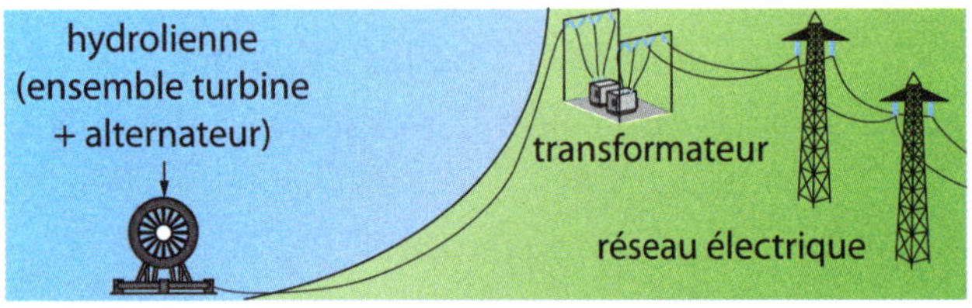

a. Complète le bilan énergétique de l'hydrolienne.

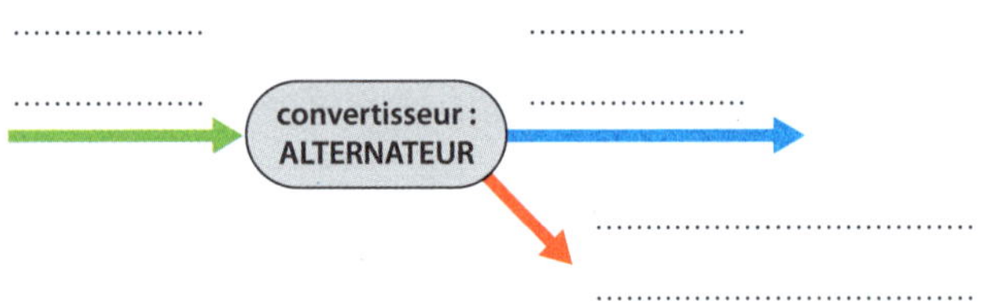

b. Le transformateur joue-t-il le rôle de convertisseur d'énergie ? Justifie.

....

....

....

....

7 Voir la température**

D1 Utiliser la langue française ○ I ○ F ○ S ○ TB

Le père d'Arthur utilise une caméra thermique pour son travail. L'image obtenue, appelée *thermogramme*, permet de mesurer, à distance et sans contact, la température d'un corps.

Arthur essaye la caméra en la pointant sur les lignes électriques proches de sa maison. Il est très surpris de constater que les fils électriques dissipent de l'énergie thermique.

Explique à Arthur pourquoi les fils électriques dissipent de l'énergie thermique.

....

....

....

....

8 La physique autour de nous**

D1 Passer d'une forme de langage à une autre ○ I ○ F ○ S ○ TB

Un chargeur de smartphone est un transformateur. Les indications suivantes figurent sur sa plaque signalétique.

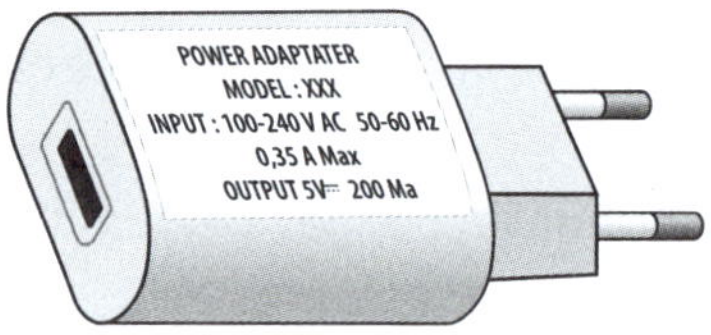

a. Que signifient les mots anglais « input » et « output » ?

....

b. À quelle valeur de tension la batterie du smartphone fonctionne-t-elle ?

....

c. De quel facteur est réduite la tension du secteur ?

....

9 La guerre des courants**

D5 Expliquer l'évolution des sciences par leur histoire ○ I ○ F ○ S ○ TB

Dans les années 1880, la ville de New York s'électrifie. La compagnie du célèbre Thomas Edison distribue du courant continue à une tension de 110 V. Cette faible tension ne permet pas de transporter l'énergie électrique sur de grandes distances car les pertes par effet Joule sont trop importantes. Ne pouvant pas augmenter la tension du courant continu afin de diminuer les pertes, les usines électriques devaient être au cœur des villes, causant ainsi de nombreux désagréments.

Au même moment, George Westinghouse et Nikola Tesla prônent l'utilisation du courant alternatif, permettant un transport sur de grandes distances grâce au transformateur. La « guerre des courants » est déclarée !

Thomas Edison, Nikola Tesla et George Westinghouse

Grâce au courant alternatif, les centrales électriques peuvent être loin des villes. Il devient ainsi possible d'utiliser l'énergie cinétique de l'eau pour produire l'électricité puis de la transporter vers les lieux de consommation.

a. Quel type de courant a choisi Thomas Edison ? Quel est son inconvénient ?

....

....

....

b. Quelle transformation d'énergie produit des pertes lors du transport de l'électricité ?

....

....

c. Comment George Westinghouse et Nikola Tesla diminuent-ils les pertes dues au transport ?

....

....

....

d. Qui a gagné la « guerre des courants » ?

....

....

....

....

10 Des câbles résistants★★★

D5 Interpréter des résultats expérimentaux ○I ○F ○S ○TB

L'énergie électrique produite par les centrales est transportée par des lignes électriques constituées de câbles conducteurs.

Le tableau ci-dessous regroupe les mesures de la résistance électrique de câbles de différentes longueurs :

Longueur du câble L (m)	1 000	2 000	3 000	4 000	5 000
Résistance électrique R (Ω)	2,733	5,466	8,199	10,932	13,665

a. À l'aide d'un tableur, modélise la courbe représentant la résistance R en fonction de la longueur du câble L. Représente l'allure générale de la courbe obtenue :

b. Que montre cette courbe ?

....

....

c. Quelle relation entre la résistance R et la longueur du câble L donne le tableur ?

$R =$ .... $\times L$

d. Que vaut R pour $L = 9\,000$ m ?

....

11 Les pertes★★★

D4 Tirer des conclusions ○I ○F ○S ○TB

La France a produit une énergie électrique de $537{,}7 \times 10^9$ kWh en 2019. Un réseau de plus de 100 000 km de lignes à haute tension, ou HT, et très haute tension, ou THT, achemine cette énergie des centrales jusqu'à l'utilisateur. On estime que les pertes lors du transport sont d'environ $11{,}9 \times 10^9$ kWh.

réseau très haute tension (THT) en France

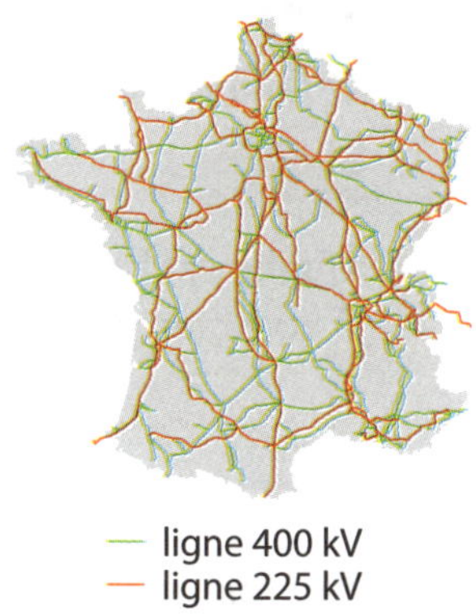

a. Comment se produisent les pertes lors du transport ?

....

....

b. Calcule le pourcentage d'énergie perdue lors du transport.

....

....

16 Quelles caractéristiques présentent la tension du secteur ?

Activité expérimentale

Si tu ne comprends pas certains des mots utilisés dans cette activité, demande à ton professeur ou consulte le Dico, p. 142.

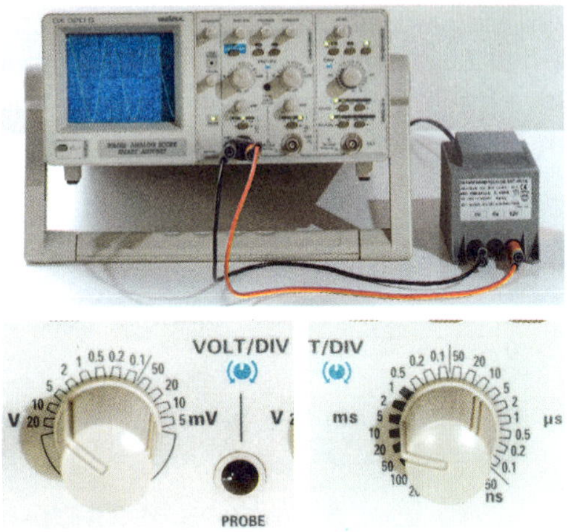

Fig. 1 Réglages de l'oscilloscope

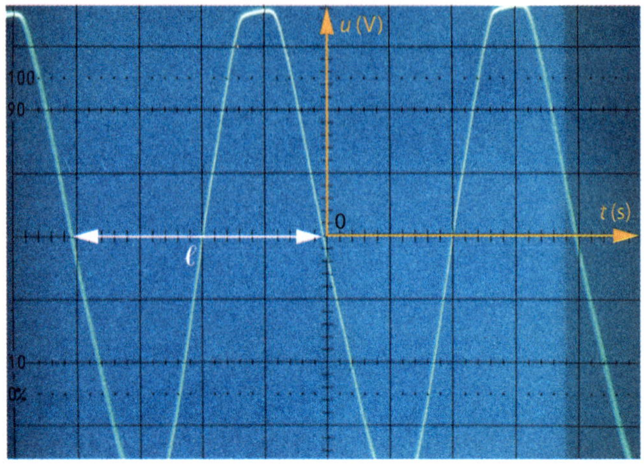

Fig. 2 Oscillogramme

Expérimente

- Relie un transformateur d'isolement à une prise de courant et branche la sortie du transformateur à l'entrée d'un oscilloscope (**Fig. 1**).
Ce transformateur d'isolement ne modifie ni la forme de l'oscillogramme, ni la fréquence.
- Règle la sensibilité horizontale de l'oscilloscope afin d'observer deux à trois motifs (**Fig. 2**).

Fais attention !

Ne branche pas les appareils de mesures directement sur une prise : la tension du secteur peut provoquer l'électrocution et l'incendie.

Observe

1. Quelle est la forme approximative de l'oscillogramme de la tension du secteur ?

....

2. Quelle est la valeur de la sensibilité horizontale S_h sélectionnée sur l'oscilloscope ?
À combien de divisions correspond la largeur ℓ d'un motif ?

....

....

3. Combien de fois la tension représentée change-t-elle de signe par motif ?

....

Interprète

4. Calcule la durée Δt correspondant à un motif puis la fréquence f de la tension du secteur.
La fréquence est le nombre de fois que la tension change de signe chaque seconde.
Elle s'exprime en hertz (Hz).

....

De nombreux appareils électriques reliés au circuit électrique domestique sont constitués de composants résistifs (fer à repasser, grille-pain, convecteur des radiateurs…). Ils peuvent être indifféremment alimentés en tension continue ou par la tension du secteur si la valeur de la tension continue est égale à la valeur équivalente de la tension du secteur. La valeur de la tension continue correspondante est 230 V.

Rédige ta conclusion

....

....

....

....

L'essentiel à compléter

› L'.. représentant la tension du secteur en fonction du temps et une ....

› Une .... est le nombre de fois que la tension change de signe chaque seconde.
La valeur de la **fréquence** de la tension du secteur est de .... hertz (Hz).

› La valeur de la tension du secteur est .... volts (V).

As-tu compris l'essentiel ?

1 Fais le(s) bon(s) choix

Coche la où les case(s) correspondant à la ou le(s) réponses correctes.

a. La tension du secteur est :

☐ positive et négative
☐ continue
☐ sinusoïdale

b. La tension du secteur a une valeur instantanée :

☐ toujours égale à 230 V
☐ variable au cours du temps

c. La fréquence de la tension du secteur est égale à :

☐ 50 Hertz ☐ 20 ms ☐ 230 V

2 Entoure

Entoure l'oscillogramme représentant la tension du secteur.

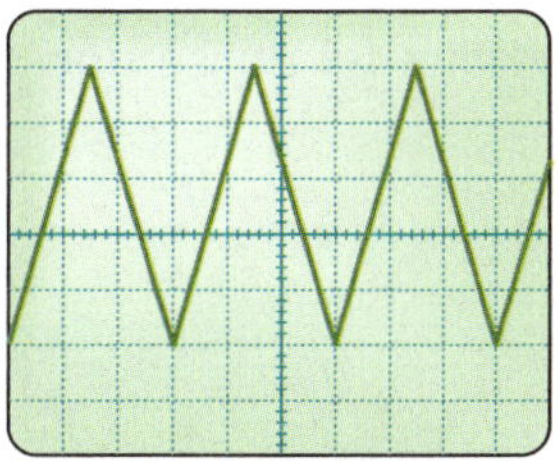

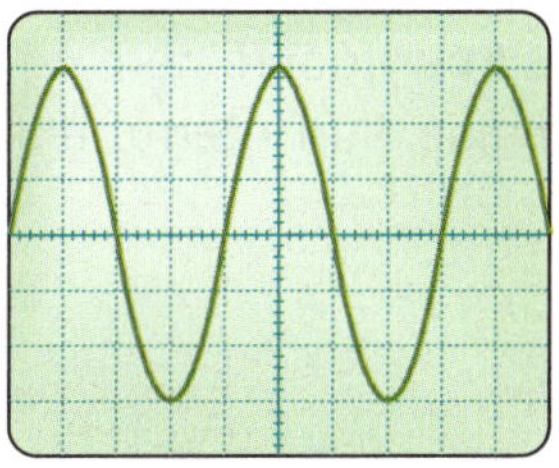

3 Vrai ou faux ?

L'illustration ci-contre représente l'écran d'un dispositif d'acquisition. Coche la réponse correcte et corrige les phrases fausses.

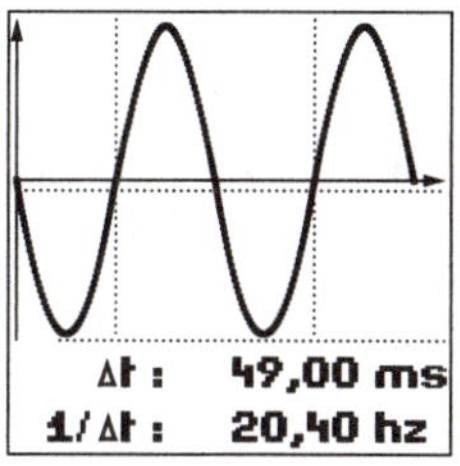

a. La forme du signal peut correspondre à la forme de la tension du secteur.

☐ Vrai ☐ Faux

....

....

b. Les deux traits verticaux en pointillé délimitent la largeur de deux motifs.

☐ Vrai ☐ Faux

....

....

c. Des élèves ont enregistré la tension du secteur. La valeur Δt indiquée correspond à la durée d'un motif.

☐ Vrai ☐ Faux

....

....

Fais le point sur tes compétences

4 Visualisation d'une tension★

D2 Utiliser des outils d'acquisition de données ○ I ○ F ○ S ○ TB

La tension du secteur est visualisée à l'aide d'un oscilloscope. Un motif occupe 10 divisions.

Marque par un trait le repère du curseur de réglage de la base de temps.

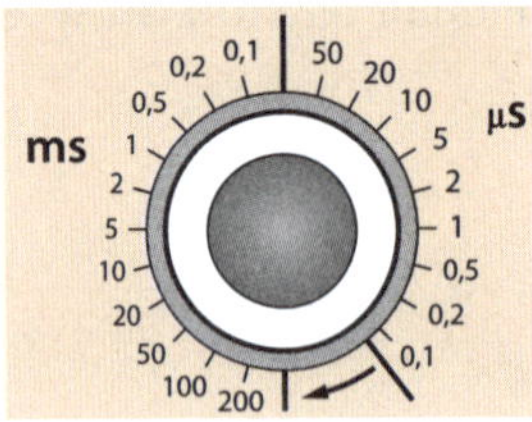

5 Étrange fréquence★

D4 Argumenter ○ I ○ F ○ S ○ TB

Leïla veut déterminer la fréquence de la tension du secteur en exploitant un oscillogramme obtenu lors d'une activité expérimentale. Un motif occupe 10 divisions et la sensibilité horizontale est réglée sur 2 ms/div. Leila calcule la durée Δt du motif, puis la fréquence f. Voici un extrait de la copie de Leïla :

$$\Delta t = 2 \times 10 = 20 \text{ ms}$$

$$f = \frac{1}{\Delta t} = \frac{1}{20} = 0{,}050 \text{ Hz.}$$

a. Le professeur vérifie le calcul de Leïla et lui dit : « Un de tes calculs est faux ! ». Quelle erreur a commise Leïla ?

....

....

b. Corrige le calcul de Leïla.

....

....

6 Transformation !★

D2 Utiliser des outils d'acquisition de données ○ I ○ F ○ S ○ TB

Théo, électronicien, a besoin d'un transformateur d'isolement pour alimenter, depuis une prise de courant, un montage à l'aide d'une tension sinusoïdale de valeur 12 V et de fréquence 50 hertz. Un de ses collègues lui en prête un dont le rapport de transformation est 19 et lui demande de vérifier la tension délivrée avant de l'utiliser. Théo branche la sortie du transformateur à un oscilloscope et obtient l'oscillogramme ci-contre.

La sensibilité horizontale de l'oscilloscope est réglée sur 5 ms/div.

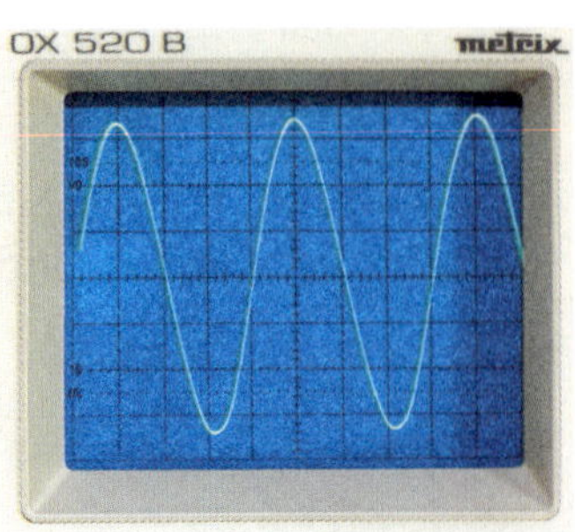

a. Ce transformateur a-t-il modifié la fréquence de la tension du secteur ? Justifie.

....

....

....

....

b. Le rapport de transformation R d'un transformateur est égal au quotient de la tension d'entrée par la tension de sortie. Quelle est la valeur U de la tension délivrée par le transformateur ? La sécurité impose une tension inférieure à 24 V. Théo peut-il utiliser ce transformateur ?

....

....

....

7 La physique autour de nous★

D3-D5 Expliquer les règles de sécurité en électricité ○ I ○ F ○ S ○ TB

Mehdi observe son père vérifiant à l'aide d'un multimètre la valeur de la tension du secteur sur une des prises de sa maison. Mehdi lui propose son aide mais son père refuse.

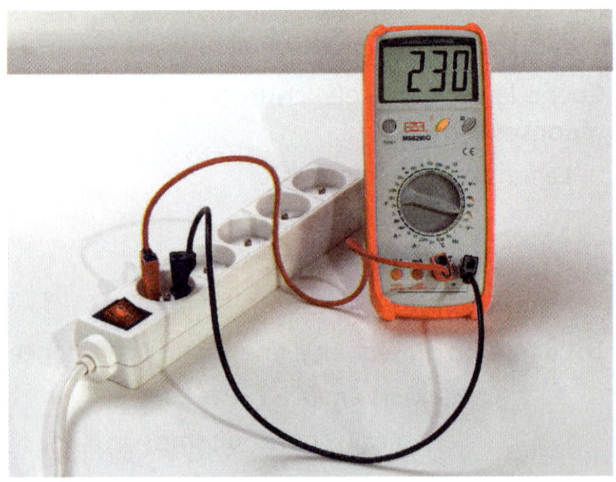

a. Pourquoi le père de Mehdi tient-il à faire lui-même cette mesure ? Justifie.

....

....

....

b. Pourquoi le père de Mehdi a-t-il utilisé une prise munie d'un interrupteur ?

....

....

....

c. Le père de Mehdi a le choix entre 4 calibres pour le voltmètre : 2 V, 20 V, 200 V et 600 V. Lequel doit-il sélectionner ?

....

....

8 Let's go to the States!★★

D1 Comprendre des documents scientifiques ○I ○F ○S ○TB

In the US, the mains voltage has different characteristics than in France and Europe. It is sinusoidal, but the voltage is 110 V and the frequency is 60 Hz. The value of 110 V was imposed by the inventor of the light bulb, Thomas Edison, who was at the origin of the first power distribution systems for lighting. The bulbs he had invented required a supply voltage of 110 V.

a. Quelles sont les caractéristiques de la tension du secteur aux États-Unis ?

....

....

....

b. Qui est à l'origine du choix de la valeur de la tension du secteur aux États-Unis ? Recherche ce qu'il a développé par ailleurs.

....

....

....

....

9 Résistance du corps humain★★

D3-D5 Expliquer les règles de sécurité en électricité ○I ○F ○S ○TB

Le courant électrique alternatif traversant le corps humain est considéré comme potentiellement mortel pour ce dernier si la valeur de son intensité dépasse 30 mA. La résistance du corps humain diminue quand l'humidité de la peau augmente et peut atteindre 1 000 Ω dans le cas le plus défavorable.

a. Un homme soumis à la tension du secteur est-il en danger de mort ? Justifie en utilisant la loi d'Ohm.

....

....

....

b. Dans les lieux humides comme les salles de bains, les normes imposent l'utilisation de transformateurs pour diminuer la tension du secteur à 12 V. Justifie ce choix par un calcul approprié.

....

....

....

10 La physique autour de nous★★★

D4 Argumenter ○I ○F ○S ○TB

Un tube fluorescent produit une lumière discontinue. Des flashs successifs sont émis à chaque fois que la tension du secteur passe par une valeur minimale ou maximale. Pourtant, notre œil perçoit une lumière continue. En effet, les cellules de la rétine gardent en mémoire la lumière reçue un dixième de seconde après avoir été éclairées. Ce phénomène est appelé la persistance rétinienne.

À partir des caractéristiques de la tension du secteur, explique pourquoi notre perception de la lumière émise par un tube fluorescent est continue.

....

....

....

....

....

....

....

....

....

17 Quels dispositifs protègent des dangers du courant électrique ?

Activité documentaire

Si tu ne comprends pas certains des mots utilisés dans cette activité, demande à ton professeur ou consulte le Dico, p. 142.

Les dispositifs de sécurité dans une habitation

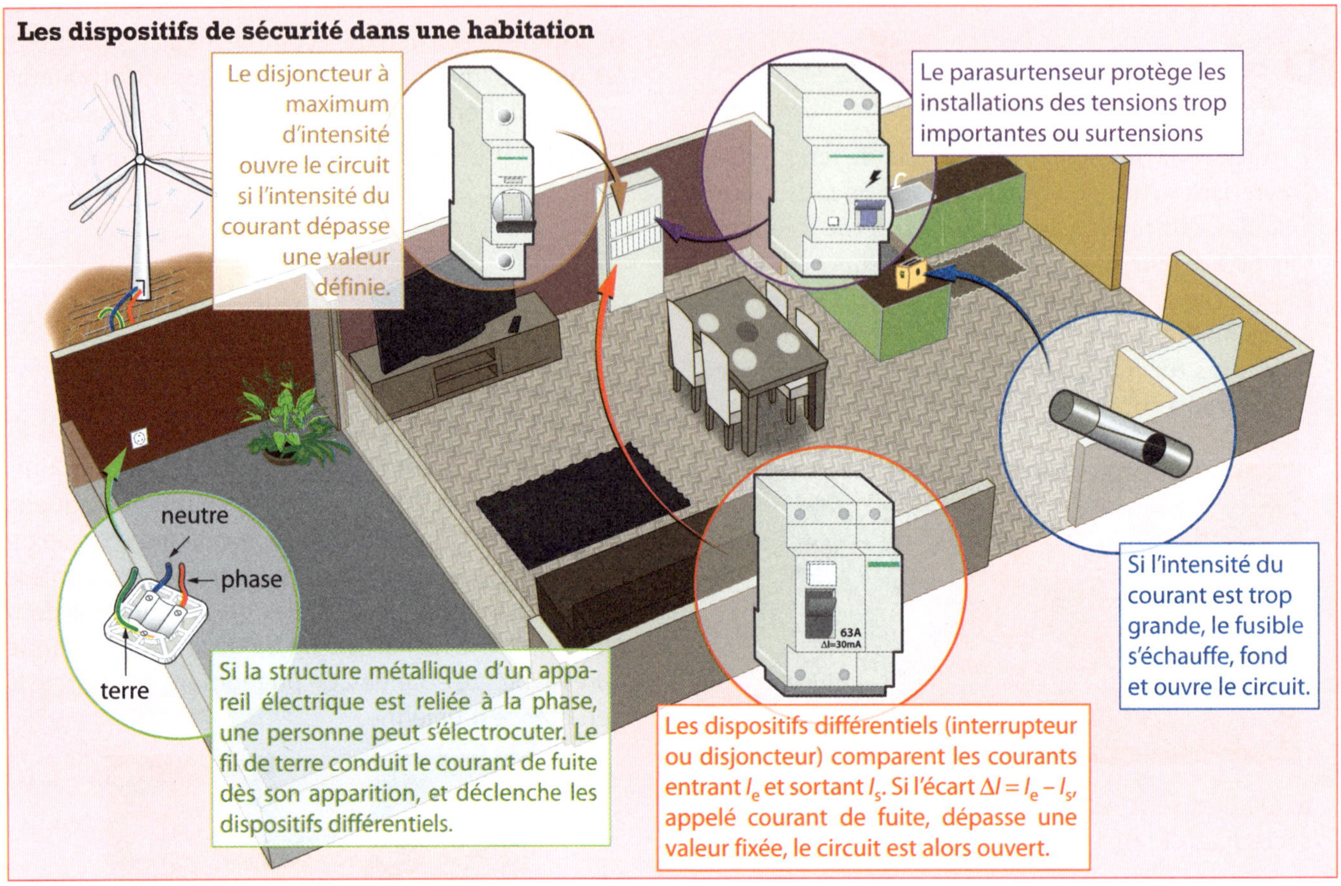

Le disjoncteur à maximum d'intensité ouvre le circuit si l'intensité du courant dépasse une valeur définie.

Le parasurtenseur protège les installations des tensions trop importantes ou surtensions

Si l'intensité du courant est trop grande, le fusible s'échauffe, fond et ouvre le circuit.

Si la structure métallique d'un appareil électrique est reliée à la phase, une personne peut s'électrocuter. Le fil de terre conduit le courant de fuite dès son apparition, et déclenche les dispositifs différentiels.

Les dispositifs différentiels (interrupteur ou disjoncteur) comparent les courants entrant I_e et sortant I_s. Si l'écart $\Delta I = I_e - I_s$, appelé courant de fuite, dépasse une valeur fixée, le circuit est alors ouvert.

Extrais des informations

1. Quels sont les dispositifs de protection des installations ?

....

2. Quels sont les dispositifs de protection des personnes ?

....

3. Quel phénomène météorologique peut provoquer une surtension ?

....

Interprète

4. Comment les dispositifs de protection des surintensités agissent-ils dans le circuit ?

....

5. Pourquoi une surintensité peut-elle endommager les installations ?

....

6. Quel est le danger pour les personnes d'une absence de mise à la terre ?

....

Rédige ta conclusion

....

....

....

L'essentiel à compléter

› Dans les installations électriques domestiques, différents systèmes permettent de protéger les installations et les personnes. Complète le tableau :

Risque électrique	Risque encouru	Moyens de protection
surintensité	....	• disjoncteur à maximum d'intensité • ....
....	incendie ou endommagement	• parasurtenseur
fuite de	électrisation ou	• disjoncteur différentiel • interrupteur différentiel • fil de terre

As-tu compris l'essentiel ?

1 Vrai ou faux ?

Coche la réponse correcte et corrige les phrases fausses.

a. Un parasurtenseur protège des surintensités.

☐ Vrai ☐ Faux

....

b. Un interrupteur différentiel protège les personnes et les appareils. ☐ Vrai ☐ Faux

....

....

c. Un fusible ne peut pas être réutilisé.

☐ Vrai ☐ Faux

....

2 Relie

Associe chaque appareil de protection au défaut correspondant.

disjoncteur •	• courant de fuite
disjoncteur différentiel •	• surintensité
interrupteur différentiel •	• surtension
parasurtenseur •	

3 Entoure

Parmi les propositions suivantes, entoure celle(s) n'apportant pas de protection adaptée aux dangers représentés : *fusible, parasurtenseur, interrupteur différentiel.*

4 Complète le schéma

Place les fusibles représentés à droite dans le circuit suivant pour protéger les différents appareils électriques.

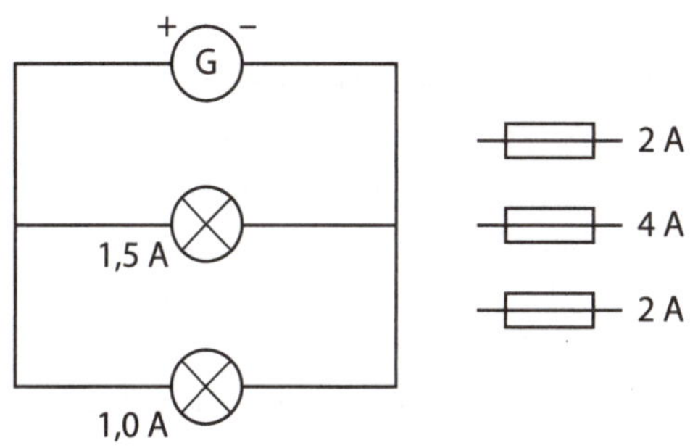

Fais le point sur tes compétences

5 Fusible grillé ou pas*

D2 Concevoir un dispositif de mesure ○I ○F ○S ○TB

Mila remplace un fusible opaque dans une prise de courant. Elle retire le fusible usagé, le pose sur la table à côté du nouveau. Elle ne les distingue plus. Comment peut-elle très rapidement les différencier à l'aide d'un multimètre ?

6 Papier-alu**

D3-D5 Réinvestir la sécurité de façon responsable ○I ○F ○S ○TB

Les incendies d'origine électrique sont souvent causés par des erreurs humaines. Une idée reçue pour réparer un fusible grillé serait de l'entourer de film d'aluminium.

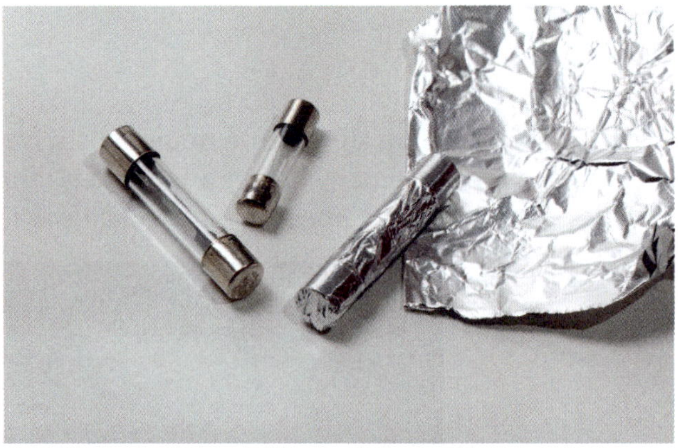

Explique pourquoi il ne s'agit ni d'une réparation, ni d'une action respectant les règles de sécurité.

7 La physique autour de nous**

D4 Proposer une hypothèse ○I ○F ○S ○TB

Dans sa chambre, Léa a branché une multiprise à son bureau. Elle utilise un ordinateur consommant 3,0 A, une lampe de 0,2 A, un chargeur de 0,3 A et une télévision de 2,0 A. Lorsque Léa fait fonctionner tous ses appareils en même temps, le disjoncteur de sa prise se déclenche.

Ce disjoncteur affiche 10 A d'intensité maximale. Selon Léa, le problème ne vient pas forcément de sa chambre.

a. Pourquoi donne-t-elle cette interprétation ?

b. Quel conseil donner à Léa pour qu'elle ne soit plus gênée par ces déclenchements ?

8 Prends des initiatives**

D1 S'exprimer à l'oral lors d'un débat ○I ○F ○S ○TB

Dans sa chambre, Nino utilise plusieurs appareils électriques simultanément : télévision, ordinateur, lampe, chargeur de batterie. Mais le disjoncteur de sa chambre coupe sans arrêt le courant, alors que l'intensité maximale est loin d'être atteinte.

Comment trouver la panne ?

Rédige ta synthèse argumentée du débat avec tes camarades. Présente-là.

9 Les deux font la paire**

D4 Argumenter ○I ○F ○S ○TB

Pour remplacer un fusible de 10 A grillé, Yousra propose d'en utiliser deux de 5 A, en série.

Est-ce une bonne idée ? Justifie.

10 Circuit breakers★★

D5 Comprendre des documents scientifiques ○ I ○ F ○ S ○ TB

In the 1920s, electric current was delivered to more and more houses. To protect people and houses, fuses were installed. But that type of protection had a big disadvantage: it could be used only once! In 1924, two German inventors, Stotz and Schachtner, created a reusable component able to stop the flow of electric current. Ninety-one years later, a billion miniature circuit breakers have been produced!

1923 1928 1957 1961 2012

a. Dans quel but des fusibles ou des disjoncteurs sont-ils utilisés ?

....

....

b. Quelle est la date de fabrication du milliardième disjoncteur ?

....

....

c. Pourquoi les disjoncteurs eurent-ils un succès immédiat ?

....

....

11 Encore une petite lampe ?★★★

D5 Expliquer l'influence de l'histoire des sciences sur la société ○ I ○ F ○ S ○ TB

Dans une installation domestique, les lampes sont reliées en dérivation à un disjoncteur.

Dans sa nouvelle chambre, Marie voudrait remplacer les 10 lampes à incandescence de son lustre par 10 lampes plus modernes, à halogène, de 0,5 A. Son père voudrait installer des lampes de dernière génération à LED de 0,021 A.

a. S'il installe les lampes à halogène, le père de Marie a le choix entre deux disjoncteurs, l'un de 5 A, l'autre de 10 A. Lequel doit-il choisir ?

....

....

....

....

....

....

....

b. Les disjoncteurs utilisés pour les circuits de lampes sont majoritairement passés, ces dernières années, de 16 A à 10 A, voire même 5 A ! Explique pourquoi.

....

....

....

....

....

....

....

....

....

18 Puissance électrique

Démarche d'investigation

Si tu ne comprends pas certains des mots utilisés dans cette activité, demande à ton professeur ou consulte le Dico, p. 142.

Question

Que signifie la valeur en watt (W) indiquée sur les appareils électriques?

Matériel à disposition

un générateur de tension continue 12 V • un générateur de tension continue 6 V • une lampe 12 V-40 W • une lampe 12 V-25 W • un moteur • une DEL • des fils de connexion

Fais attention !

Branche le voltmètre en dérivation et règle-le en mode continu.

Réfléchis

1. Fais une ou des hypothèses et propose un protocole expérimental comportant du texte et/ou des schémas afin de trouver la signification de la valeur en watt indiquée sur les appareils électriques. *Fais-le vérifier par ton professeur.*

Expérimente

2. Réalise ton expérience et relève tes résultats.

....

....

....

....

Rédige ta conclusion

....

....

....

L'essentiel à compléter

› La .... nominale indiquée sur un appareil correspond à la puissance .... par cet appareil alimenté sous sa tension .... Il fonctionne alors ....

› Si une lampe reçoit une puissance légèrement supérieure à sa puissance nominale, elle brillera .... ; si la puissance reçue devient très supérieure à la puissance nominale, la lampe risque de griller.

› L'unité de **puissance** est le .... de symbole ....

As-tu compris l'essentiel ?

1 Vrai ou faux ?

Coche la réponse correcte et corrige les phrases fausses.

a. La puissance nominale est affichée sur tous les appareils électriques.

☐ Vrai ☐ Faux

....

....

b. Si un appareil reçoit une puissance très supérieure à sa puissance nominale, il fonctionne en sous-régime.

☐ Vrai ☐ Faux

....

....

c. Un appareil fonctionne correctement s'il est alimenté sous sa tension nominale.

☐ Vrai ☐ Faux

....

....

2 Relie

Relie chaque appareil à sa puissance nominale :

bouilloire • lampe • chargeur de téléphone • réfrigérateur •

• 50 W • 300 W • 2 000 W • 5 W

3 Entoure

Un radiateur électrique porte l'étiquette suivante :

Entoure en rouge la tension nominale et en bleu la puissance nominale du radiateur.

4 Fais le bon choix

Coche les cases correspondant aux réponses correctes.

a. L'unité de puissance est :

☐ le joule
☐ le watt
☐ le newton

b. Un appareil électrique consommant à sa puissance nominale :

☐ ne fonctionne pas
☐ surchauffe
☐ fonctionne correctement

c. Une lampe recevant une puissance électrique inférieure à sa puissance nominale :

☐ grille
☐ brille normalement
☐ brille faiblement

5 Étiquette d'un four électrique*

D1 Comprendre des documents scientifiques ○ I ○ F ○ S ○ TB

Les parents de Marion viennent d'acheter un nouveau four électrique. Sur l'étiquette, Marion lit les indications suivantes :

Four électrique : 230 V-50 Hz-2500 W

a. Avec quel type de tension cet appareil fonctionne-t-il ? Justifie.

....

....

....

b. Pour chacune des valeurs fournies indique le nom de la grandeur physique et l'unité associée.

....

....

....

6 La physique autour de nous*

D3-D5 Considérer l'énergie de façon responsable ○ I ○ F ○ S ○ TB

Afin de travailler dans de bonnes conditions, Pauline souhaite changer l'ampoule de sa lampe de bureau pour obtenir une puissance lumineuse équivalente à 60 W. Elle se rend au supermarché où plusieurs types de lampes sont proposés. Leurs différentes caractéristiques sont données dans le tableau ci-dessous :

Type de lampe	LED	fluorescente	halogène
Puissance équivalente	60 W	60 W	60 W
Puissance nominale	7 W	15 W	60 W
Rendu des couleurs	bon	moyen	très bon

Quelle ampoule Pauline doit-elle acheter pour agir de façon responsable ? Justifie.

....

....

....

....

7 Trouver la bonne lampe*

D4 Interpréter des résultats expérimentaux ○ I ○ F ○ S ○ TB

Youssef souhaite changer la lampe grillée du clignotant de son scooter dont la puissance nominale doit être strictement comprise entre 10 W et 20 W. Il dispose de trois lampes, (a) et (b) et (c). Parmi les lampes (a) et (b), l'une a une puissance nominale de 10 W, l'autre de 20 W. La puissance nominale de la lampe (c) est inconnue. Il alimente les trois lampes sous leur tension nominale $U = 12$ V (photo ci-dessous).

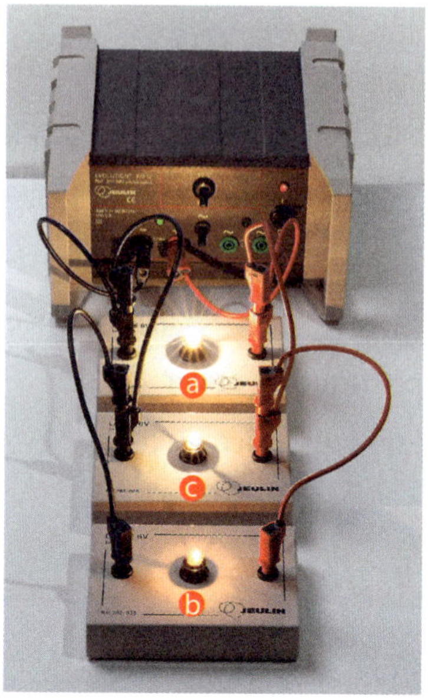

a. Quelle est la puissance nominale de la lampe (a) ? de la lampe (b) ? Justifie.

....

....

....

....

b. Quelle lampe Youssef peut-il choisir ? Justifie.

....

....

....

....

8 Attention à la surchauffe !*

D4 Mettre en œuvre des démarches propres aux sciences ○ I ○ F ○ S ○ TB

Paul a réalisé un circuit électronique en cours de technologie. Celui-ci comporte une résistance $R = 100\ \Omega$ de puissance nominale 250 mW et de tension nominale $U = 5$ V. Afin de vérifier que son circuit ne s'échauffe trop, Paul cherche à évaluer l'intensité le traversant.

Quelle est, en mA, l'intensité parcourant la résistance lorsque celle-ci reçoit sa puissance nominale ?

....

....

....

9 Sortir du nucléaire**

D1 Comprendre des documents scientifiques ○ I ○ F ○ S ○ TB

Ève se demande quelle est la surface de panneaux solaires nécessaire pour produire la même puissance électrique qu'une centrale nucléaire.

Le tableau ci-dessous donne les puissances électriques nominales de différents systèmes de production électrique :

Appareil	Puissance nominale
centrale nucléaire	1,6 GW
éolienne	1,2 MW
cellule photo-électrique (1 cm^2)	10 mW

a. Convertis ces puissances en watt.

b. Quelle surface en m^2 faudrait-il recouvrir de cellules photoélectriques pour fournir la même puissance qu'une centrale nucléaire ?

c. Un terrain de football a une superficie de 7 000 m^2. À combien de terrains de football correspond la surface calculée ci-dessus ?

10 Abonnement EDF**

D3-D5 Réinvestir la sécurité de façon responsable ○ I ○ F ○ S ○ TB

Selon les équipements électriques présents dans une maison, EDF propose à ses clients différents types de contrats. Ceux-ci établissent la puissance maximale pouvant être délivrée par le compteur. Ce dernier est donc réglé pour ne pas dépasser une certaine intensité.

Lise a souscrit un abonnement de 12 kW. Sa maison est équipée de 5 radiateurs électriques de 1 500 W chacun, d'un chauffe-eau de 2 500 W, d'un four de 3 000 W, d'un réfrigérateur de 300,0 W et d'un téléviseur de 150,0 W.

a. Quelle est la puissance nominale cumulée de l'ensemble des appareils électriques qui équipent la maison de Lise ?

b. Lise peut-elle utiliser tous ses appareils électriques en même temps ? Que se passerait-il alors au niveau du disjoncteur ?

c. Combien de radiateurs Lise doit-elle éteindre si elle souhaite utiliser tous les autres appareils ?

11 Wind turbines***

D1 Comprendre des documents scientifiques ○ I ○ F ○ S ○ TB

> A wind farm made of six wind turbines supplies a power of 18 MW while a French family needs an average power of 9.0 kW.

a. Combien de foyers peuvent être alimentés en énergie électrique par ce parc d'éoliennes ?

b. Combien d'éoliennes seraient nécessaires pour fournir la même puissance électrique qu'une centrale nucléaire telle que celle du Tricastin, soit 3,6 GW ?

19 Quelle est la relation entre puissance, tension et intensité ?

Activité documentaire

Si tu ne comprends pas certains des mots utilisés dans cette activité, demande à ton professeur ou consulte le Dico, p. 142.

Fig. 1 Montage avec la lampe L_1

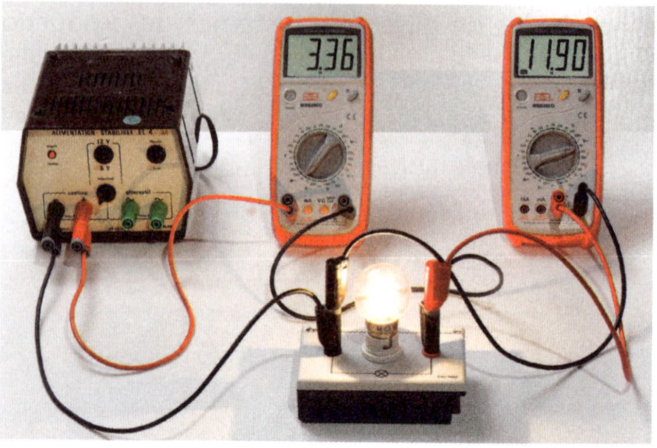

Fig. 2 Montage avec la lampe L_2

Expérimente

- Réalise le circuit comportant en série un générateur de tension continue 12 V, un ampèremètre et une lampe L_1 (12 V-25 W). Branche un voltmètre aux bornes de L_1 (**Fig. 1**).
- Ferme le circuit et relève les mesures de tension et d'intensité.
- Après avoir ouvert le circuit, remplace L_1 par une lampe L_2 (12 V-40 W). Ferme le circuit et relève les nouvelles mesures de tension et d'intensité (**Fig. 2**).

Fais attention !

Commence par sélectionner le calibre le plus élevé des multimètres et utilise les bornes correctes.

Observe

1. Complète le tableau.

	L_1	L_2
Tension nominale (V)	....	....
Puissance nominale (W)	....	....
Tension mesurée *U* (V)	....	....
Intensité mesurée *I* (A)	....	....

Interprète

2. Calcule le produit $U \cdot I$ pour les lampes L_1 et L_2.

....

3. Pour chaque lampe, compare la valeur du produit $U \cdot I$ à la valeur de la puissance nominale.

....

4. Quelle relation peux-tu déduire entre la puissance *P*, la tension *U* et l'intensité *I* ?

....

Rédige ta conclusion

....

....

....

L'essentiel à compléter

› La puissance électrique P reçue par un appareil est égale au produit de la .... U à ses bornes par l' .... I du courant le traversant : $P =$ .... avec P en .... (W), U en .... (....................) et I en .... (....................).

› En alternatif, la relation précédente ne peut être utilisée que pour des appareils résistifs (lampes, résistances, plaques de cuisson, four,…). Les valeurs d' .... et de .... sont alors des valeurs dites efficaces.

As-tu compris l'essentiel ?

1 Fais le bon choix

Coche la ou les réponse(s) correcte(s).

a. La relation existant entre P, U et I est :

☐ $P = U/I$ ☐ $P = U \cdot I$ ☐ $P = I/U$

b. Une lampe de tension nominale 12 V traversée par un courant de 2 A a une puissance nominale égale à :

☐ 24 W ☐ 12 W ☐ 6 W

c. Pour calculer I connaissant P et U, la relation à utiliser est :

☐ $I = P/U$ ☐ $I = U/P$ ☐ $I = U \cdot P$

2 Complète le schéma

Complète le schéma du montage permettant de déterminer la puissance de la lampe avec les symboles des appareils de mesure.

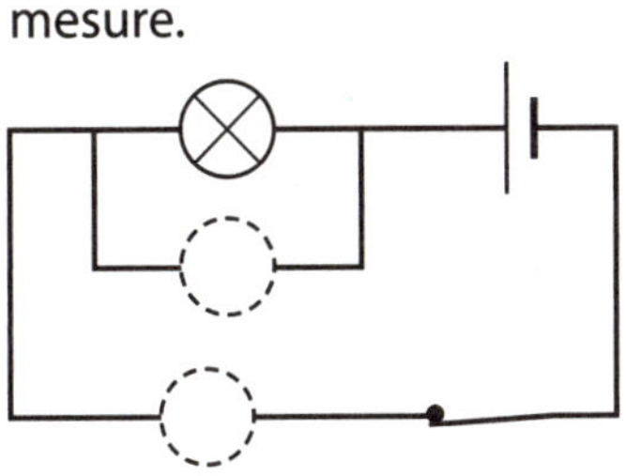

3 Vrai ou faux ?

Coche la réponse correcte et corrige les phrases fausses.

a. La relation $P = U \cdot I$ n'est utilisable que pour des appareils résistifs.

☐ Vrai ☐ Faux

....

....

b. Il est possible de prévoir l'intensité du courant traversant un appareil résistif en connaissant sa puissance et sa tension nominales. ☐ Vrai ☐ Faux

....

....

....

c. Dans le cas d'un appareil relié au secteur, la valeur de la tension à utiliser pour calculer l'intensité efficace est 325 V. ☐ Vrai ☐ Faux

....

....

....

4 Complète

Complète l'affichage des appareils de mesure avec la valeur affichée et/ou l'unité correcte.

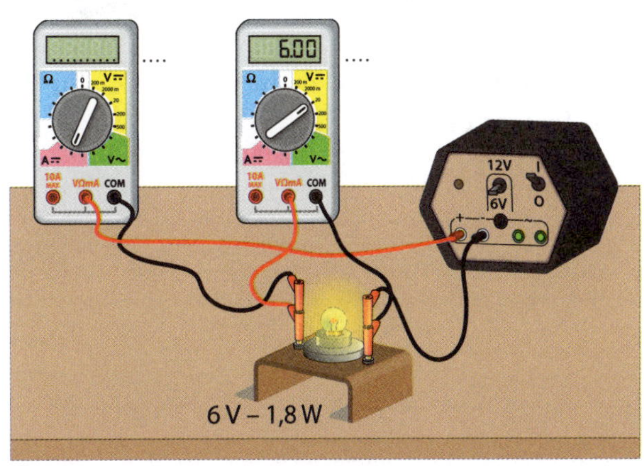

5 Ça va chauffer !★

D4 Tirer des conclusions ○ I ○ F ○ S ○ TB

À l'arrière d'une plaque de cuisson, Clara trouve la plaque d'identification électrique.

a. Quelle est la puissance nominale de cette plaque ?

....

....

b. La relation $P = U \cdot I$ est-elle utilisable pour ce type d'appareil ?

....

....

c. Calcule l'intensité efficace maximale du courant circulant dans la résistance de la plaque.

....

6 La physique autour de nous★

D4 Argumenter ○ I ○ F ○ S ○ TB

Louis veut remplacer une lampe grillée de son applique murale. Il trouve au supermarché deux modèles de lampe de tension nominale 230 V.

①

②

Indique celle dont la consommation sera la plus faible. Justifie sans calcul.

....

....

....

....

....

....

7 Deux en un ...★★

D4 Mesurer des grandeurs physiques ○ I ○ F ○ S ○ TB

Un wattmètre est un appareil permettant de mesurer la puissance reçue par un appareil électrique. Il est constitué d'un ampèremètre et d'un voltmètre regroupés dans un même boîtier, symbolisé par les pointillés sur le schéma ci-dessous.

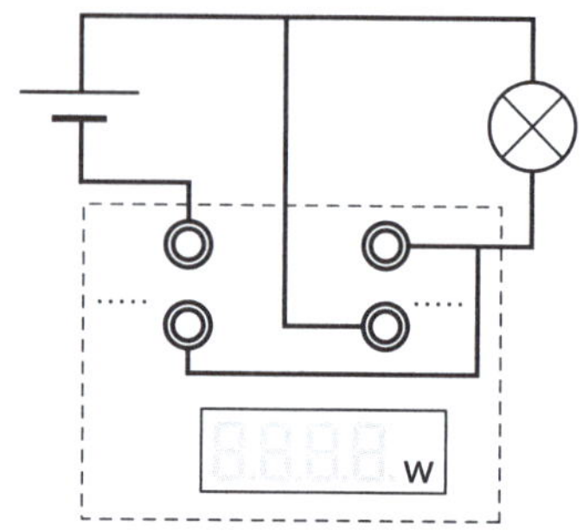

a. Identifie les bornes correspondant au voltmètre et les bornes correspondant à l'ampèremètre en plaçant les lettres A et V au bon endroit sur les pointillés. Justifie.

....

....

....

....

b. Quel est l'intérêt de ce type d'appareil ? Justifie en expliquant quelles opérations sont réalisées dans l'appareil pour afficher directement une puissance en W.

....

....

....

....

....

8 Prends des initiatives★★

D1 Comprendre des documents scientifiques ○ I ○ F ○ S ○ TB

Lu dans un magazine scientifique :

> Dans les câbles électriques, une partie de la puissance électrique est convertie en puissance thermique. Cette puissance thermique est proportionnelle au carré de l'intensité du courant. Il est souhaitable de minimiser cette conversion car la puissance thermique n'est plus utilisable pour alimenter des appareils électriques. Ainsi, lors du transport du courant sur de longues distances, la tension est augmentée jusqu'à plusieurs centaines de kV, puis elle est abaissée à proximité de l'utilisateur final à l'aide de transformateurs.

Pourquoi transporte-t-on l'énergie électrique sous forte tension ? Argumente.

9 Pourra-t-on manger ce midi ?★★

D3-D5 Expliquer les règles de sécurité en électricité ○ I ○ F ○ S ○ TB

La plaque de cuisson de Bill, de puissance 3 000 W, ne fonctionne plus. Bill pense que le fusible la protégeant a fondu. Sur son tableau électrique, deux fusibles, de calibre 10 A et 16 A, ne sont pas étiquetés.

Identifie lequel des deux fusibles correspond à la plaque. Justifie.

10 Prends des initiatives★★

D1 S'exprimer à l'oral lors d'un débat ○ I ○ F ○ S ○ TB

Adrien possède une lampe torche alimentée par deux piles de 1,5 V en série. Il envisage de remplacer l'ampoule grillée dont le culot porte les indications (2,5 V ; 0,3 A) par une ampoule de même culot portant les indications (4,8 V ; 0,3 A).

Il pense que la tension étant supérieure et l'intensité égale, la puissance de la lampe sera supérieure et elle éclairera davantage.

Que se passera-t-il effectivement si Adrien agit ainsi ?

Rédige le compte rendu du débat mené avec tes camarades. Présente-le.

11 Laquelle choisir ?★★★

D4 Tirer des conclusions ○ I ○ F ○ S ○ TB

Julie, réparatrice d'appareils électriques, doit remplacer sur une carte électronique une résistance de valeur 56 Ω parcourue par un courant de 0,11 A.

Elle dispose de plusieurs résistances de 56 Ω de puissances admissibles maximales différentes : 0,25 W, 0,5 W, 1 W.

a. Établis la relation permettant à Julie de calculer la puissance P reçue par la résistance en fonction de R et de I.

b. Quelle résistance doit choisir Julie ? Justifie.

c. Que peut-il se passer si Julie fait le mauvais choix ?

20 Comment est mesurée l'énergie électrique facturée ?

Activité documentaire

Si tu ne comprends pas certains des mots utilisés dans cette activité, demande à ton professeur ou consulte le Dico, p. 142.

L'énergie électrique consommée par une installation domestique donne lieu à l'édition d'une facture d'électricité.

Votre contrat Electricité "Tarif Bleu"

Compteur électronique n°883

Horaires heures creuses 2H00-7H00 14H00-17H00(1)

Consommation sur la base d'une estimation	Index début de période	Index fin de période	Consommation (kWh)	Prix Unitaire HT (€/kWh)	Montant HT (€)	Taux de TVA
Du 30/04/2021 au 29/06/2021 09 kVA						
	Relevé	**Estimé**				
Heures creuses	**19665**	**19900**	**235**	**0,0623**	**14,64**	**20,0**
Heures pleines	**41884**	**42157**	**273**	**0,1019**	**27,82**	**20,0**
Total de votre consommation d'électricité (dont acheminement 16,28 €)					**42,46**	

Abonnement	Prix Unitaire HT (€/mois)	Montant HT (€)	Taux de TVA
Abonnement Tarif Bleu 09 kVA HP/HC du 30/06/2021 au 30/08/2021	**8,29**	**16,58**	**5,5**
Total de votre abonnement (dont acheminement 11,10 €)		**16,58**	

Taxes et Contributions	Consommation (kWh)	Prix Unitaire HT (€/kWh)	Montant HT (€)	Taux de TVA
Taxe sur la Consommation Finale d'Electricité (TCFE)	**508**	**0,00951**	**4,83**	**20,0**
Contribution au Service Public d'Electricité (CSPE)	**508**	**0,01950**	**9,91**	**20,0**
Contribution Tarifaire d'Acheminement Electricité (CTA)			**3,00**	**5,5**
Total taxes et contributions			**17,74**	

Total Electricité hors TVA	76,78
Total hors TVA	76,78

TVA

TVA à 20,0 % sur un montant total de 57,20 €	**11,43**
TVA à 5,5 % sur un montant total de 19,58 €	**1,08**
Total TVA	**12,51**

Fig. Une facture d'électricité

Extrais des informations

1. À quelle durée de consommation cette facture correspond-elle ?

....

2. Quels sont les index relevé et estimé, respectivement en début et en fin de période de consommation, en « Heures creuses » (HC) et en « Heures pleines » (HP) ? Remplis le tableau ci-contre.

	HC	HP
Index de début (kWh)	....	....
Index de fin (kWh)	....	....

Interprète

3. Quelle est la consommation d'énergie estimée en « Heures creuses » et en « Heures pleines » ?

HC : .... HP : ....

4. Calcule le montant « Hors Taxe » (HT) de la consommation d'énergie estimée en « Heures pleines ».

....

5. Calcule le coût de la « Taxe sur la Valeur Ajoutée » (TVA) à 20 %.

....

Rédige ta conclusion

....

....

L'essentiel à compléter

- L'**énergie électrique consommée** est mesurée par un compteur au cours d'une période définie. Pour calculer la consommation E, il faut soustraire l'indication du compteur E_1 au .... de la période à celle E_2 à la .... de cette période : $E =$ ....
- Une facture indique le .... à payer pour l'énergie électrique .... par tous les appareils utilisés pendant cette période. Une partie correspond à des ....
- L'énergie électrique E « consommée » pendant une durée Δt par un appareil de **puissance nominale P** est donnée par la relation : $E =$ .... P est en .... de symbole **W**, Δt en .... de symbole **s** et E est en joules, de symbole **J**. Pour des raisons pratiques, Δt est souvent en ...., de symbole **h**. E est alors en ...., de symbole **Wh**.
- La multiplication des pratiques numériques s'accompagne d'une .... modérée de la proportion d'énergie électrique consommée annuellement. Elles ont néanmoins un impact sur notre ...., notamment lors de la .... et de la mise au rebut des divers appareils utilisés.

As-tu compris l'essentiel ?

1 Fais le bon choix

Coche la réponse correcte.

a. Le compteur électrique d'une installation domestique permet de mesurer :

- ☐ la puissance consommée
- ☐ l'énergie consommée
- ☐ l'électricité consommée

b. Quelle est l'unité utilisée sur les compteurs électriques :

☐ kWh ☐ kW/h ☐ kW-h

c. Dans quel cas la consommation mensuelle est-elle égale à 6,5 kWh :

01 janvier	01 janvier	01 janvier
12418 kWh	15437 kWh	12418 kWh
01 mai	01 mars	01 mars
12431 kWh	15528 kWh	12431 kWh
☐	☐	☐

2 Entoure la réponse correcte

Parmi les formules ci-dessous, entoure celle correspondant à l'énergie électrique.

$E = P \cdot \Delta t$ $E = P/\Delta t$ $E = \Delta t/P$

3 Vrai ou faux ?

Coche la réponse correcte et corrige les phrases fausses.

a. Le détail d'une facture d'électricité ne fait apparaître que la consommation électrique. ☐ Vrai ☐ Faux

....

....

....

b. La facture ci-contre correspond à une consommation de 4 683 kWh.

☐ Vrai ☐ Faux

....

....

Relevé ou estimation en kWh		
	Ancien	Nouveau
HC	29 059	29 342
HP	54 495	58 995

4 Complète le schéma

Attribue à chaque schéma une des valeurs d'énergie suivantes : 100 J, 2 400 J, 216 kJ.

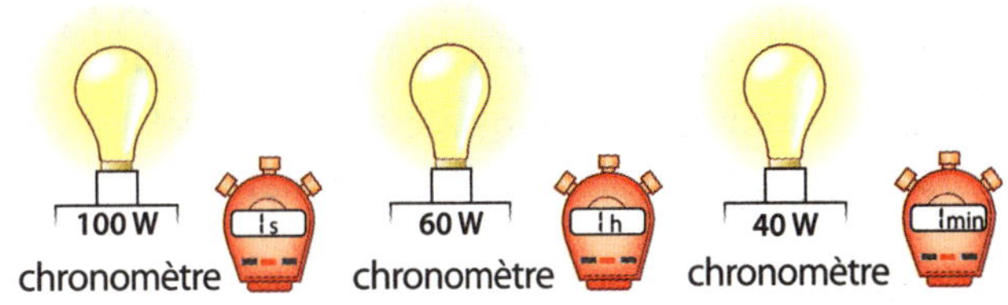

....

5 Suivre sa consommation électrique*

D4 Interpréter des résultats expérimentaux ○ I ○ F ○ S ○ TB

Afin de s'assurer qu'aucun appareil électrique n'ait une consommation anormale, Pierre a effectué des relevés sur son compteur. Il souhaite repérer les variations importantes de consommation. Malheureusement, il a renversé sa tasse de café sur son cahier de relevés.

date	relevé (kWh)	consommation (kWh)
01/01/2021	15437	[illegible]
01/03/2021	15528	82
01/05/2021	[illegible]	
01/07/2021		

a. Quelle a été sa consommation les deux premiers mois de l'année ?

b. Quelle valeur le compteur a-t-il affiché le 1er mai 2021 ?

c. La maison de Pierre est chauffée avec des radiateurs électriques, comment expliques-tu la variation de consommation entre ces deux périodes ? Justifie ta réponse.

6 Prends des initiatives*

D1 Comprendre des documents scientifiques ○ I ○ F ○ S ○ TB

Le graphique suivant indique la puissance de certains appareils électroménagers.

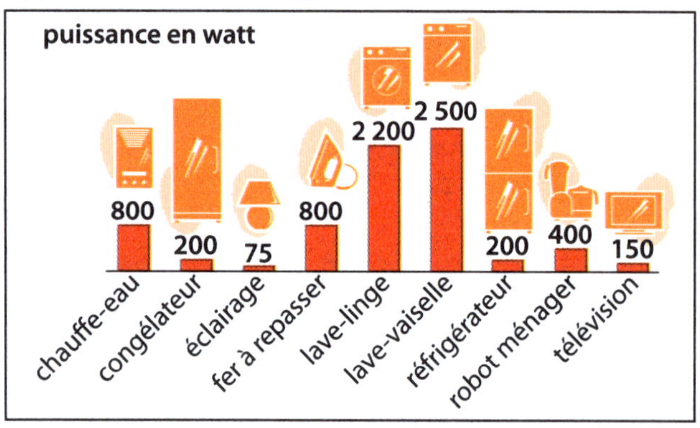

Chacun d'entre eux contribue à la consommation électrique domestique. Les appareils consommant davantage sont le réfrigérateur et le congélateur.

Explique pourquoi le réfrigérateur et le congélateur sont parmi les appareils les plus consommateurs d'énergie.

7 Numérique et environnement**

D1 Comprendre des documents scientifiques ○ I ○ F ○ S ○ TB

La « révolution numérique » s'accompagne de l'utilisation d'une multitude d'équipements électroniques consommant toujours davantage d'énergie électrique. Ce constat n'est pas sans faire naître quelques inquiétudes concernant notre capacité à la produire. L'estimation de l'évolution de nos pratiques nous permet d'envisager l'avenir sereinement sans pour autant négliger son impact sur l'environnement, notamment lors de la mise au rebut des équipements électroniques.

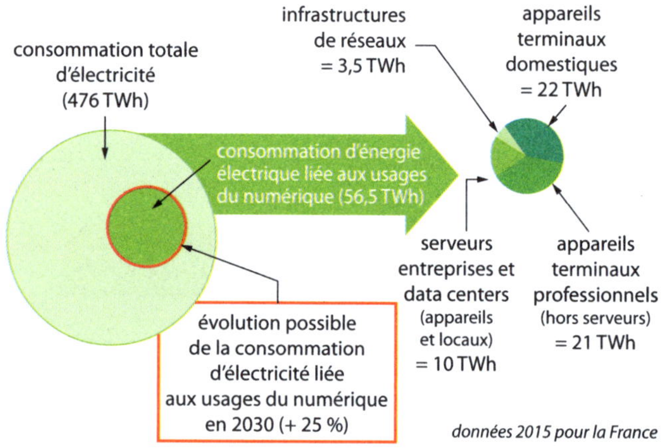

données 2015 pour la France

a. Quel pourcentage la consommation d'électricité annuelle française liée au numérique en 2015 représente-t-elle par rapport à la consommation annuelle française totale ?

b. Quel pourcentage la consommation d'électricité annuelle française liée au numérique pourrait-elle représenter en 2030 par rapport à la consommation annuelle française totale ? S'agit-il d'une augmentation importante ?

8 Éteint, c'est plus cher !★★

D4 Argumenter ○ I ○ F ○ S ○ TB

Djibril et Ariane viennent de regarder un film d'une durée de 2,0 h.

Sur la notice technique du lecteur Blu-ray, il est écrit : « Puissance marche/Veille : 19 W/3 W ».

Explique pourquoi Djibril a raison de conseiller à Ariane d'éteindre complètement son lecteur Blu-ray.

9 La physique autour de nous★★

D4 Tirer des conclusions ○ I ○ F ○ S ○ TB

Dans une région fortement ventée est installé un parc de 82 éoliennes fournissant chacune une puissance électrique de 600 kW.

Le site fonctionne 5 000 heures par an.

a. Quelle est la puissance électrique fournie par ce parc éolien ?

b. Calcule l'énergie électrique produite annuellement par les 82 éoliennes.

c. La centrale nucléaire de Golfech dans le Tarn-et-Garonne produit 19,6 milliards de kWh par an. Combien de parcs éoliens de ce type faudrait-il implanter pour remplacer cette centrale nucléaire ?

10 Une raison douteuse !★★★

D4 Argumenter ○ I ○ F ○ S ○ TB

Une femme s'adresse à son fils :

La puissance de l'aspirateur, du téléviseur et de la console de jeux sont respectivement de 1 200 W, 150 W et 250 W. Le prix du kWh TTC est de 0,15 €.

a. Calcule ce que cela coûterait si Bruno passait l'aspirateur.

b. Calcule ce que cela coûterait s'il continuait à jouer à la console à la place.

c. Combien de temps Bruno pourrait-il jouer à la console pour un prix équivalent à 30 minutes d'aspirateur ?

21 Comment est utilisée l'énergie nucléaire ?

Activité documentaire

Si tu ne comprends pas certains des mots utilisés dans cette activité, demande à ton professeur ou consulte le Dico, p. 142.

En France, 80 % de l'énergie électrique est produite à partir d'énergie nucléaire. Actuellement, la France compte 58 réacteurs nucléaires.

Dans une centrale nucléaire, la fission des noyaux d'uranium produit de la chaleur. Cette chaleur vaporise de l'eau. La pression de vapeur fait tourner une turbine couplée à un alternateur, produisant ainsi de l'énergie électrique.

La tour de refroidissement ne rejette que la vapeur d'eau du circuit de refroidissement.

Une fois utilisés, l'uranium et ses produits de fission, très radioactifs, deviennent des déchets nucléaires à très longue durée de vie. Ils doivent être conditionnés et entreposés dans des centres de stockage pendant de très nombreuses années.

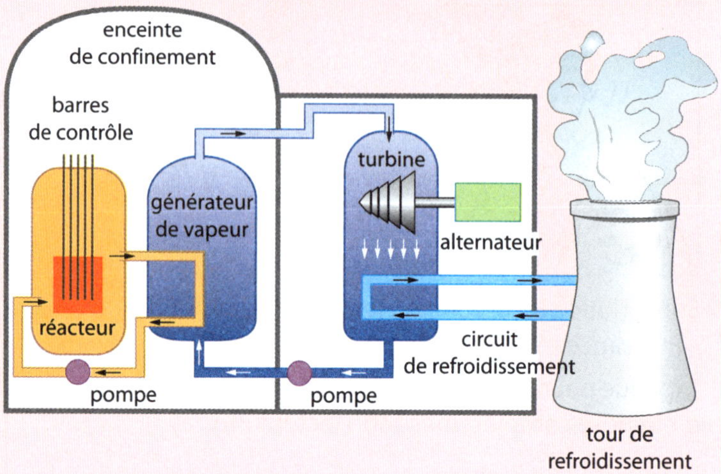

Fig. Centrale thermique nucléaire

Extrais des informations

1. **Quelle est la part d'énergie électrique produite par l'énergie nucléaire en France aujourd'hui ?**

....

2. **Quel est le combustible d'une centrale nucléaire ?**

....

3. **Comment est produite la vapeur d'eau dans les centrales nucléaires ?**

....

Interprète

4. **Quelle transformation d'énergie est réalisée dans une centrale nucléaire ?**

....

5. **Complète la chaîne énergétique ci-dessous :**

énergie .... → réacteur → énergie .... → eau → énergie .... → turbine + alternateur → énergie ....

6. **Indique les avantages et les inconvénients, en termes d'environnement, d'une centrale nucléaire.**

....

....

....

....

Rédige ta conclusion

....

....

....

L'essentiel à compléter

- L'énergie .... est la principale source d'énergie utilisée pour la production d'énergie électrique en France.
- Les centrales nucléaires utilisent essentiellement de l' .... De l' .... est chauffée et transformée en vapeur. La vapeur d'eau sous pression fait tourner une .... couplée à un .... pour produire de l'énergie ....
- Une centrale nucléaire ne rejette pas de gaz toxiques dans l'atmosphère mais produit des .... radioactifs devant être .... et placés dans des centres de .... pendant des durées relativement longues.

As-tu compris l'essentiel ?

1 Vrai ou faux ?

Coche la réponse correcte et corrige les phrases fausses.

a. Le combustible nucléaire chauffe du dioxyde de carbone.

☐ Vrai ☐ Faux

....

....

b. La turbine, couplée à un alternateur, convertit de l'énergie thermique en énergie chimique.

☐ Vrai ☐ Faux

....

....

2 Remets dans l'ordre

Voici trois conversions énergétiques, dans le désordre, intervenant dans une centrale nucléaire :

1 : énergie thermique en énergie mécanique
2 : énergie nucléaire en énergie thermique
3 : énergie mécanique en énergie électrique

Place les numéros correspondant à l'endroit où se déroule chaque conversion d'énergie :

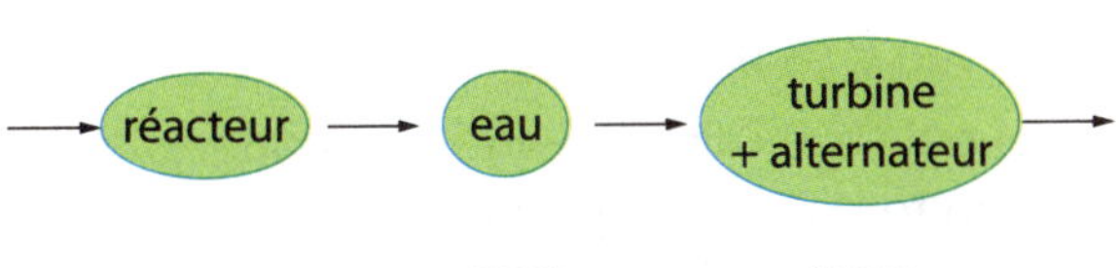

3 Entoure la réponse correcte

Entoure la réponse correcte.

a. Une centrale nucléaire produit de l'énergie *électrique/chimique*.

b. Le mouvement de la turbine crée de l'énergie *mécanique/chimique*.

c. Dans une centrale nucléaire, il se produit des réactions de *fusion/fission*.

4 Qui suis-je ?

À l'aide des indices ci-dessous, découvre qui je suis.

a. J'ai été découverte au cours du XVIIIe siècle. Je suis obtenue à partir de nombreuses sources d'énergie (hydraulique, thermique, nucléaire, etc.). Je suis omniprésente.

....

b. Je suis un site industriel destiné à la production d'électricité. J'utilise la fission nucléaire pour produire de la chaleur dont une partie est transformée en énergie électrique.

....

c. Je suis une énergie provenant du noyau des atomes. Je peux être utilisée pour produire de l'énergie électrique.

....

5 Bon élève★

D4 Proposer une hypothèse ○ I ○ F ○ S ○ TB

Sur le graphe ci-dessous sont représentées les émissions, dues au secteur énergétique, de dioxyde de carbone par habitant pour quelques pays européens en 2018.

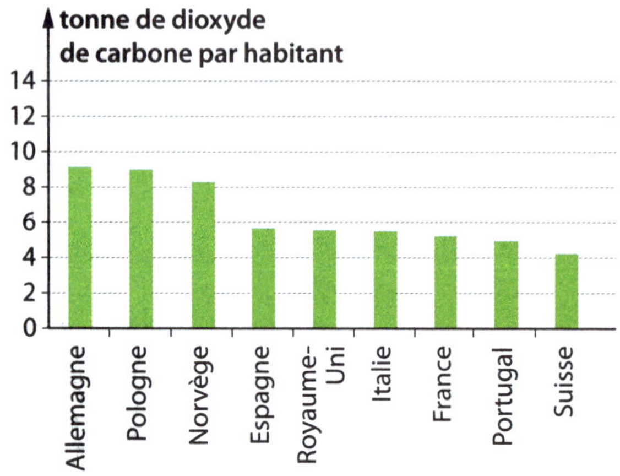

Pour quelle raison la France est-elle plutôt un faible producteur de CO_2 ?

....

....

....

....

....

6 Évolution de la production d'énergie en France★

D4 Interpréter des résultats expérimentaux ○ I ○ F ○ S ○ TB

Le tableau suivant indique la production des centrales thermiques en France. L'unité d'énergie est le GWh.

Année	1985	1995	2002	2008	2017
Nucléaire	213 087	358 779	416 500	418 298	379 100
Fossile	52 059	36 802	52 703	56 941	54 400

a. Représente les deux productions en fonction de la date dans un histogramme.

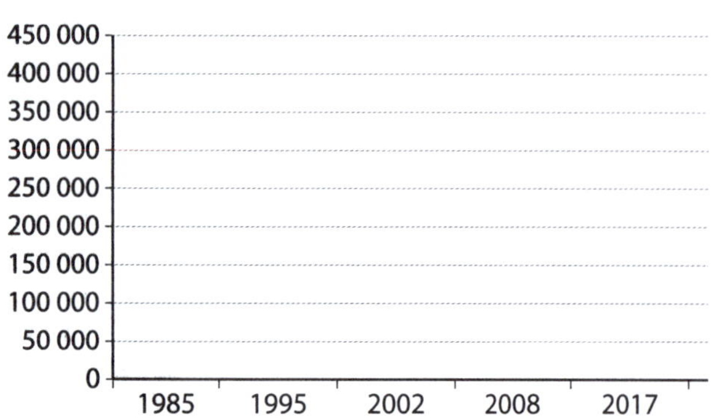

b. Quelle est l'évolution de chacune des productions énergétiques ?

....

....

....

7 La physique autour de nous★★

D2 Utiliser des outils de traitement de données ○ I ○ F ○ S ○ TB

Marion vient d'utiliser son lave-vaisselle pendant une heure. La consommation du lave-vaisselle est de 2 500 Wh. Au même moment, la production d'électricité (en MW) en France, par filière, est donnée sur le graphe suivant.

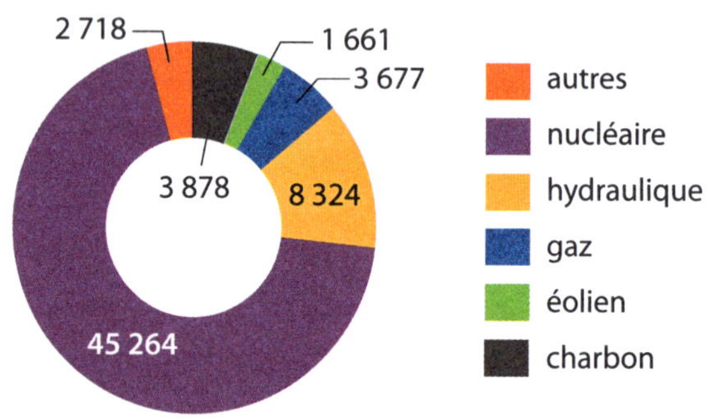

a. Ce jour-là, quel pourcentage représentait la production nucléaire sur l'ensemble de la production ?

....

....

....

....

....

b. Marion est inquiète. Un des quatre réacteurs de 1 300 MW chacun de la centrale de Cattenom, en Moselle, est arrêté. Les 1,04 million d'habitants de Moselle pourront-ils utiliser la même puissance que son lave-vaisselle en même temps ?

....

....

....

....

....

8 Du vent ...★★

D4 Argumenter ○ I ○ F ○ S ○ TB

La centrale nucléaire de Saint-Alban, où habite Djamel, construite en 1986, produit en moyenne une puissance électrique de 1 800 MW. Djamel se demande si elle ne pourrait pas être remplacée par des éoliennes. Les éoliennes sont distantes de 150 m et produisent chacune une puissance de 1 800 kW.

a. Combien faudrait-il d'éoliennes pour remplacer la centrale de Saint-Alban ?

....

....

....

b. Le plus grand parc éolien français contient 70 éoliennes et le plus grand parc mondial (aux États-Unis) en comporte 400. Cite trois avantages et trois inconvénients du projet de Djamel.

....

....

....

....

....

....

....

....

....

9 Charbon, fission ou fusion ?★★★

D4 Mettre en œuvre des démarches propres aux sciences ○ I ○ F ○ S ○ TB

Léa fait son stage en entreprise au CEA de Cadarache. Elle se demande si une centrale thermique utilisant la combustion du charbon consommerait une masse inférieure de combustible. L'énergie libérée par la fission de 1,0 g d'uranium 235 est de $7{,}56 \times 10^{10}$ J.

Elle dispose du tableau suivant donnant l'énergie produite par différentes sources :

Combustion de 1,0 kg de pétrole	42×10^6 J
Combustion de 1,0 kg de charbon	21×10^6 J

1,0 g de tritium, soumis à une réaction de fusion, libère la même énergie que 13,5 tonnes de pétrole.

a. Réponds à l'interrogation de Léa en argumentant.

....

....

....

....

....

....

....

b. Léa aimerait savoir pourquoi les scientifiques font toutes ces recherches sur la fusion nucléaire (projet ITER). La réaction de fusion libère-t-elle plus d'énergie que celle de fission ?

....

....

....

....

....

....

....

....

....

10 Un surgénérateur★★★

D4 Tirer des conclusions ○ I ○ F ○ S ○ TB

Un surgénérateur est un réacteur nucléaire pouvant produire plus de matière fissile qu'il n'en consomme !

Du plutonium 239 est produit dans ce type de centrale nucléaire. L'énergie libérée par la fission du plutonium 239 chaque jour est égale à $2{,}5 \times 10^{14}$ J. Seulement 33 % de cette énergie est utilisée.

a. Quelle est la puissance électrique fournie par cette centrale ?

....

....

....

....

....

b. La fission nucléaire de 100 noyaux de plutonium 239 produit environ 300 neutrons. Sur ces 300 neutrons, 100 participent à des réactions de fission avec d'autres noyaux de plutonium 239 et 150 sont absorbés par des noyaux d'uranium 238 pour donner de nouveaux noyaux de plutonium 239. Les 50 restants sont perdus. Explique pourquoi on appelle cette centrale un surgénérateur.

....

....

....

....

22 Comment s'effectue un transfert thermique ?

Activité documentaire

Si tu ne comprends pas certains des mots utilisés dans cette activité, demande à ton professeur ou consulte le Dico, p. 142.

• L'agitation thermique

Les molécules d'eau d'une substance placée dans un four à micro-ondes sont agitées. Plus elles sont agitées, plus la température de la substance est élevée. Les atomes, les molécules et les ions d'un système, quel que soit son état physique, sont en mouvement désordonné. Cette agitation, appelé agitation thermique, est mesurée à l'échelle macroscopique par la température.

• Différents modes de transfert thermique

Conduction : l'agitation thermique se transmet de proche en proche dans la matière, de la partie chaude vers la partie froide, sans déplacement macroscopique de matière.

Convection : l'agitation thermique se transmet de proche en proche dans un fluide, de la zone chaude vers la zone froide, avec déplacement de matière.

Rayonnement : l'énergie est transférée sous forme d'ondes électromagnétiques. Elle peut se déplacer dans le vide.

Le transfert thermique cesse lorsque les deux objets sont à la même température T.

Extrais des informations

1. Lorsque deux objets à des températures différentes sont en contact, dans quel sens s'effectue le transfert thermique ?

....

2. Que devient la température d'un système lorsque l'équilibre thermique est atteint ?

....

3. Quels sont les trois modes de transfert thermique ?

....

Interprète

4. Dans quel sens s'effectue le transfert thermique entre deux systèmes, tel que $T_1 > T_2$?

....

5. Quelles sont les températures à l'équilibre ?

....

6. Les différents modes de transferts thermiques peuvent-ils exister simultanément ?

....

Rédige ta conclusion

....

....

....

....

L'essentiel à compléter

- À l'échelle microscopique, la température est due à l'.................................... des atomes, des molécules et des ions constituant un système.
- Lorsque deux objets ayant des températures différentes sont en contact, un .... thermique, ou **chaleur**, s'effectue de l'objet le plus .... vers l'objet le plus ....
- Un transfert thermique peut s'effectuer par ...., sans transport de ...., par ...., avec transport de ...., ou par ....
- Le .... solaire absorbé par la Terre provoque l'échauffement de son atmosphère et de sa surface. Il est responsable de l'émission et de l'absorption d'un rayonnement accentuant l'augmentation de température. C'est l'effet de .... La vapeur d'eau et le .... de .... contribuent à .... L'augmentation de la proportion de ces deux gaz dans l'air, en partie due à l'activité humaine, est responsable du réchauffement climatique.

As-tu compris l'essentiel ?

1 Relie

Relie chacune de ces situations avec le(s) mode(s) de transferts thermiques principaux mis en jeu.

chauffage du lait au four micro-ondes •	• conduction
chauffage d'une casserole •	• convection
fonte d'un bâtonnet glacé au soleil •	• rayonnement
utilisation d'un radiateur domestique •	

2 Vrai ou faux ?

Coche la réponse correcte et corrige les phrases fausses.

a. Lors d'un contact entre deux objets de températures différentes, le transfert thermique s'effectue de l'objet le plus chaud vers l'objet le plus froid.

☐ Vrai ☐ Faux

....

....

b. Le transfert thermique est dû aux différences d'agitation des particules constituant les deux systèmes.

☐ Vrai ☐ Faux

....

....

c. Lorsque la température d'un système diminue, le système cède de l'énergie. ☐ Vrai ☐ Faux

....

....

3 Qui suis-je ?

À l'aide des définitions ci-dessous, devine qui je suis.

a. Je suis un transfert thermique s'effectuant sans transport de matière.

....

b. Je mesure l'agitation thermique à l'échelle macroscopique.

....

Fais le point sur tes compétences

4 Du bon pain grillé*

D4 Développer des modèles simples ○ I ○ F ○ S ○ TB

Élodie demande à son père de lui expliquer comment fonctionne le grille-pain. Son père répond :

« Un courant électrique traverse une résistance en produisant de la chaleur. »

a. Quelle énergie est fournie au grille-pain ?

b. Quelle conversion d'énergie a lieu dans le grille-pain ?

5 Mieux vaut s'isoler*

D4 Tirer des conclusions ○ I ○ F ○ S ○ TB

Walid regarde les ouvriers changer la porte-fenêtre de la salle à manger. Ses parents font installer des doubles vitrages. Un double vitrage est constitué de deux vitres séparées par une épaisseur d'air. L'air est un bon isolant thermique. Il laisse passer peu de chaleur.

a. Quel type de transfert thermique peut avoir lieu entre l'intérieur et l'extérieur ?

b. Dans quel sens a lieu ce transfert d'énergie en hiver ? en été ?

c. Explique à Walid comment la pose du double vitrage va limiter le transfert thermique.

6 La physique autour de nous*

D4 Argumenter ○ I ○ F ○ S ○ TB

Maxine et Nans prennent leur petit déjeuner. Leur mère a préparé un thé au citron bouillant pour Maxine et un jus d'orange bien frais pour Nans.

a. La température ambiante de la cuisine est 20 °C. Décris l'évolution de la température des deux liquides.

b. Maxine souffle dans son thé. Le refroidissement de son thé sera-t-il plus rapide ? Pourquoi ?

7 Vue d'en haut**

D1 Comprendre des documents scientifiques ○ I ○ F ○ S ○ TB

Selon l'Agence de l'Environnement et de la Maîtrise de l'Énergie (ADEME), le toit est responsable d'une grande partie des pertes thermiques. Afin de vérifier si sa maison est correctement isolée, le père de Laura a fait faire une thermophotographie de son habitation. Une caméra thermique enregistre les rayonnements émis par les objets.

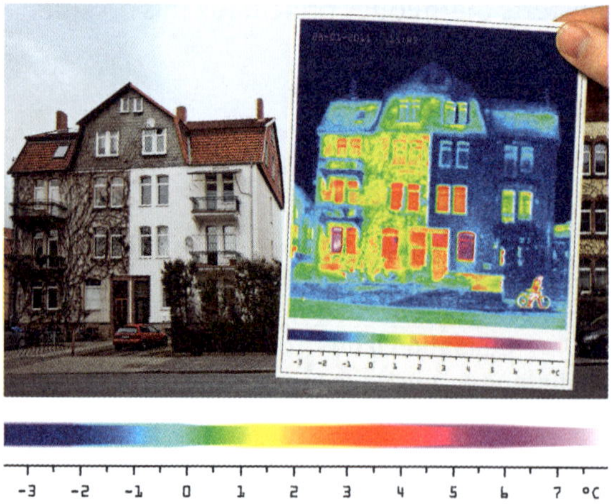

Sur la thermophotographie, une couleur est attribuée à chaque partie d'une habitation en fonction du rayonnement mesuré.

a. Quel type de transfert thermique a lieu entre l'habitation et la caméra ?

b. Les résultats fournis par cette thermophotographie sont-ils en accord avec l'affirmation de l'ADEME ? Argumente.

c. Quels conseils d'isolation donnerais-tu au père de Laura ?

8 Effet de serre et réchauffement climatique**

D1 Comprendre des documents scientifiques ○I ○F ○S ○TB

L'effet de serre est naturellement responsable de la température d'équilibre de l'ordre de 15 °C à la surface de la Terre. Sans lui, elle serait de 30 °C inférieure. La vapeur d'eau et le dioxyde de carbone contribuent à ce phénomène respectivement pour 75 % et 25 % alors que la part de la vapeur d'eau dans l'atmosphère est dix fois supérieure à celle du dioxyde de carbone. Ces dernières années, l'activité humaine a provoqué l'augmentation de la proportion en volume de dioxyde carbone dans l'air ayant pour conséquence un accroissement de l'effet de serre et un réchauffement climatique. Ce dernier accentue l'évaporation et l'effet de serre causé par la présence de la vapeur d'eau dans l'atmosphère.

a. Quelle serait la température à la surface de la Terre sans l'effet de serre ?

b. Quelle est la principale cause de l'augmentation de la proportion en volume de dioxyde de carbone dans l'atmosphère ?

c. Comment l'augmentation de la proportion en volume de dioxyde de carbone dans l'air provoque-t-il également l'accentuation de l'effet de serre dû en majorité à la vapeur d'eau ?

9 Se baigner dans l'eau chaude***

D4 Mettre en œuvre des démarches propres aux sciences ○I ○F ○S ○TB

Anna préfère se baigner à 16 h plutôt qu'à 14 h car elle trouve que l'eau est beaucoup plus chaude. Son frère pense que cela ne change pas grand-chose. Sa piscine contient 64 000 L d'eau. En été, entre 14 h et 16 h, elle est en plein soleil.

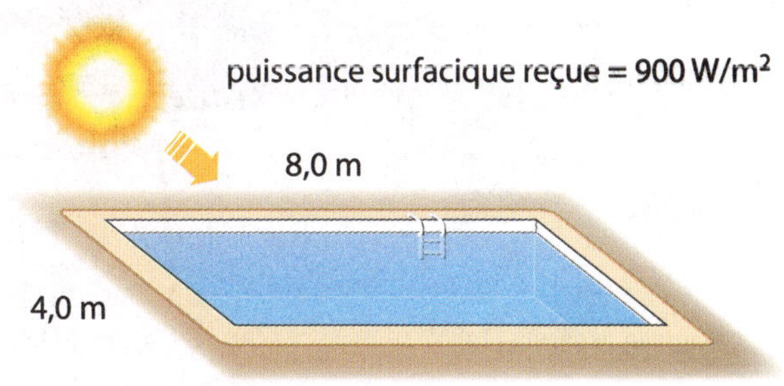

Pour élever la température de 1 kg d'eau de 1 °C, il faut lui fournir une énergie de 0,86 Wh.
La *puissance surfacique* est la puissance reçue par m² de surface.
Masse volumique de l'eau : $\rho = 1$ kg / L

a. Calcule la puissance thermique reçue par l'eau lorsque la piscine est en plein soleil.

b. Quelle est l'énergie reçue par l'eau entre 14 h et 16 h ?

c. Calcule l'élévation de température de l'eau entre 14 h et 16 h et conclus.

23 Quel est le bilan énergétique d'un moteur électrique ?

Activité expérimentale

Si tu ne comprends pas certains des mots utilisés dans cette activité, demande à ton professeur ou consulte le Dico, p. 142.

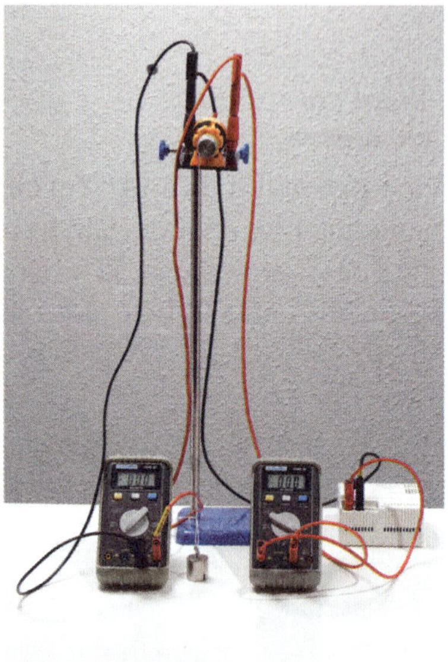

Fig. 1 Montage expérimental

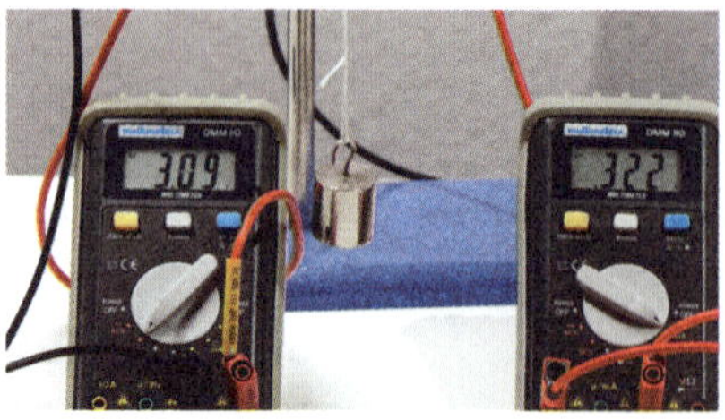

Fig. 2 Mesure de la tension et de l'intensité

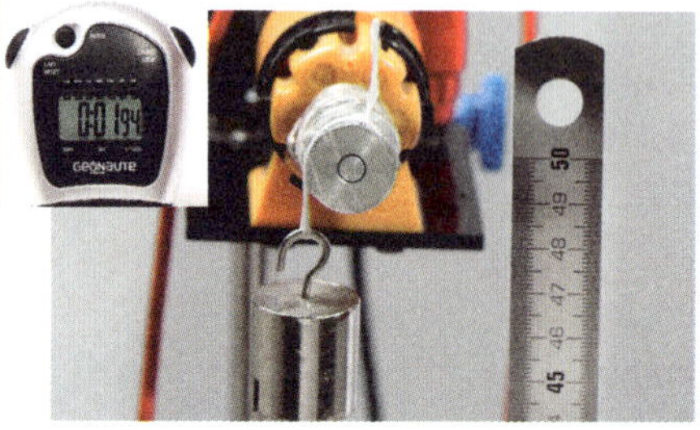

Fig. 3 Mesure de la hauteur de la masse et de la durée

Expérimente

- Réalise un circuit comportant un générateur de tension continue, un ampèremètre et un moteur fixé en hauteur à un support. Branche un voltmètre aux bornes du générateur.
- Accroche une masse de 100 g au bout du fil relié au moteur. Ferme le circuit et déclenche en même temps le chronomètre (Fig. 1).
- Mesure la tension et l'intensité (Fig. 2) lors de la montée de la masse.
- Arrête le chronomètre quand la masse atteint le moteur. Mesure la hauteur de la masse par rapport à la paillasse (Fig. 3).

Observe

Fais attention !

Vérifie si le fil reliant la masse au moteur est tendu au moment où est déclenché le chronomètre.

1. Que vaut la tension U aux bornes du moteur ? L'intensité I traversant le moteur ?

....

2. Quelle durée Δt est nécessaire au moteur pour lever la masse ?

....

3. À quelle hauteur h se situe la masse une fois levée ?

....

Interprète

4. Calcule l'énergie électrique reçue par le moteur.

....

5. Calcule l'énergie mécanique ΔE_m nécessaire pour faire monter la masse avec $\Delta E_p = m \cdot g \cdot h$.

....

....

....

6. Déduis-en la valeur des pertes énergétiques du moteur électrique.

....

....

....

Rédige ta conclusion

....

....

....

L'essentiel à compléter

- Une partie de l'énergie électrique .... par un moteur est transférée sous forme d'énergie mécanique correspondant à de l' .... utile.
- L'autre partie est dissipée sous forme de pertes énergétiques (pertes thermiques, par frottements,…).
- Le bilan énergétique d'un système peut être représenté de la manière suivante :

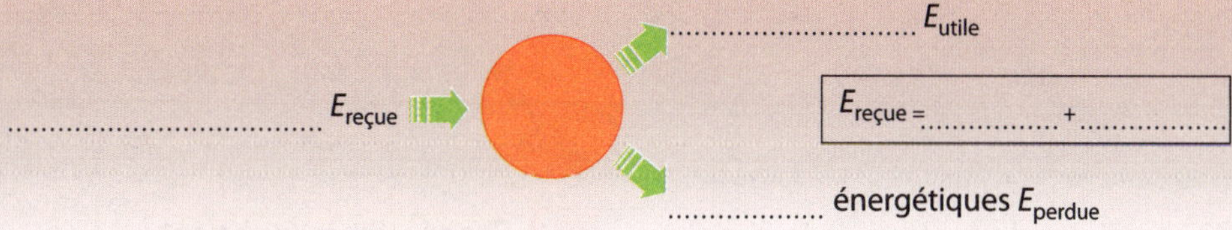

As-tu compris l'essentiel ?

1 Vrai ou faux ?

Coche la réponse correcte et corrige les phrases fausses.

a. L'énergie utile est plus grande que l'énergie reçue par un système.

☐ Vrai ☐ Faux

....

....

b. Quand le bilan énergétique d'un système est réalisé, il y a conservation de l'énergie.

☐ Vrai ☐ Faux

....

....

c. Un moteur convertit de l'énergie mécanique en énergie électrique.

☐ Vrai ☐ Faux

....

....

2 Relie

Relie le type d'énergie avec la formule correspondante.

$E_{électrique}$ •	• $U \cdot I \cdot \Delta t - m \cdot g \cdot h$
E_{pertes} •	• $m \cdot g \cdot h$
$E_{potentielle}$ •	• $U \cdot I \cdot \Delta t$

3 Complète le schéma

Complète le schéma du bilan énergétique suivant avec le type d'énergie correct :

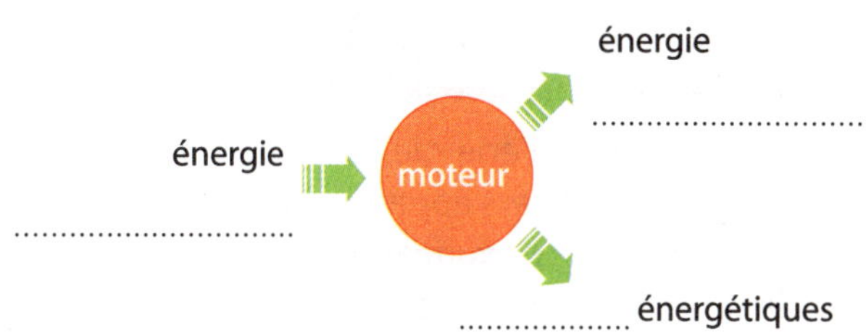

4 Fais le bon choix

Le graphique suivant correspond au bilan énergétique d'un système.

Coche la proposition ⓐ, ⓑ ou ⓒ correspondant à l'énergie reçue par le système.

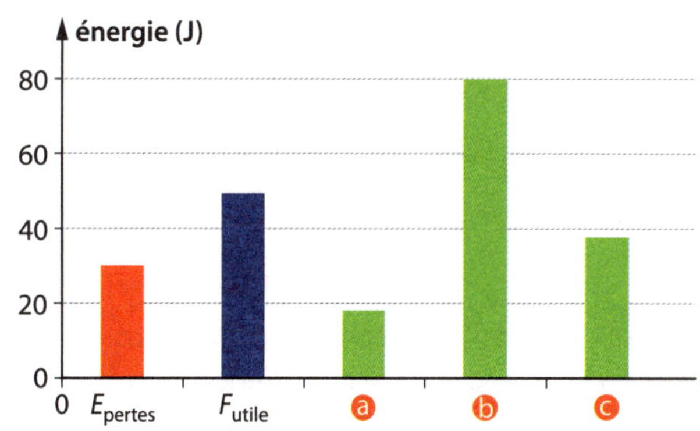

ⓐ ☐ ⓑ ☐ ⓒ ☐

5 Bilan en kit*

D4 Développer des modèles simples ○ I ○ F ○ S ○ TB

Sarah assemble un meuble en kit avec une visseuse électrique. Caractéristiques du moteur :
$P_{élec} = 285$ W
et $P_{utile} = 170$ W.

Elle met 4,0 s pour rentrer une vis dans le bois.

a. De quel type est la puissance utile développée par le moteur ?

b. Après avoir rentré plusieurs vis, Sarah constate que la visseuse chauffe. Pourquoi ?

c. Fais le bilan énergétique du moteur de la visseuse pour rentrer une vis.

6 Chaleur sous les toits*

D3-D5 Considérer l'énergie de façon responsable ○ I ○ F ○ S ○ TB

Dans une maison, l'énergie reçue sert à alimenter le chauffage et les divers appareils électriques. Si l'isolation n'est pas assez performante, une partie de l'énergie est dissipée, notamment au niveau de la toiture.

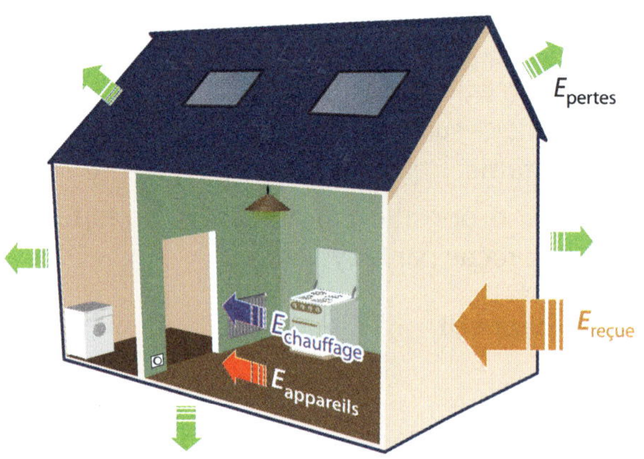

a. Écris le bilan énergétique de la maison.

b. Si l'isolation est améliorée, quelle est la conséquence concernant la consommation d'énergie de la maison ?

c. La majorité des matériaux de construction et rénovation portent l'indication de la résistance thermique R_{th}. Elle traduit la capacité du matériau à s'opposer au passage de la chaleur.

Une famille souhaite refaire l'isolation de la toiture de sa maison. Quel matériau devrait-elle choisir dans le tableau suivant ? Justifie.

Matériau	R_{th} pour 10 cm de matériau
paille	2,13
liège	2,78
textile recyclé	2,56

7 Prends des initiatives*

D4 Mettre en œuvre des démarches propres aux sciences ○ I ○ F ○ S ○ TB

Mathieu souhaite faire installer 6 panneaux solaires sur le toit de sa maison afin de réaliser des économies. Les documents suivants sont extraits de la documentation fournie par le fabricant.

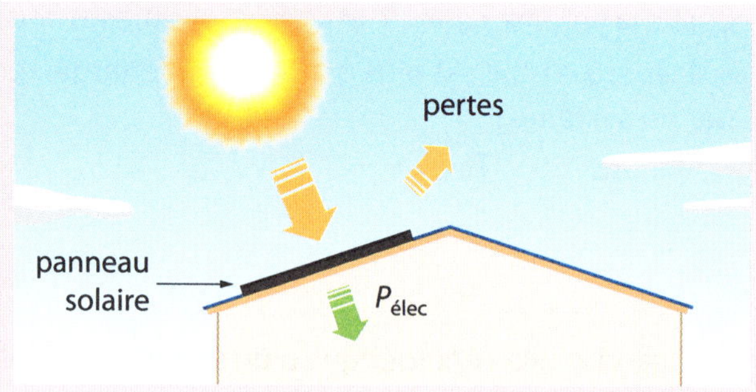

- Surface d'un panneau : $S_p = 0{,}85\ m^2$
- Tension nominale d'un panneau : $U = 12$ V
- Puissance du rayonnement solaire : $P_{sol} = 1\,000\ W/m^2$
- Un panneau solaire convertit 15 % de la puissance reçue en puissance utile.

Avec cette installation, de quelle puissance électrique Mathieu pourra-t-il disposer gratuitement chez lui ?

8 Freinage d'urgence★★

D3-D5 Réinvestir la sécurité de façon responsable ○ I ○ F ○ S ○ TB

Un chien surgit sur la route et un automobiliste roulant à 50 km/h freine d'urgence. L'énergie cinétique du véhicule est alors absorbée par les freins sous forme de chaleur. L'énergie cinétique du conducteur est, quant à elle, absorbée par la ceinture de sécurité.

Masse du véhicule : $m_v = 980$ kg
Masse du conducteur : $m_c = 75$ kg
Énergie thermique du système de freinage : $E_{th} = \alpha \cdot \Delta t°$ avec $\alpha = 650$ J/°C et $\Delta t°$ l'élévation de température des freins en °C.

a. Calcule l'énergie absorbée par la ceinture de sécurité.

b. Qu'advient-il de l'énergie cinétique du conducteur s'il ne porte pas sa ceinture de sécurité ?

c. Calcule l'élévation de température au niveau du système de freinage.

9 La physique autour de nous★★★

D2 Utiliser des outils de modèles numériques ○ I ○ F ○ S ○ TB

Sam veut faire cuire des pâtes. Il verse 1,0 L d'eau dans une casserole et la place sur une plaque électrique de puissance 1,5 kW.
Après 3,0 minutes, l'eau initialement à 20 °C a atteint une température de 60 °C.
60 % de l'énergie fournie par la plaque de cuisson sert à chauffer l'eau et 25 %, la casserole.

La variation de température est proportionnelle à la chaleur reçue.

a. Écris le bilan énergétique de la plaque de cuisson.

b. Calcule l'énergie fournie par la plaque de cuisson en 3,0 minutes.

c. Combien de temps doit fonctionner la plaque pour que l'eau bouille ? Quelle est alors l'énergie reçue par l'eau ?

10 Conversions d'énergies en cascade★★★

D1 Comprendre des documents scientifiques ○ I ○ F ○ S ○ TB

Un ingénieur automobile cherche à réduire la consommation d'essence d'un véhicule. Il doit donc connaître le lien entre l'énergie cinétique du véhicule et l'énergie chimique apportée par l'essence. Le document suivant représente la chaîne énergétique simplifiée d'un véhicule à essence.

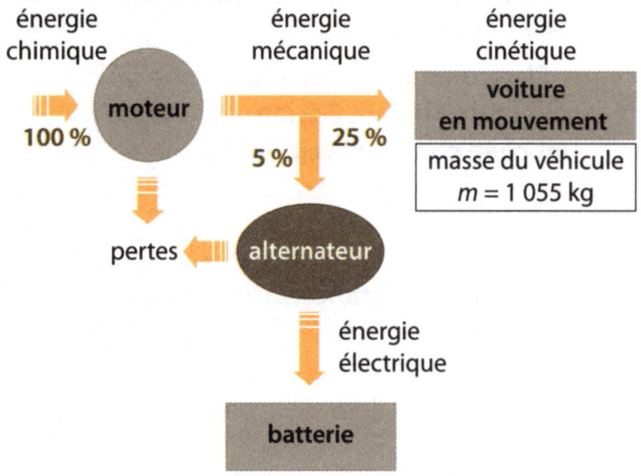

a. Calcule l'énergie chimique nécessaire pour que le véhicule roule à 90 km/h.

b. Quel pourcentage d'énergie est dissipé par le moteur ?

24 Comment mesurer une distance grâce aux ultrasons ?

Activité expérimentale

Si tu ne comprends pas certains des mots utilisés dans cette activité, demande à ton professeur ou consulte le Dico, p. 142.

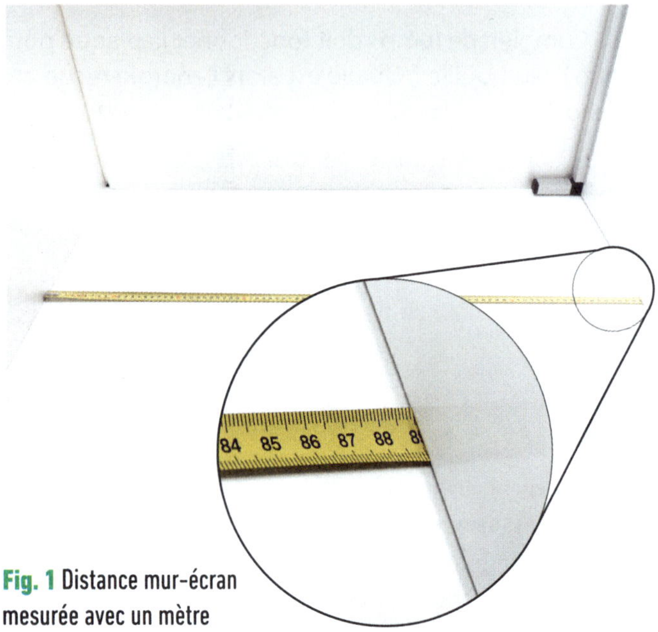

Fig. 1 Distance mur-écran mesurée avec un mètre

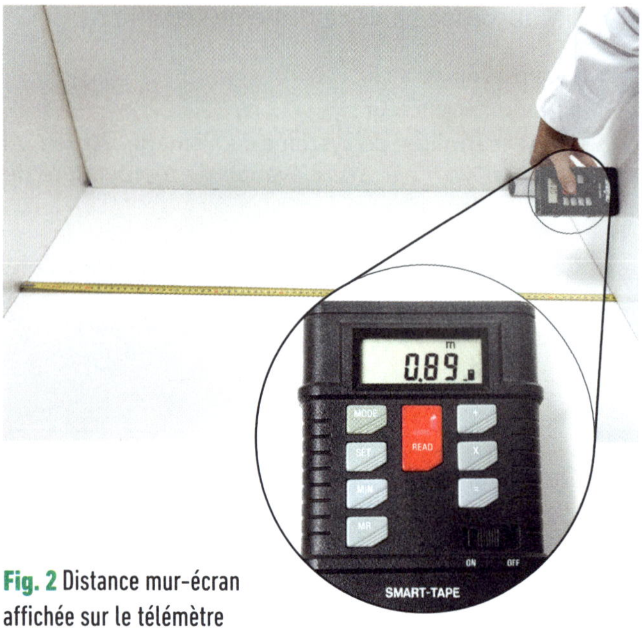

Fig. 2 Distance mur-écran affichée sur le télémètre

Expérimente

- Place un écran face à un mur. Mesure, la distance entre le mur et l'écran (**Fig. 1**).
- Place un télémètre à ultrasons contre l'écran et pointe-le en direction du mur. Déclenche le télémètre et relève la distance affichée par l'appareil (**Fig. 2**).

Fais attention !

Maintiens le télémètre à ultrasons immobile lors du déclenchement, afin d'éviter les erreurs de mesure.

Observe

1. Quelle est la distance entre le mur et l'écran mesurée avec le mètre ?

....

2. Quelle est la valeur de la distance entre le mur et l'écran affichée sur le télémètre à ultrasons ?

....

Interprète

3. Un télémètre à ultrasons émet un signal sonore et le réceptionne après réflexion sur un obstacle. Quel trajet parcourt le signal sonore émis par le télémètre ?

....

4. La vitesse de propagation des ultrasons dans l'air est d'environ 340 m/s. Quelle est alors la durée mesurée par le télémètre à ultrasons ?

....

....

Rédige ta conclusion

....

....

....

....

....

L'essentiel à compléter

- Les **ultrasons** sont des ondes sonores inaudibles pour l'oreille humaine. Leur .... de propagation dans l'air est d'environ 340 m/s.
- Le télémètre à ultrasons mesure une distance en utilisant la .... des ondes ultrasonores.
- Le télémètre à ultrasons utilise la .... entre l'émission et la réception du signal sonore pour calculer la .... entre le télémètre et l'obstacle. La relation utilisée est : ....

As-tu compris l'essentiel ?

1 Vrai ou faux ?

Coche la réponse correcte et corrige les phrases fausses.

a. Un télémètre à ultrasons mesure une durée et calcule une distance. ☐ Vrai ☐ Faux

....

....

b. Pour effectuer une mesure, le signal sonore émis par le télémètre à ultrasons doit être absorbé par l'obstacle.
☐ Vrai ☐ Faux

....

....

2 Trouve les erreurs

Indique les trois erreurs commises lors de l'expérience schématisée ci-après.

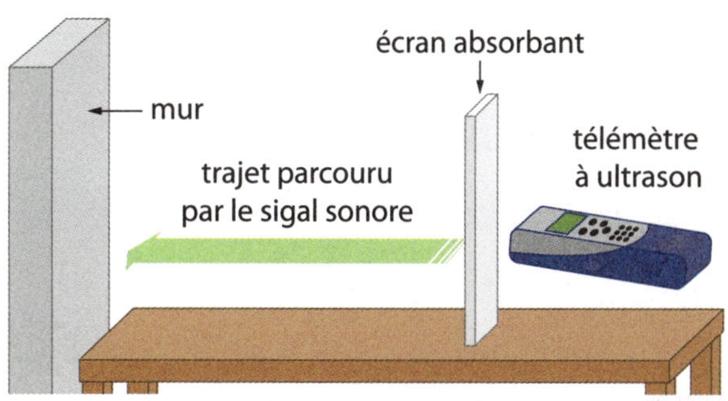

....

....

....

3 Relie

Voici trois appareils et trois grandeurs à mesurer.
Relie chaque appareil à la grandeur qu'il peut mesurer.

télémètre à laser	règle graduée	télémètre à ultrasons

dimensions d'une chambre	distance Terre-Lune	dimensions d'une feuille

4 Remets dans l'ordre

Place les étiquettes dans l'ordre pour former une phrase correcte.

la durée Δt | entre | la réception | Le télémètre à ultrasons | du signal. | l'émission | mesure | et

....

....

....

5 Bien garé*

D4 Interpréter des résultats expérimentaux ◯I ◯F ◯S ◯TB

Un véhicule est équipé de radars d'obstacles. Ces capteurs émettent des ultrasons se réfléchissant à la rencontre d'un obstacle et mesurent la durée de l'aller-retour entre le véhicule et l'obstacle.

Dans la situation suivante, 3 durées sont mesurées par les radars. Complète le tableau et justifie tes calculs.

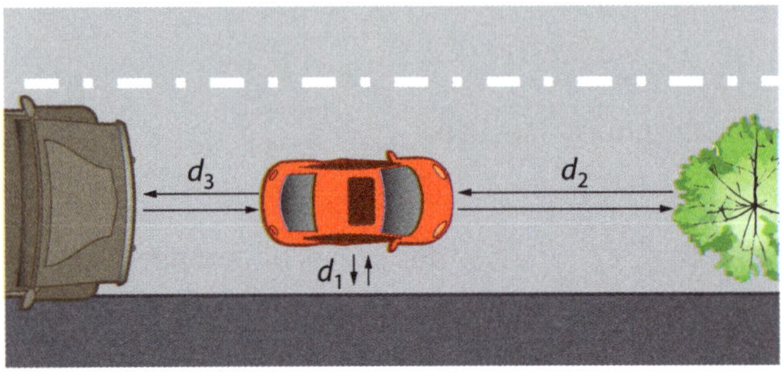

Δt (ms)	1,00	7,35	4,24
Distance (m)	....	....	....
Obstacle	....	....	....

....

....

....

....

....

....

....

6 Une pièce encombrée*

D4 Argumenter ◯I ◯F ◯S ◯TB

Avant de faire des travaux dans son salon représenté ci-dessous, Thomas souhaite connaître les dimensions exactes de la pièce. Il se place dans un coin de la pièce et, muni d'un télémètre à ultrasons, il effectue les mesures. Il obtient la mesure de la largeur de la pièce mais le télémètre affiche une valeur visiblement fausse pour la mesure de la longueur.

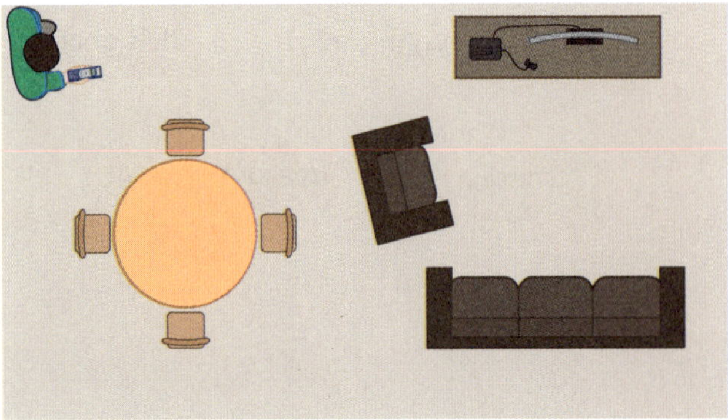

a. Pourquoi Thomas n'arrive-t-il pas à mesurer correctement la longueur de son salon ?

....

....

....

b. Dessine sur le plan l'endroit où il pourrait se placer pour effectuer une mesure correcte.

7 La physique autour de nous*

D2 Utiliser des outils de modèles numériques ◯I ◯F ◯S ◯TB

Lors d'une échographie prénatale, une sonde à ultrasons est placée sur le ventre de la future mère. Cette sonde fonctionne selon le même principe qu'un télémètre à ultrasons. L'échographie permet, dans la situation suivante, de mesurer la taille du fœtus :

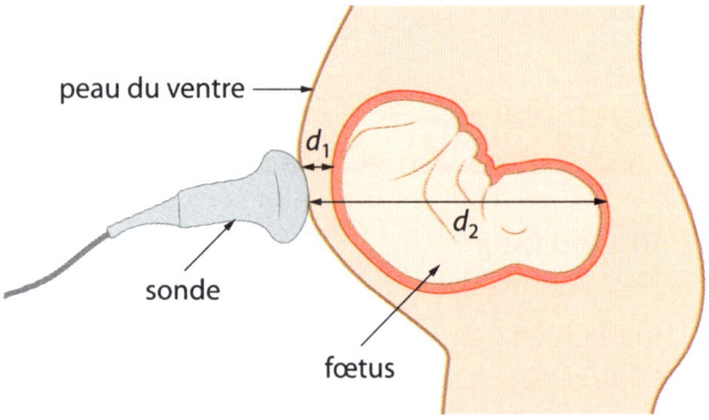

La vitesse de propagation des ultrasons dans le corps humain est d'environ 1 500 m/s.
Durée de l'aller-retour entre la sonde et la paroi la plus proche du fœtus : $\Delta t_1 = 3{,}0 \times 10^{-5}$ s.
Durée de l'aller-retour entre la sonde et la paroi la plus éloignée du fœtus : $\Delta t_2 = 3{,}4 \times 10^{-4}$ s.

a. Calcule la distance d_1.

....

....

b. Calcule la distance d_2.

....

....

c. Déduis-en la taille du fœtus.

....

....

8 SOund Navigation And Ranging**

D1 Comprendre des documents scientifiques ◯I ◯F ◯S ◯TB

A sonar is a device that uses sound propagation in water to detect and locate objects underwater. It transmits an ultrasonic pulse that is then reflected

by the obstacles it encounters (fishes, rocks...) and then received by the sonar.
The distance between the sonar and the obstacle is calculated using:
- the measurement of the duration between emission and reception of ultrasound;
- the sound propagation speed in water, approximately equal to 1,500 meters per second.
The sonar is used in various fields:
- fishing: sonar allows fish school detection ;
- navigation: the device measures depth of seas and rivers ;
- navy: sonar is used to detect submarines or to guide torpedoes towards their target.

a. Quelle est la vitesse de propagation des ultrasons dans l'eau ?

....

....

b. Quelle grandeur mesure un sonar ?

....

....

c. À quelle distance se trouve un obstacle pour lequel la durée du retour du signal est 0,60 s ?

....

....

d. Dans quels domaines le sonar est-il utilisé ?

....

....

9 Travail de précision★★★

D4 Mettre en œuvre des démarches propres aux sciences ○I ○F ○S ○TB

Un ouvrier mesure, avec un télémètre à ultrasons, les dimensions d'un local à rénover. Il obtient les résultats suivants :

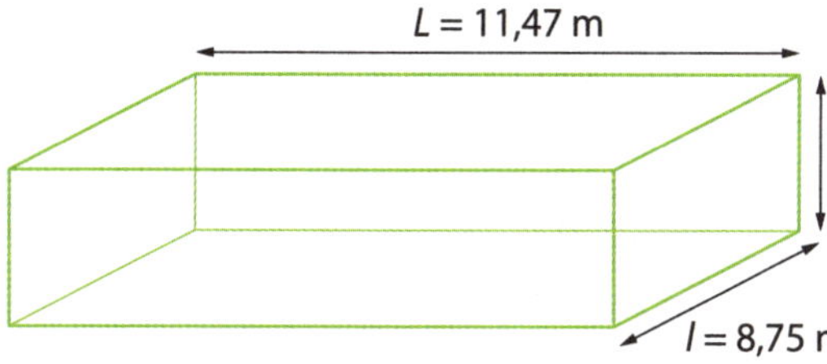

Sur le télémètre, l'ouvrier lit l'inscription suivante : « précision de mesure ± 0,5 % ».

a. Calcule la précision pour chaque dimension du local, puis complète le tableau en utilisant un encadrement.

....

....

....

Hauteur (m)	....
Longueur (m)	....
Largeur (m)	....

b. L'ouvrier doit peindre les murs du local. Chaque pot de peinture permet de couvrir une surface de 17 m^2. Combien de pots doit-il prévoir ?

....

....

....

....

....

10 Prends des initiatives★★★

D4 Tirer des conclusions ○I ○F ○S ○TB

La plupart des chauves-souris sont capables de s'orienter dans l'obscurité grâce aux ultrasons. En effet, elles émettent, plusieurs fois par seconde, des signaux ultrasonores. Ces signaux, à la rencontre d'un obstacle ou d'une proie, sont réfléchis vers la chauve-souris. Celle-ci peut alors changer de direction, son temps de réaction étant d'environ 0,10 s.

Une chauve-souris vole à une vitesse de 25 km/h et émet des cris toutes les 0,033 s. Elle émet un premier signal ultrasonore alors qu'elle se trouve à 1,2 m d'un obstacle.

Après le deuxième cri, a-t-elle le temps d'éviter l'obstacle ?

....

....

....

....

....

....

....

....

....

Tâche complexe

1 La planète Kepler-452b

EPI Croisements entre enseignements
Sciences, technologie et société
Physique & SVT

Contexte

Le jeudi 23 juillet 2015, les Américains ont officialisé la découverte de la planète Kepler-452b, détectée grâce au satellite Kepler. Elle est située dans la constellation du Cygne à 1 400 années-lumière de la Terre. C'est la première planète observée, apparemment rocheuse et habitable, en orbite autour d'une étoile de type solaire.

Question À quelle altitude, une hypothétique sonde pourrait-elle prendre des images de la planète Kepler 452-b, pour s'assurer de la présence de roches et d'eau liquide propice à la vie ?

Documents

DOC. 1 Points communs entre la Terre et Kepler-452b

Comme la Terre, Kepler-452b tourne en orbite autour de son étoile, mais avec une période de révolution de 385 jours.

La Terre a un diamètre de 12 756 km, celui de Kepler-452b est 60 % plus grand.

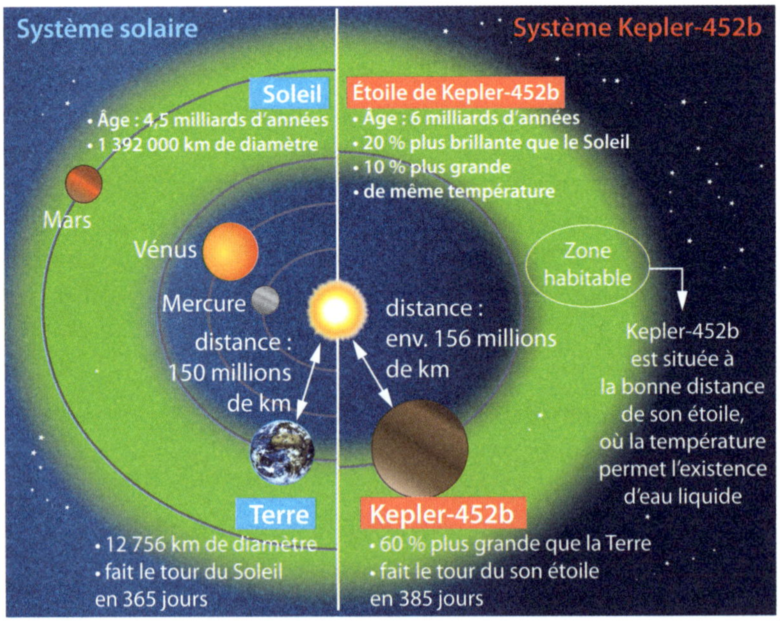

DOC. 2 Planète habitable ou pas ?

Avant de penser utiliser la planète Kepler-452b (vue d'artiste ci-contre) comme planète habitable pour l'être humain, il est nécessaire d'évaluer sa masse, d'être sûr que la planète est rocheuse et non gazeuse, et de s'assurer de la présence d'eau liquide indispensable à la vie.

Une sonde pourrait vérifier tout cela. Elle se placerait en orbite autour de la planète Kepler-452b à une vitesse constante identique à celle qu'elle aurait autour de la Terre, soit 3,0 km/s.

DOC. 3 Quelques données pour un satellite géostationnaire

Un satellite géostationnaire est un satellite artificiel, placé à une altitude de 35 874 km.

Il semble fixe pour un observateur immobile à la surface terrestre.

Il tourne autour de la Terre, dans le sens de rotation de la Terre, avec une vitesse de 3,074 km/s.

Du fait que ce satellite reste constamment au-dessus d'un même point de la Terre, il est très utile pour les communications et pour l'observation de la surface terrestre.

Tâche complexe 2 Les dangers de l'électrocution

EPI
Croisements entre enseignements
Corps, santé, bien-être et sécurité
Physique & SVT

Contexte

L'électrocution fait partie des risques liés à l'utilisation de l'énergie électrique.
En France, chaque année, elle est responsable d'environ 200 décès et 4 000 électrisations entraînant handicaps et séquelles graves.

Une électrocution présente essentiellement trois risques graves :
- le blocage musculaire peut entraîner la projection de la victime ou la tétanisation de ses muscles. La personne électrisée ne peut alors plus relâcher le contact avec le dispositif électrique ;
- la fibrillation ventriculaire désorganise complètement le rythme cardiaque et peut entraîner un arrêt cardiaque ;
- les effets thermiques provoquent des lésions tissulaires plus ou moins graves, jusqu'à des brûlures profondes, en fonction de l'intensité du courant électrique. Cela se traduit souvent par des marques de brûlures aux points d'entrée et de sortie du courant électrique.

Les conséquences d'une électrocution pour une personne mouillée par la pluie, par une douche ou un bain sont encore plus importantes.

Question Pourquoi, lorsqu'une personne est mouillée, les dégâts causés par une électrocution peuvent-ils être plus importants ?

Documents

DOC. 1 La résistance électrique du corps humain

Le corps humain, composé de beaucoup d'eau (65 % en moyenne), est conducteur du courant électrique. Si une personne est soumise à une tension électrique, par exemple entre sa main gauche et sa main droite, ou entre sa main et le sol, un courant électrique va traverser son corps. Les dommages subis par le corps vont être d'autant plus graves que l'intensité du courant est importante.

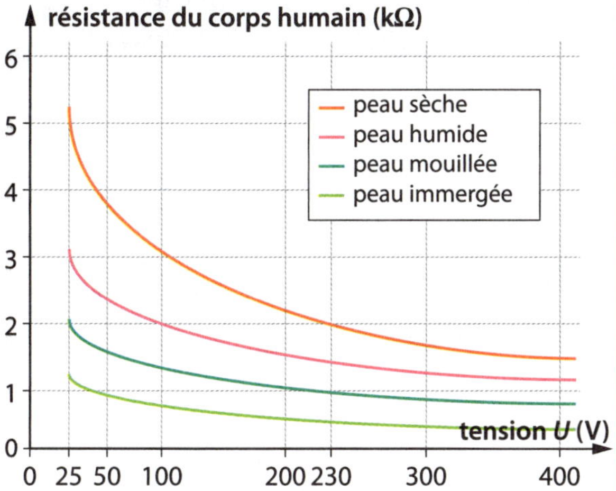

DOC. 2 Les effets du passage du courant dans le corps humain

Le passage du courant électrique dans le corps humain peut provoquer des troubles plus ou moins graves en fonction de l'intensité du courant électrique le traversant et de la durée de l'électrisation. Le seuil de non-lâcher correspond à la contraction des muscles pouvant conduire à une tétanie (impossibilité de lâcher prise).
Remarque : Ces valeurs sont des valeurs moyennes, elles peuvent varier d'un individu à l'autre selon la corpulence. Les enfants ont, par exemple, une résistance plus faible que les adultes.

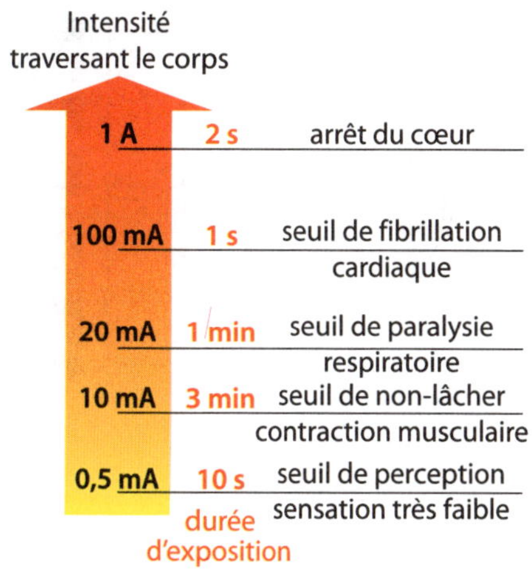

Tâche complexe

3 Une mare bien vivante

EPI
Croisements entre enseignements
Transition écologique et développement durable
Chimie & SVT

Contexte

Lucas a créé une mare au fond de son jardin. Il y a installé des poissons et un diffuseur de CO_2 pour faire des bulles. Mais, depuis six mois, la mare est envahie d'algues tenaces.

Question **Comment expliquer l'apparition des algues dans la mare ?**

Documents

DOC. 1 L'eutrophisation

L'eutrophisation est un processus biologique conduisant à l'accumulation de certains nutriments dans des milieux naturels. Elle peut être causée par une acidification du milieu et l'augmentation de certains nutriments, comme les nitrates ou les hydrogénocarbonates.

Un des effets du processus d'eutrophisation est l'apparition, puis la multiplication d'algues et de bactéries.

DOC. 2 Le dioxyde de carbone

Le dioxyde de carbone est un gaz incolore et inodore à température ambiante.

Il se dissout dans l'eau en deux étapes :

$$CO_2 + H_2O \rightarrow H_2CO_3$$
$$H_2CO_3 \rightarrow H^+ + HCO_3^-$$

HCO_3^- est l'ion hydrogénocarbonate.

DOC. 3 Tests réalisés sur l'eau de la mare

Mesure du pH il y a 6 mois

Mesure du pH aujourd'hui

DOC. 4 Mare envahie d'algues

Tâche complexe

4 Allumer le feu !

EPI
Croisements entre enseignements
Information, communication, citoyenneté
Physique & Géographie

Contexte

Loïc aperçoit les lueurs d'un feu d'artifice du 14 juillet depuis sa fenêtre à Marseille. Il entend les explosions 1 min 15 s après avoir vu les lueurs des feux.

Question De quelle ville, Cassis, La Ciotat ou Bandol est tiré le feu d'artifice ?

Documents

DOC. 1 **Carte de la région marseillaise** (échelle : 3 cm ↔ 1 km)

DOC. 2 **La vitesse de la lumière**

La valeur de la vitesse de la lumière dépend du milieu qu'elle traverse ; dans l'air et dans le vide elle vaut environ 3×10^8 m/s.

DOC. 3 **Feu d'artifice**

Feu d'artifice du 14 juillet.

Thème 1 Organisation et transformations de la matière

1 La constitution et les états de la matière

Atomes, ions, molécules, élément chimique

- Toute matière est constituée à partir d'**atomes**.
- Les atomes sont **électriquement neutres**, ils sont constitués d'un **noyau** et de ***Z* électrons**.
- Le noyau comporte ***Z* protons** et ***N* neutrons**. ▶ **Fig. 1**
- Le **numéro atomique *Z*** caractérise chaque type d'atome et correspond à un élément chimique désigné par un symbole.
- Le **tableau** des éléments chimique est construite en fonction de leurs **propriétés chimiques**.

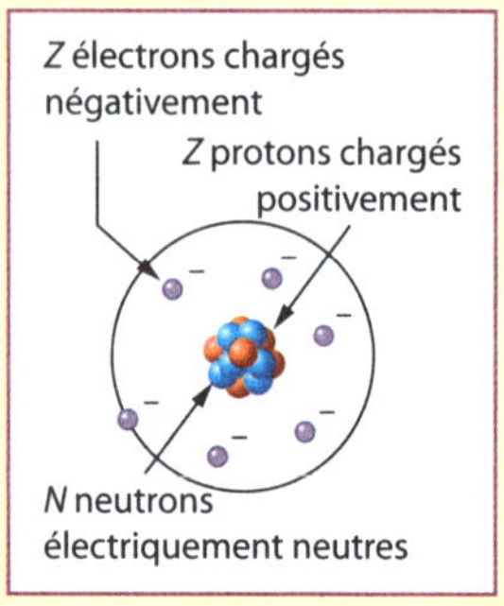

Fig. 1 Modèle de l'atome

- Les **molécules** sont formées par l'**association d'atomes**. Le nom de la molécule indique sa composition : dioxygène, dihydrogène, diazote, eau, dioxyde de carbone, méthane, protoxyde d'azote. ▶ **Fig. 2**
- Les **ions** monoatomiques ont le même numéro atomique *Z* que l'atome correspondant, mais des nombres d'électrons différents. Ils conservent le même symbole chimique que l'atome correspondant.

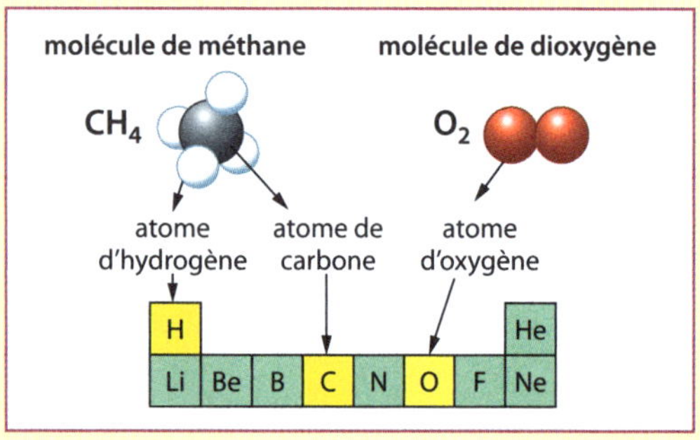

Fig. 2 Constitution des molécules

Exemples : Na^+ a un électron de moins que l'atome de sodium.
Cl^- a un électron de plus que l'atome de chlore.

Corps purs, mélanges

- Un **corps pur** est constitué par un seul type d'entités constituées d'atomes ou de molécules.
- Les **mélanges**, **homogènes** ou **hétérogènes**, sont constitués par la juxtaposition de plusieurs corps purs.
- L'air est un mélange formé d'approximativement **20 %** ou **1/5e** de **dioxygène** et de **80 %** ou **4/5e** de **diazote**. ▶ **Fig. 3**

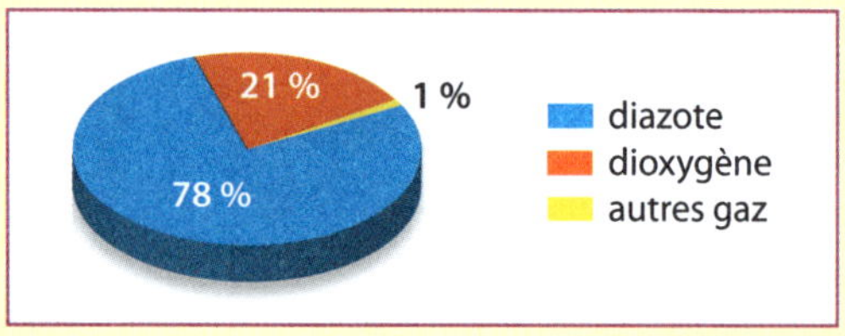

Fig. 3 Composition de l'air

Masse volumique

- La **masse volumique** ρ caractérise la masse d'un matériau par unité de volume.

Elle est spécifique à chaque corps pur et permet de l'identifier : $\rho = \frac{m}{V}$ en kg/m³.

- La masse volumique diminue si la température augmente.

2 Les transformations de la matière

Transformations physiques

- Au cours d'une transformation physique, la nature des particules n'est pas modifiée.

Changements d'état

- Un changement d'état est une transformation physique au cours de laquelle un corps change d'aspect. Les constituants changent d'arrangement. ► Fig. 4

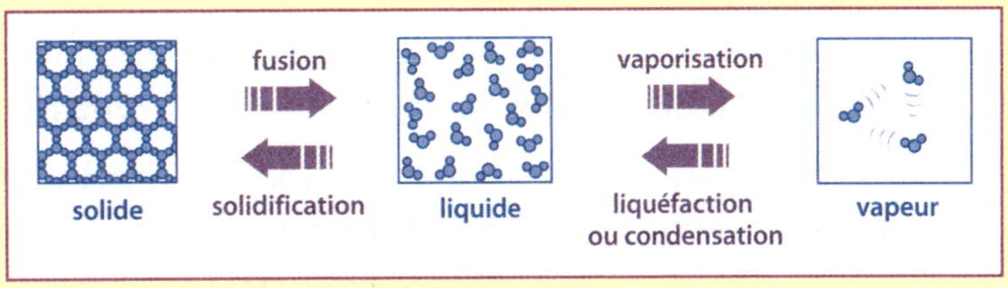

Fig. 4 Les différents changements d'état

- Lors d'un changement d'état, **la masse se conserve**.
- Les changements d'état d'un corps pur se produisent à des **températures caractéristiques**.
- À l'état microscopique, les changements d'état se traduisent par des modifications de structure.
- Dans un solide, les molécules sont liées.
- À l'état liquide et gazeux, elles sont quasiment libres.

Dissolution – Solutions – Solubilité

- Une **solution** est obtenue par dissolution d'un **soluté** dans un **solvant**. ► Fig. 5
- L'eau peut contenir des gaz dissous comme le dioxyde de carbone. Ce gaz est mis en évidence par le test à l'eau de chaux.
- Dans une **solution saturée**, la **solubilité** (en g/L) est atteinte.
- La masse de la solution est égale à la somme des masses du soluté et du solvant. **La masse se conserve lors d'une dissolution**.
- Deux liquides se mélangeant en n'importe quelle proportion sont dits **miscibles**.

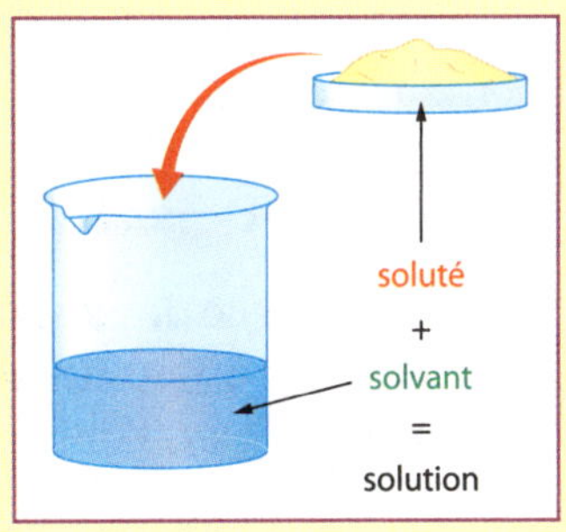

Fig. 5 Solutions

Transformations chimiques

- Au cours d'une transformation chimique, des particules de **réactifs disparaissent** et des particules de **produits se forment** à partir des atomes des réactifs. Il s'agit d'une **redistribution des atomes**. ► Fig. 6

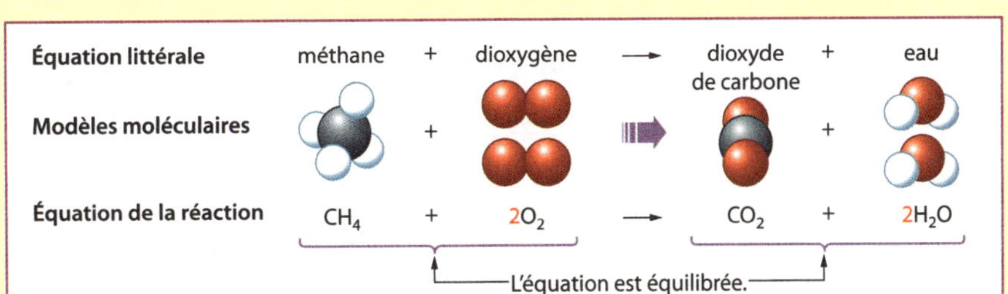

Fig. 6 Interprétation et écriture d'une équation de réaction

- Au cours de la transformation chimique, **le nombre et la nature des atomes sont inchangés** et **la masse se conserve**.
- La combustion dans l'air des composés organiques (charbon, pétrole, gaz…) produit du **dioxyde de carbone** et de l'**eau**, ces gaz participent à l'**effet de serre**.

Propriétés acido-basiques (solutions acides, basiques ou neutres)

- Le caractère **acide** ou **basique** d'une solution dépend des proportions des ions **hydrogène H^+** et **hydroxyde HO^-**.
- Il est mesuré par le **pH**. Une solution acide a un **pH < 7**, tandis qu'une solution basique a un **pH > 7**. ▶ **Fig. 7 et 8**
- Les solutions acides réagissent avec les solutions basiques avec dégagement d'**énergie thermique** : $H^+ + HO^- \rightarrow H_2O$
- La **corrosion** des métaux est favorisée par la présence d'eau et/ou d'un milieu acide.

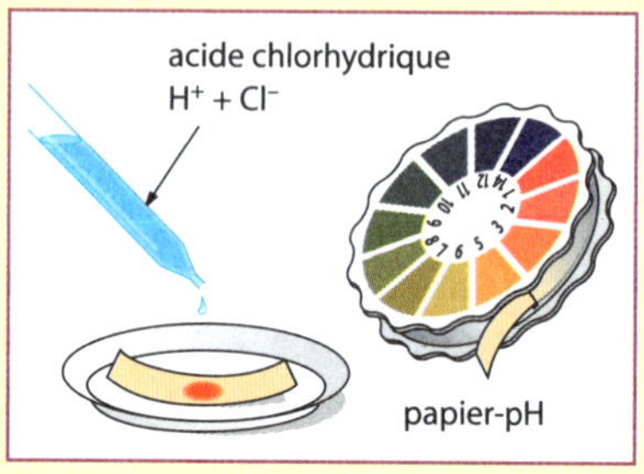

Fig. 7 Mesure du pH

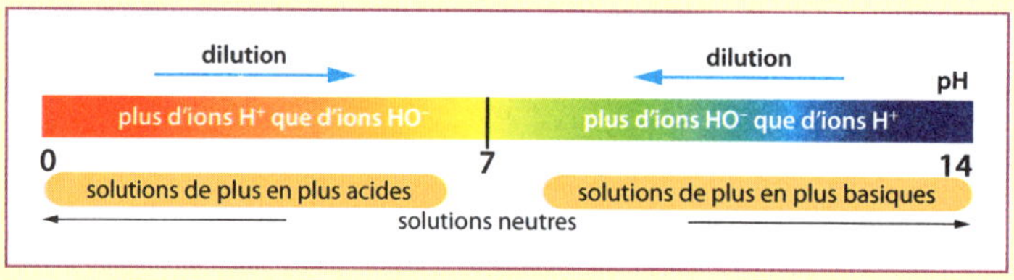

Fig. 8 Acidité et pH

3 Organisation de la matière dans l'Univers

- L'échelle des distances dans l'Univers s'étend de **l'infiniment petit à l'infiniment grand**. Du noyau des atomes aux étoiles et aux galaxies, **les éléments chimiques sont les mêmes** partout dans l'Univers, ainsi que les lois auxquelles obéit la matière. ▶ **Fig. 9**

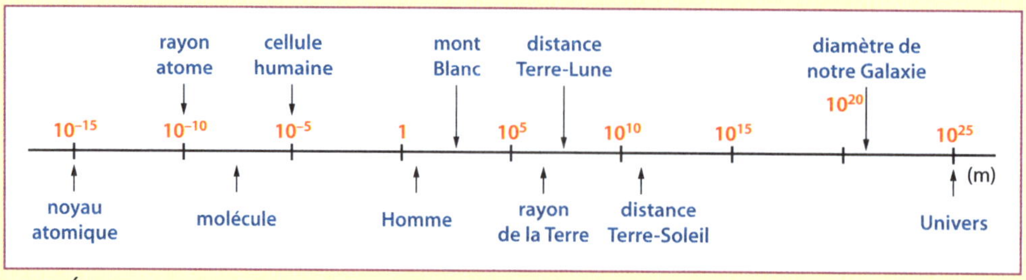

Fig. 9 Échelle des distances et dimensions dans l'Univers

- L'Univers évolue dans sa **composition**, ses **échelles** et son **organisation**.

Thème 2 Mouvements et interactions

1 Caractéristiques d'un mouvement

• La description du mouvement d'un mobile nécessite le choix d'un **référentiel**.

• La **vitesse** du mobile a pour valeur le quotient de la distance *d* parcourue par la durée de parcours Δt :

$$v = \frac{d}{\Delta t} \text{ en m/s}$$

• La vitesse est caractérisée par une **direction**, un **sens** et une **valeur**. Elle est représentée par un segment fléché. ► **Fig. 10**

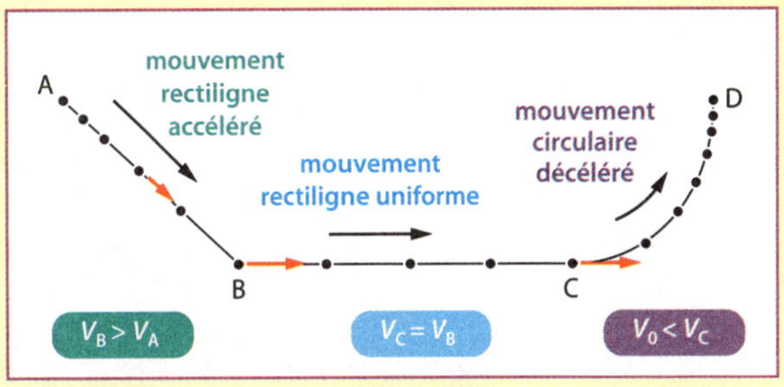

Fig. 10 Différents types de mouvements

2 Interactions et forces

• Une **action** mécanique d'un objet A sur un objet B se manifeste par ses effets. L'action étant réciproque, il y a **interaction** entre A et B.

• Le **diagramme objet-interactions** représente l'ensemble des interactions s'exerçant sur l'objet étudié. ► **Fig. 11**

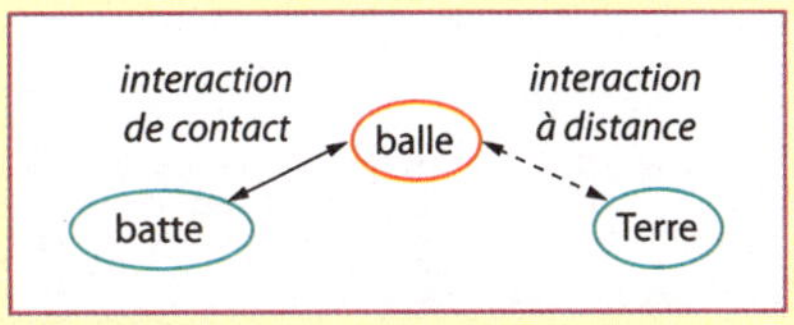

Fig. 11 Diagramme objet-interactions

• Une action mécanique est modélisée par une **force** $\vec{F}$ caractérisée par sa **direction**, son **sens**, sa **valeur** en newton (N) et son **point d'application**. ► **Fig. 12**

Fig. 12 Le vecteur force

• Un objet est en **équilibre statique** si les forces qui lui sont appliquées sont opposées. Elles se **compensent**. ► **Fig. 13**

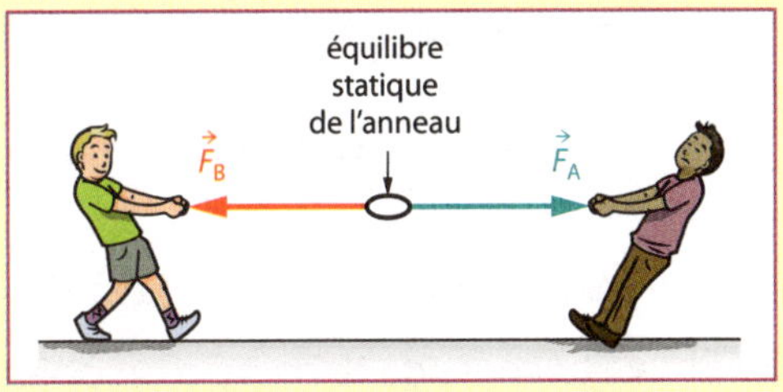

Fig. 13 Exemple d'équilibre statique à deux forces

3 Gravitation – Forces de pesanteur – Poids et masse

• Deux objets possédant une masse exercent l'un sur l'autre une interaction attractive à distance, c'est l'**interaction gravitationnelle** d'expression :

$$F = G \cdot \frac{m_A \cdot m_B}{d^2}$$

F est en newton (N), *m* est en kg et *d* en m.

G est la **constante de gravitation universelle** de valeur $6{,}67 \times 10^{-11}$ USI.

- Le **poids** $\vec{P}$ d'un corps est une force. Sa valeur se mesure avec un dynamomètre et s'exprime en newton (N). Il a pour expression :

$$P = m \cdot g$$

m est la masse du corps en kg, g est l'intensité de la pesanteur de valeur 9,81 N/kg.

- Le poids n'a pas la même valeur sur la Terre et sur la Lune.

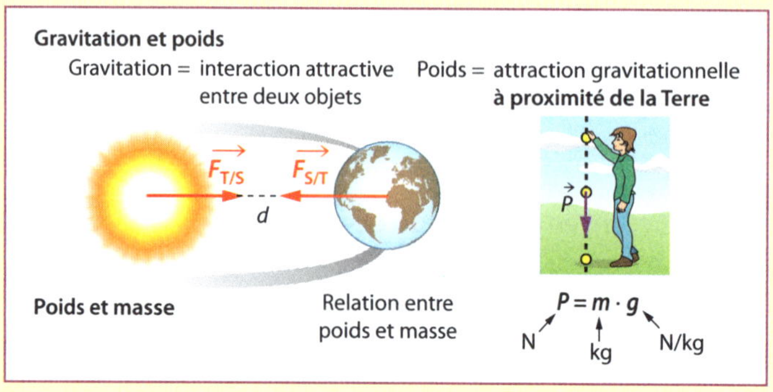

Fig. 14 Gravitation, poids et masse

Thème 3 L'énergie et ses conversions

1 Énergie mécanique d'un objet en mouvement

- Un objet de masse m en mouvement possède, du fait de sa vitesse v, de l'**énergie cinétique** E_c :

$$E_c = \frac{1}{2} m \cdot v^2 \text{ en joule (J)}$$

m est en kg et v en m/s

- Un objet de masse m possède de l'énergie liée à sa position, à son altitude h en m, c'est l'**énergie potentielle** E_p :

$$E_p = m \cdot g \cdot h \text{ en joule (J)}$$

m est en kg et g est l'intensité de la pesanteur de valeur 9,81 N/kg.

- Son énergie mécanique est $E_m = E_c + E_p$.
- Au cours de la chute d'un objet, de l'énergie potentielle est convertie en énergie cinétique. ▶ **Fig. 15**
- En l'absence de frottements, l'énergie mécanique est constante, elle se **conserve**.

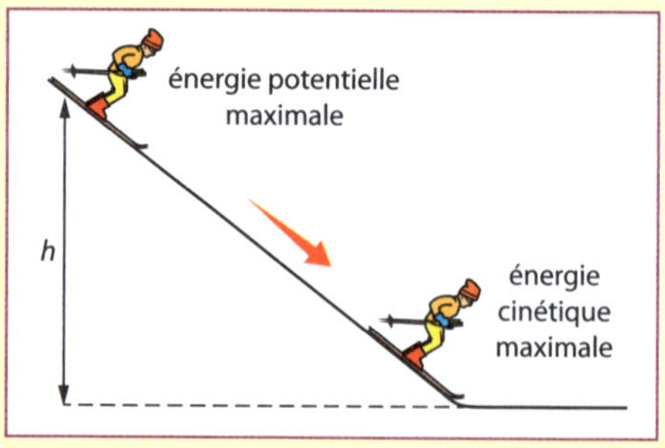

Fig. 15 Conversion d'énergie

2 Formes et conversions d'énergie

- L'énergie mesure la capacité d'un système à produire du mouvement, de la chaleur ou de la lumière.
- Unité SI : le **joule** (J).

- Une forme d'énergie peut être convertie en une autre, et transférée à un autre système. ▶ **Fig. 16**

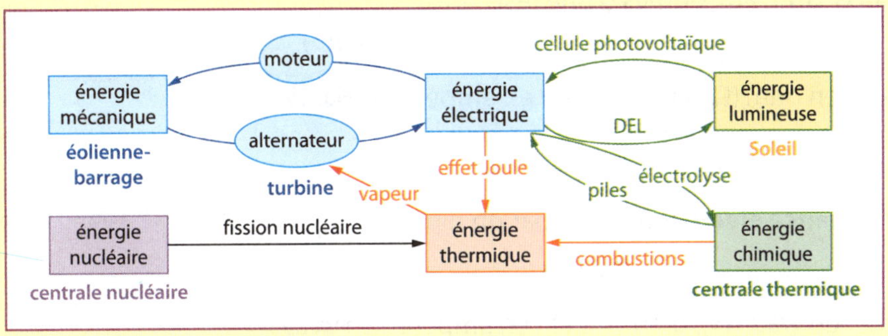

Fig. 16 Différentes formes d'énergie et leurs conversions

- La **puissance** P d'un transfert d'énergie E pendant la durée Δt est :

$$P = \frac{E}{\Delta t}$$

avec P en watt (W), E en joule (J), Δt en seconde (s).

- **Émission** et **absorption** d'un **rayonnement** sont des modes de **transfert d'énergie**.
- L'absorption du rayonnement terrestre par les gaz à **effet de serre** tend à faire augmenter la température globale de l'atmosphère.

3 Circuits électriques et lois de l'électricité

Montages électriques

- Un **circuit électrique** comporte au moins un générateur, un récepteur et des éléments de connexion.
- Les dipôles électriques sont montés en série, en dérivation, ou dans des montages mixtes.

Lois des circuits en série ▶ Fig. 17

- **Loi d'unicité de l'intensité : $I = I'$.**
- **Loi d'additivité des tensions : $U_g = U_1 + U_2$.**

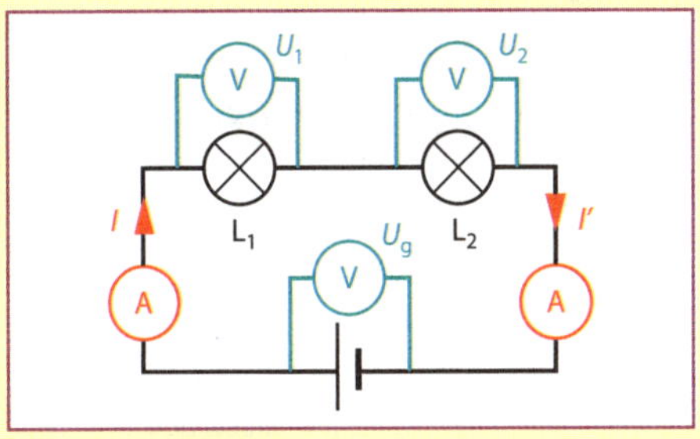

Fig. 17 Dipôles associés en série

Lois des circuits en dérivation ▶ Fig. 18

- **Loi d'unicité de la tension : $U_1 = U_2$.**
- **Loi d'additivité des intensités : $I = I_1 + I_2$.**

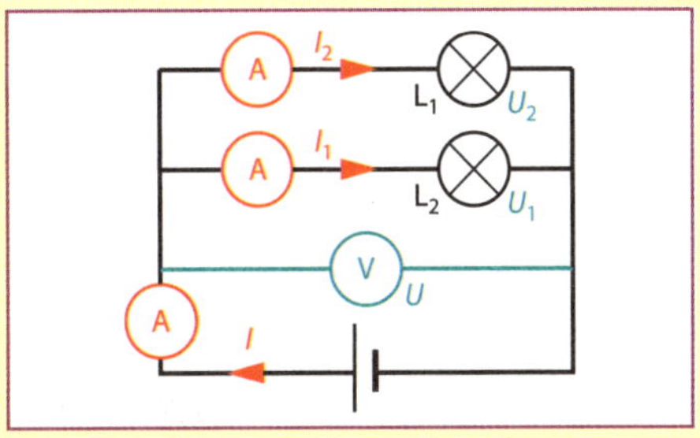

Fig. 18 Dipôles associés en dérivation

Relation tension-intensité

- **Loi d'Ohm** aux bornes d'une résistance :

$$U = R \cdot I$$

avec R en ohm (Ω), U en volt et I en ampère. ▶ **Fig. 19**

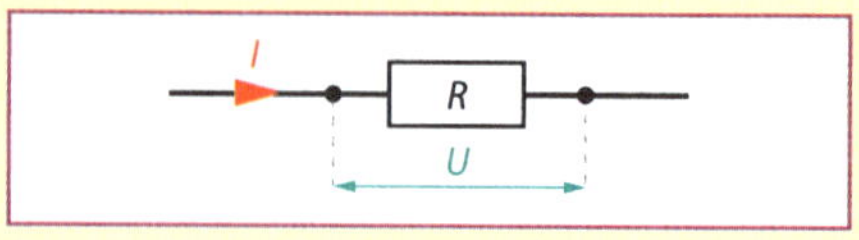

Fig. 19 Tension et intensité d'une résistance

Puissance et énergie électriques

- **Puissance électrique** reçue par un dipôle :

$$P = U \cdot I$$

avec P en watt (W), U en volt et I en ampère. ▶ **Fig. 20**

- **Énergie électrique** reçue pendant la durée Δt :

$$E = P \cdot \Delta t$$

avec E en joule (J), P en watt (W) et Δt en seconde (s).
Si E est en wattheure (Wh), P est en watt (W) et Δt en heure (h).

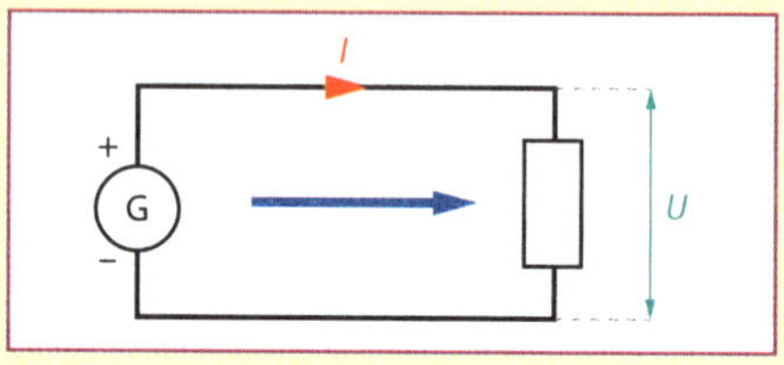

Fig. 20 Puissance électrique reçue par un dipôle d'un générateur

La tension du secteur

- Les centrales électriques produisent du courant alternatif grâce à l'utilisation d'un **alternateur**.
- La tension aux prises domestiques n'est pas continue. Elle est alternative sinusoïdale.
- Ses caractéristiques sont :

– **fréquence** : $f = 50$ **Hz** ;
– **Tension** : $U = 230$ **V**.

- La valeur élevée de la tension du secteur provoque des dangers d'**électrocution**.

4 Chaîne énergétique

- Le **bilan énergétique** d'un dispositif est représenté par le **diagramme** d'une chaîne énergétique. ▶ **Fig. 21**

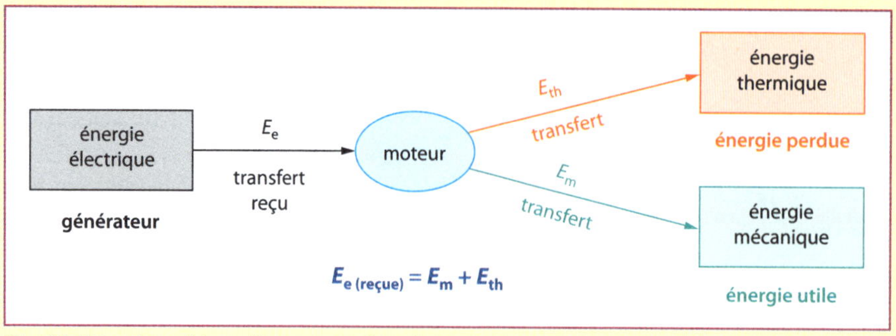

Fig. 21 Bilan énergétique d'un moteur électrique

- La conservation de l'énergie s'écrit :

$$E_e = E_m + E_{th}$$

- La combustion des moteurs à essence produit de l'énergie mécanique. En revanche, la conversion d'énergie s'accompagne aussi de dégagement de dioxyde de carbone, gaz à effet de serre.

Thème 4 Des signaux pour observer et communiquer

1 Signaux lumineux

• La lumière est produite par un objet lumineux appelé **source primaire**.

• Un **objet diffusant** est un objet renvoyant la lumière dans toutes les directions.

• Dans un milieu homogène et transparent, la lumière se **propage** en ligne droite. Son trajet est modélisé par des **rayons** lumineux. En éclairant un objet opaque, il se forme des zones d'ombre du côté opposé à la source de lumière. ► **Fig. 22**

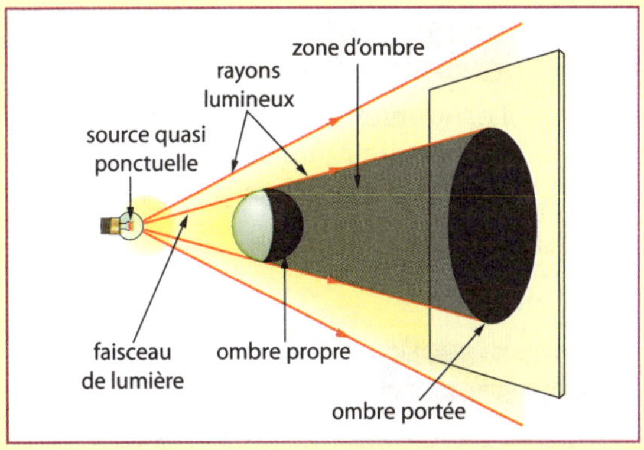

Fig. 22 Rayons lumineux et ombres

• La lumière est constituée de rayonnements possédant des énergies différentes et des fréquences en hertz (Hz) différentes. ► **Fig. 23**

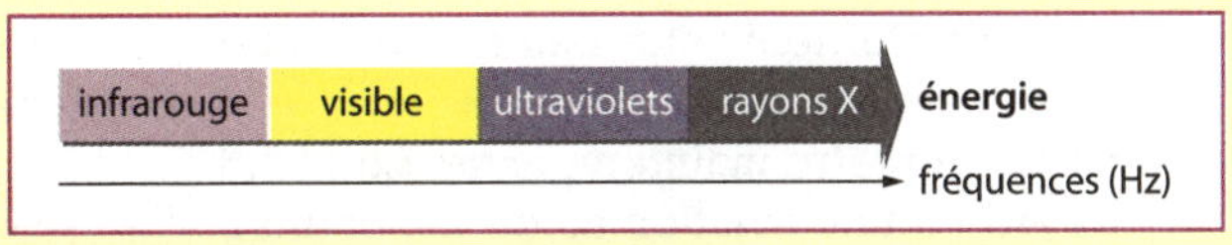

Fig. 23 Différents types de rayonnements

• La lumière se propage dans le vide à la **célérité c** ≈ $3{,}00 \times 10^8$ m/s ≈ **300 000 km/s**.

• En une année, elle parcourt une distance appelée **année-lumière**, de l'ordre de 10^{16} m.

2 Signaux sonores

• Les sons sont des vibrations ne pouvant se propager que dans un **milieu matériel**.
Un son est caractérisé par sa **fréquence** en hertz (Hz).

• L'oreille humaine ne perçoit qu'un domaine de fréquences limité, **entre 20 Hz et 20 kHz**. Ce domaine constitue les **sons audibles**. Les sons de fréquence supérieure sont appelés les **ultrasons**, les sons de fréquences inférieures les **infrasons**. ► **Fig. 24**

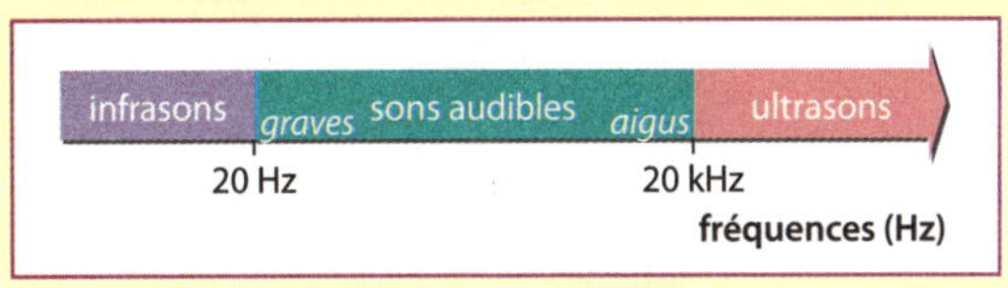

Fig. 24 Étendue des fréquences sonores

• Dans l'air, la vitesse de propagation des sons vaut environ **340 m/s**.

Mesure des distances

• Utilisant un signal lumineux ou sonore, un **télémètre** ou un **sonar** mesurent en utilisant le phénomène d'**écho** la distance entre une source et un obstacle réfléchissant. ► **Fig. 25 et 26**

lumière	son
$d = \dfrac{c \cdot \Delta t}{2}$	$d = \dfrac{v \cdot \Delta t}{2}$

Fig. 25 Mesures de distances

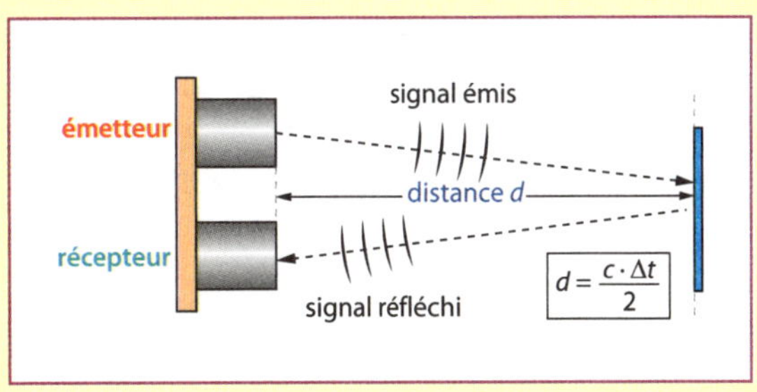

Fig. 26 Mesure d'une distance par la technique de l'écho

1 La surveillance de l'eau d'une piscine municipale

Situation

Les municipalités possédant une piscine destinée au public doivent respecter un certain nombre de critères relatifs à la qualité de l'eau.
L'eau doit avoir un pH correct. Il doit être mesuré quotidiennement.

Documents

« La surveillance quotidienne du pH est obligatoire.
Il s'agit d'obtenir une eau non irritante pour les baigneurs.
Le pH doit être maintenu entre 7,0 et 7,6 à l'aide d'une solution acide dénommée « pH Moins » ou d'une solution basique étiquetée « pH Plus ».
Pour limiter tout risque d'infection, un produit chloré doit être également utilisé.
Un inventaire précis des produits chimiques disponible doit être tenu à jour. »

Doc. 1 Conseil d'utilisation des produits chimiques « pH Plus » et « pH Moins »

La forme des piscines municipales les plus répandues peut être assimilée à un parallélépipède rectangle. La longueur et la largeur du bassin sont respectivement 25,0 m et 12,5 m.

Elles sont remplies d'eau sur une hauteur moyenne de 2,00 m.

Doc. 2 Dimensions d'une piscine municipale

Nom	Volume disponible	Modalités d'utilisation
pH Plus	9 L	0,10 litre pour remonter le pH de 0,2 unité dans 10,0 m³ d'eau
pH Moins	17 L	0,10 litre pour abaisser le pH de 0,5 unité dans 10,0 m³ d'eau

Doc. 3 Extrait d'inventaire des produits chimiques disponibles

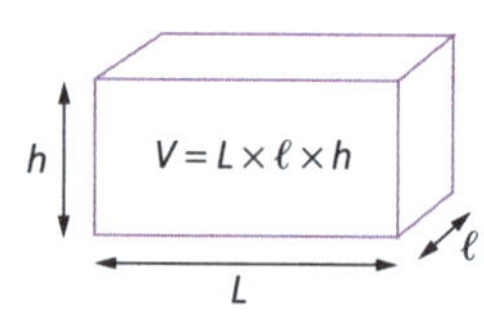

Doc. 4 Volume d'un parallélépipède rectangle

Questions

1. Quelles sont les valeurs de pH entre lesquelles doit se trouver le pH de l'eau dans une piscine municipale de forme classique ? Pour quelle raison faut-il respecter ces valeurs ?

....

....

....

....

....

2. Lors du dernier test effectué, le pH mesuré était 6,6. Comment et de combien le pH doit-il varier a minima pour obtenir une eau de baignade satisfaisante ?
Quel produit chimique le personnel municipal a-t-il à sa disposition pour corriger ce pH ?

....

....

....

....

....

3. Quel volume d'eau doit être traité ? Justifie.

....

....

....

4. Quel volume de produit chimique le personnel municipal doit-il ajouter dans le bassin ? Justifie.

....

....

....

....

....

....

....

....

5. Au regard des produits chimiques disponibles, l'ouverture au public de la piscine est-elle envisageable ? Justifie.

....

....

....

....

....

Les sujets de Brevet

2 Le dispositif de sécurité d'un TGV

Situation

Un dispositif de sécurité agissant automatiquement sur le freinage d'un TGV expérimental en cas de vitesse excessive est testé.

Documents

• Protocole de test du dispositif de sécurité du TGV expérimental

« La portion de voie sur laquelle le test de certification du dispositif de sécurité doit avoir lieu est composée de deux tronçons successifs différents.

Le premier tronçon est une ligne droite et le second est constitué d'une courbe dont le rayon est de 945 m.

Le TGV aborde le premier tronçon à une vitesse de 330 km/h. Il doit entrer dans le second tronçon à 176 km/h.

Pour atteindre la vitesse de 176 km/h au point kilométrique PK403,8, le conducteur du TGV doit initier le freinage au point kilométrique PK400,2.

Lors du test, le conducteur déclenchera le freinage au point kilométrique PK401. Ainsi, la vitesse d'entrée de courbe serait supérieure à 176 km/h mais resterait en deçà de la vitesse susceptible de provoquer un déraillement. »

• Extrait du compte-rendu du test

« Le dispositif de sécurité du TGV s'est déclenché automatiquement au point kilométrique PK402 en accentuant le freinage du TGV. Le TGV a finalement abordé l'entrée de courbe à la vitesse de 176 km/h.

Le dispositif de sécurité a été certifié. »

Doc. 1 Extrait de la procédure et du compte-rendu du test du dispositif de sécurité

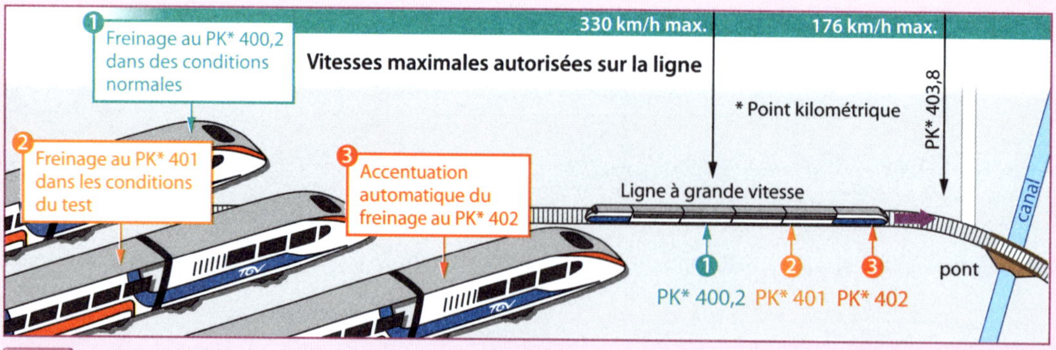

Doc. 2 Schéma récapitulant les éléments du test réalisé

Questions

1. À quel type de trajectoire correspondent le premier et le second tronçon de ligne parcouru par le TGV ? Quel est le rayon du second tronçon ?

2. Quelles sont les vitesses maximales autorisées aux points kilométriques PK400,2 et PK403,8 ? À quel point kilométrique le dispositif de sécurité s'est-il déclenché ?

3. Dans les conditions normales, sur quelle distance doit avoir lieu le freinage pour permettre au TGV d'entrer dans la courbe en sécurité ? De quelle valeur le conducteur doit-il faire diminuer la vitesse du train ? Justifie.

4. Quelle distance a été parcourue et quelle durée s'est écoulée entre le moment où le conducteur aurait dû commencer à freiner et celui où il a réellement commencé à freiner ? Justifie.

5. Au regard de la durée calculée ci-dessus, la présence d'un dispositif de sécurité est-elle indispensable dans un TGV ? Justifie.

3 Autonomie d'une automobile électrique

Situation

Afin de promouvoir la préservation de l'environnement, l'État encourage l'achat de véhicules électriques. De plus, il propose une subvention si l'achat s'accompagne de la destruction d'un véhicule diesel de plus de 10 ans.

Documents

« Ce modèle est le plus vendu en France. Pour améliorer les performances de son véhicule et garder sa position de leader sur le marché, le constructeur remplace dorénavant le pack de batterie de 22 kWh par un ensemble pouvant délivrer 41 kWh.
C'est la raison principale pour laquelle l'autonomie annoncée passe de 300 km à 400 km selon le cycle européen de conduite effectué en laboratoire. En usage réel, il devrait être possible de dépasser les 300 kilomètres selon les situations. »

Doc. 1 Extrait du site internet www.automobile-propre.com

Le coût à l'achat d'un véhicule de ce type reste supérieur à celui d'un véhicule à motorisation traditionnelle de la même gamme.
La consommation électrique et son coût pour un kilomètre parcouru dépendent du rendement du chargeur lors de la recharge (80 % dans les conditions optimales) et du prix du kWh (0,15 centimes en moyenne). »

Doc. 2 Coût d'un véhicule électrique

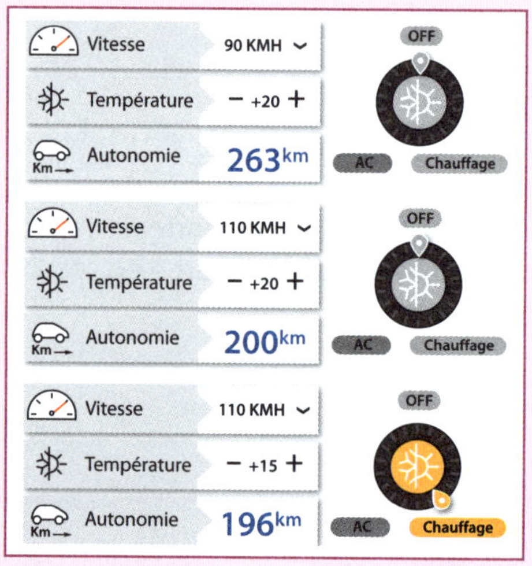

Doc. 3 Exemples d'autonomie théorique du modèle Zoe munie d'une batterie de 41 kWh
Source : www.renault.fr

Questions

1. Quel élément d'un véhicule électrique est le principal responsable de son autonomie ?

....

....

2. Quelle est l'autonomie kilométrique annoncée grâce au nouveau modèle de batterie fourni par le constructeur ? En quoi cette autonomie annoncée est-elle théorique ?

....

....

....

....

3. Quelle est l'autonomie annoncée si, à une température extérieure égale à 20 °C et avec le système de climatisation éteint, la vitesse moyenne du véhicule est 90 km/h ? 110 km/h ?

....

....

....

....

4. Quelle grandeur caractérisant le fonctionnement du véhicule est principalement la cause d'une réduction d'autonomie ? Justifie.

....

....

....

....

....

....

....

5. Quelle durée maximale une automobile se déplaçant à une vitesse de 90 km/h peut-elle fonctionner (à une température extérieure égale à 20 °C et avec le système de climatisation éteint) ? Quelle est la puissance électrique consommée sur ce trajet ? Justifie.

....

....

....

....

....

6. Quel est le coût d'un kilomètre effectué dans les conditions du trajet ci-dessus ? Justifie.

....

....

....

....

....

....

....

7. Considérant que le coût d'un kilomètre effectué en véhicule diesel de la même gamme est de l'ordre de 6 centimes, lequel de ces deux véhicules est le plus économique de ce point de vue ? Justifie.

....

....

....

Les sujets de Brevet

4 La détermination de la distance Terre-Lune par « Écho-Laser »

Situation

L'expérience « laser-Lune » de l'observatoire de la Côte d'Azur (OCA) a pour but la détermination précise de la distance Terre-Lune et de ses variations. L'observatoire est situé sur le plateau de Calern, dans le département des Alpes-Maritimes.

Documents

« La mesure approximative de la distance Terre-Lune consiste à mesurer la durée Δt d'aller-retour d'une impulsion laser émise du sol terrestre en direction d'un réflecteur lunaire déposé par une mission *Apollo* ».

• La distance D entre le télescope et le réflecteur se calcule comme suit :

$$D = \frac{c \cdot \Delta t}{2}$$

• Dans la pratique, un intervalle Δt de 2,54 s est mesuré entre l'émission d'une impulsion et la réception du signal de retour correspondant.

Doc. 1 Extrait du compte-rendu d'expérience

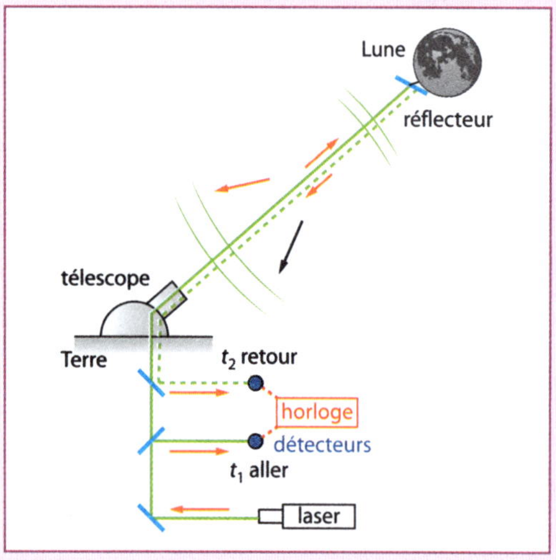

Doc. 2 Schéma de principe du dispositif de mesure

La vitesse de la lumière dans le vide s'appelle la célérité et vaut $c = 3{,}00 \times 10^5$ km/s.

Dans un milieu transparent, la lumière se propage moins vite que dans le vide :

$$v = \frac{c}{n}$$

n s'appelle l'indice optique. Il est caractéristique de chaque type de milieu transparent.

Sa valeur est toujours supérieure à 1. Il vaut par exemple 1,5 dans le verre.

Dans l'atmosphère, n dépend de la densité, de la température et de l'humidité de l'air.

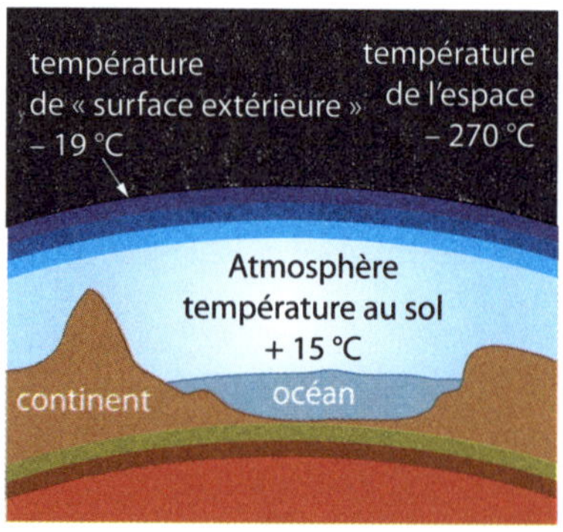

Doc. 3 Vitesse de la lumière et milieu transparent

Questions

1. À quoi sert le réflecteur lunaire ? Pourquoi l'usage d'un télescope est-il nécessaire ?

....

....

....

....

2. À quoi servent les détecteurs ? Au regard de l'intervalle de temps mesuré très court, quelle doit être la qualité principale de l'horloge ?

....

....

....

....

3. Pour quelle raison le produit $c \cdot \Delta t$ est-il divisé par 2 pour calculer la distance ?

....

....

....

....

....

....

4. En quoi la formule proposée relève d'une approximation ?
Explique quels phénomènes de l'expérience ont été négligés. Pour quelle raison ?

....

....

....

....

....

....

....

....

....

....

5. Calcule la distance entre le télescope et le réflecteur, à l'instant où a été réalisée la mesure.

....

....

....

....

5 La pétanque

Situation

Le mot pétanque signifie « pieds tanqués », c'est-à-dire pieds immobiles au sol. C'est un jeu de boules populaire inventé au début du XXe siècle. Deux équipes s'affrontent. Chaque joueur dispose de deux à trois boules façonnées obligatoirement en métal, de masse et de dimension précises. Le joueur pose les pieds dans une marque au sol dont il ne peut sortir avant d'avoir lancé une boule (Doc. 1) vers une cible, appelée but, ou bouchon, cochonnet…

Documents

Doc. 1 Lancer

Doc. 2 Positions successives de la boule

Doc. 3 Représentation des forces

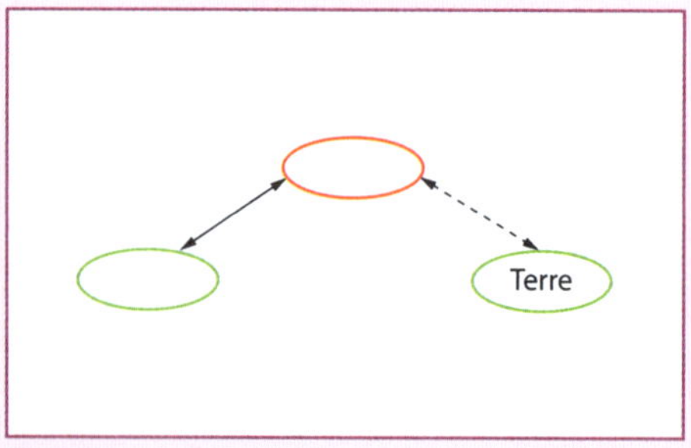

Doc. 4 Diagramme objet-interactions

Questions

1. Quel nom porte la photographie représentant les positions successives occupées par un objet en mouvement ? Comment qualifier le mouvement de la boule ?

2. Complète le **Doc. 3** reproduit ci-contre en représentant la force de la Terre sur la boule à l'instant où le joueur lance la boule. La boule est-elle en équilibre au moment du lancer ? Justifie.

3. Complète le diagramme objet-interactions ci-dessous (**Doc. 4**) décrivant les interactions entre la boule, la main et la Terre. Pourquoi certaines flèches sont-elles tracées en pointillés et d'autres en trait plein ?

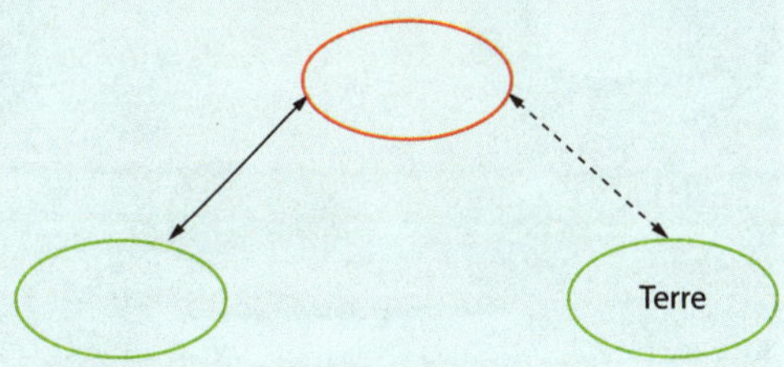

4. La boule de pétanque est lancée et s'immobilise près de la cible. Quelles sont les forces s'exerçant sur la boule de pétanque lorsqu'elle s'est immobilisée ? Représente le diagramme interactions-objet correspondant.

5. Le cas décrit dans la question précédente est appelé « équilibre statique ».
Que signifie ce terme ? Schématise la situation en traçant les vecteurs forces s'exerçant sur la boule.

Les sujets de Brevet

6 Gravure aux « eaux fortes »

Situation

La gravure en taille douce à l'eau forte est une technique de gravure sur plaque de métal. Dans un premier temps, un vernis de protection est déposé sur la plaque. À l'aide d'une pointe, l'artiste grave son dessin en retirant le vernis de protection (Doc. 1). La plaque est ensuite placée dans un bain acide appelé le mordant (Doc. 2). Dans le mordant, de petites bulles apparaissent à l'endroit où le vernis a été retiré car le métal est corrodé par l'acide. Une fois les creux formés sur la plaque, celle-ci est rincée à l'eau claire. Puis, de l'encre est généreusement étalée sur la plaque. Elle remplit les trous formés. La plaque peut alors être recouverte d'une feuille de papier. De nombreuses épreuves du dessin peuvent être imprimées à partir de la gravure initiale.

Documents

Doc. 1 Dessin sur le vernis

Doc. 2 Immersion dans le mordant

Mordant	Soude	Eau minérale	Soda
pH	12	7,2	3

Doc. 3 Mordants possibles

Questions

1. Comment prouver que le mordant utilisé est un liquide acide ?

....

....

....

2. Quelles solutions parmi celles du Doc. 3 pourraient être employées comme mordant ? Justifie.

....

....

....

3. La transformation se déroulant dans le bain de mordant est-elle une transformation chimique ou physique ? Justifie. Légende ensuite le schéma résumant la transformation.

....

....

....

....

....

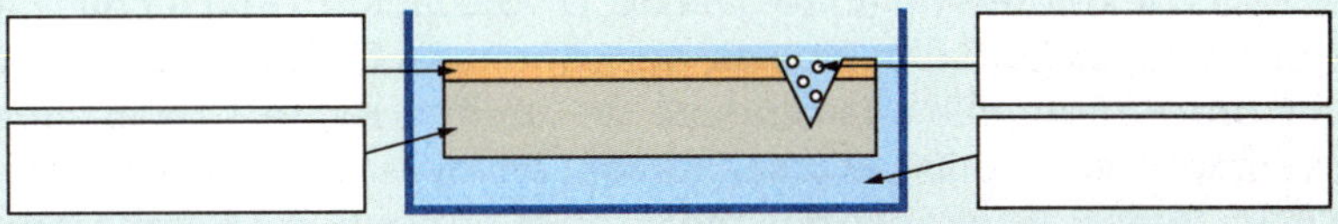

4. Propose une expérience permettant d'identifier le gaz produit.

....

....

....

....

....

....

5. Pourquoi la plaque est-elle rincée à l'eau claire ?

....

....

....

....

....

....

6. Pourquoi l'écriture de l'équation de réaction suivante ne peut-elle pas correspondre à la transformation se déroulant dans le mordant ? Corrige-la.

$$Fe + 2\,H^+ \rightarrow Fe^{2+} + 2\,H_2$$

....

....

....

....

....

....

....

....

....

7 Cartographier la Voie lactée

Situation

Le satellite Gaia a été lancé en 2013. Une de ses missions est de dresser une carte en 3 dimensions des étoiles de notre galaxie, la Voie lactée. Gaia reçoit la lumière visible de plus d'un milliard d'étoiles sur des capteurs « CCD » (Doc. 1) produisant une tension proportionnelle à la quantité de lumière reçue. Ces mesures sont analysées, compressées, puis les résultats sont envoyés vers la Terre. Compilées dans des calculateurs puissants, ces mesures ont abouti le 14 septembre 2016 à la première carte stellaire de Gaia de la Voie lactée (Doc. 2). En plus de Gaia, l'Agence spatiale européenne, l'ESA dispose de satellites analysant différents types de lumière (Doc. 3). Leur tâche commune est de mieux comprendre l'environnement de notre Galaxie, son histoire et sa composition (Doc. 4).

Documents

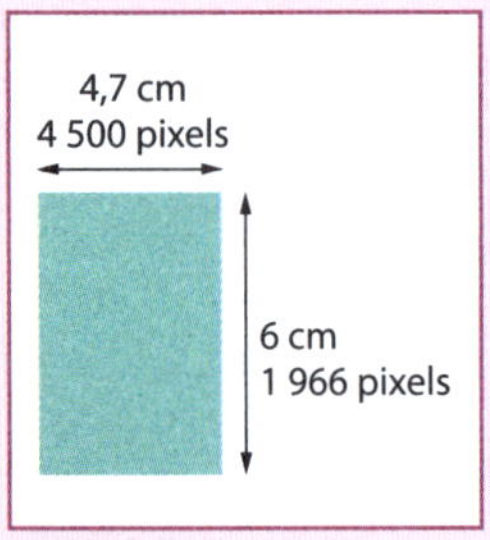

Doc. 1 Un capteur CCD de Gaia

Doc. 2 Carte de la Voie lactée

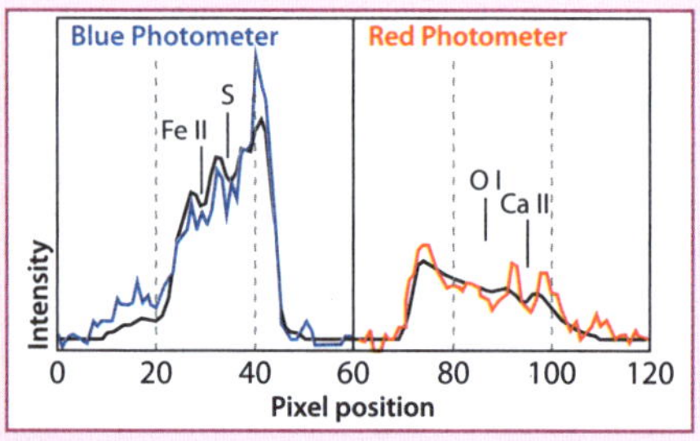

Doc. 3 Analyse spectrale de la supernova Gaia14aaa

Doc. 4 Types de lumière analysés par les satellites de l'ESA

Questions

1. Les étoiles émettent un grand nombre de rayonnements correspondant aux domaines énergétiques de la lumière et du son. Or le satellite Gaia est équipé de nombreux capteurs de lumière, comme des spectrographes, des caméras, mais d'aucun détecteur de son. Pourquoi ?

....

....

....

....

....

2. Quel type de lumière Gaia étudie-t-il ?
Quels sont les domaines immédiatement voisins du domaine de lumière étudiée par Gaia ? Pourquoi les satellites n'analysent-ils qu'une partie de la lumière produite par les astres ?

....

....

....

....

....

3. D'après le **Doc. 3**, Gaia a détecté du soufre S et du calcium Ca dans l'explosion, appelée supernova, d'une étoile. Quels autres éléments Gaia a-t-elle détectés ?
Le calcium présent sur Terre est-il identique à celui détecté dans cette étoile ?
Justifie.

....

....

....

....

....

4. La distance entre une étoile et Gaia est de $6{,}91 \times 10^{13}$ km. Combien de temps la lumière de cette étoile a-t-elle voyagé à la vitesse de 300 000 km/s avant de nous parvenir ? À quelle distance en année-lumière se trouve cette étoile ?

....

....

....

....

....

....

....

....

5. Pourquoi le satellite Gaia est-il équipé de capteurs de type CCD ? Gaia est équipé de 106 capteurs CCD. Combien Gaia compte-t-elle de pixels pour l'ensemble de ces capteurs ? Pourquoi un si grand nombre de pixels est-il nécessaire ?

....

....

....

....

....

....

1 Diluer une solution acide

Étape 1

- Verser dans un bécher une petite quantité de détartrant.
- Mesurer le pH de la solution de détartrant.
- Noter que le pH est de 0,53, valeur arrondie à 0,5.
- La solution est donc très acide.

Étape 2

- Verser 10 mL de détartrant dans un bécher contenant 90 mL d'eau.
- Attention ! **Verser toujours l'acide dans l'eau** et jamais l'eau dans l'acide, pour éviter un échauffement brutal et des projections.
- Noter que le pH est de 1,54, valeur arrondie à 1,5.
- Le pH a augmenté. La solution est moins acide.

Étape 3

- Répéter les mêmes opérations que précédemment.
- Noter que le pH est de 2,66, valeur arrondie à 2,7.
- Le pH a encore augmenté, la solution est moins acide.

Étape 4

- Prélever 10 mL de la solution précédente et les verser dans un volume d'eau.
- Le pH est proche de 6, la solution est encore acide.
- En poursuivant la même opération plusieurs fois, le pH se rapproche progressivement du pH de l'eau, c'est-à-dire de celui d'une solution neutre.

Vérifie que tu as bien compris

1. Pourquoi ne verse-t-on pas du détartrant, puis de l'eau ? Étape 2

....

2. Au cours de la dilution, comment varie le pH ? Étape 3

....

3. Quelle est la valeur limite du pH si on poursuit la dilution ? Étape 4

....

2 Traduire une chaîne énergétique par un diagramme

Étape 1

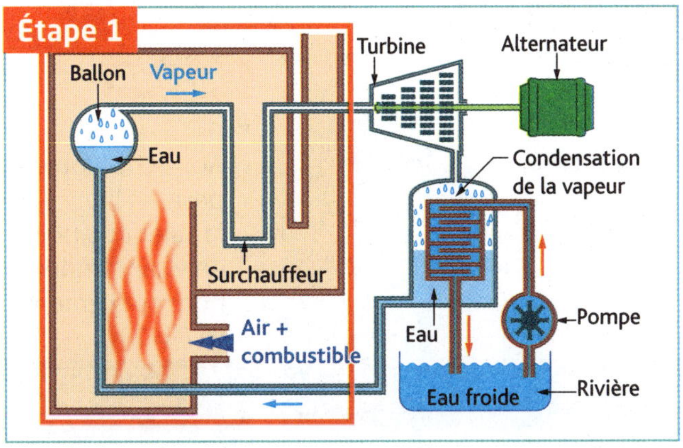

- On chauffe l'eau du ballon à l'aide de la chaleur dégagée par la combustion du charbon ou du fioul.
- L'eau se transforme en vapeur en mouvement : il y a **conversion d'énergie thermique** (chaleur) **en énergie mécanique** (mouvement de la vapeur d'eau).

Étape 2

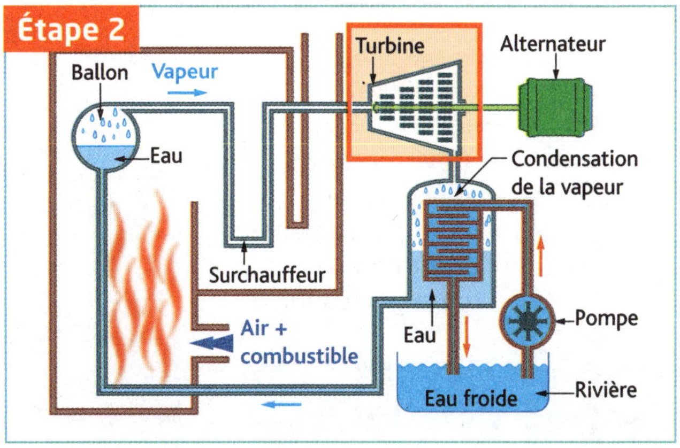

- La vapeur d'eau sous pression et en mouvement pousse les pales de la turbine qui se met à tourner.
- Il y a **transfert d'une partie de l'énergie mécanique de la vapeur d'eau à la turbine.**

Étape 3

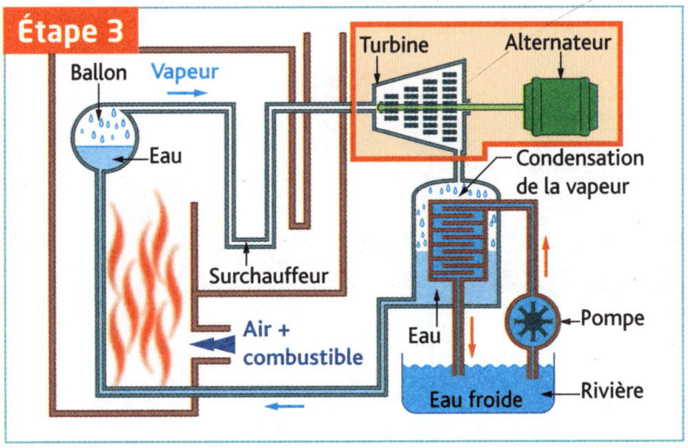

- La turbine entraîne l'alternateur qui produit de l'énergie électrique.
- C'est la dernière phase des conversions de l'énergie : il y a **conversion d'énergie mécanique en énergie électrique**.

Étape 4

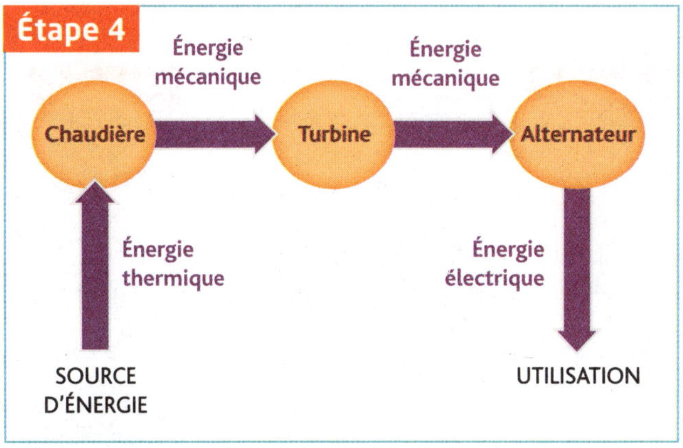

- On peut schématiser toutes ces conversions à l'aide du diagramme ci-dessus.
- À chaque étape de conversion, il y a **perte** d'une partie de l'énergie.

Vérifie que tu as bien compris

1. Quel est le rôle du charbon ou du fioul ? Étape 1

....

2. Quel est le rôle de la turbine ? Étape 3

....

3. Quels sont les convertisseurs d'énergie de cette chaîne ? Étape 4

....

3 Mesurer un poids à l'aide d'un dynamomètre

A. Avec un dynamomètre rectiligne

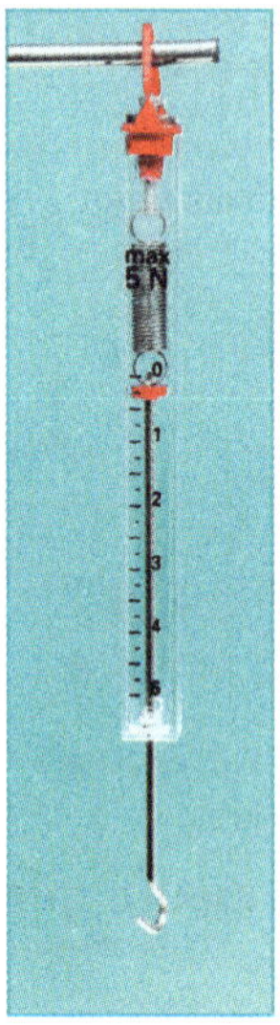

Étape 1A

Régler le zéro

- Dévisser l'écrou, puis tourner la vis pour amener l'index en face de la graduation 0.

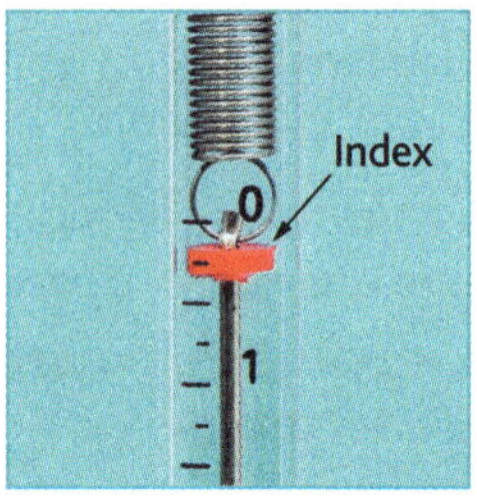

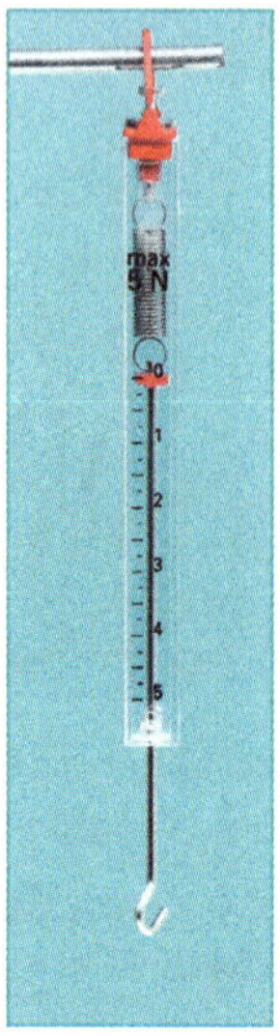

Étape 2A

Préparer la pesée

- Resserrer l'écrou.

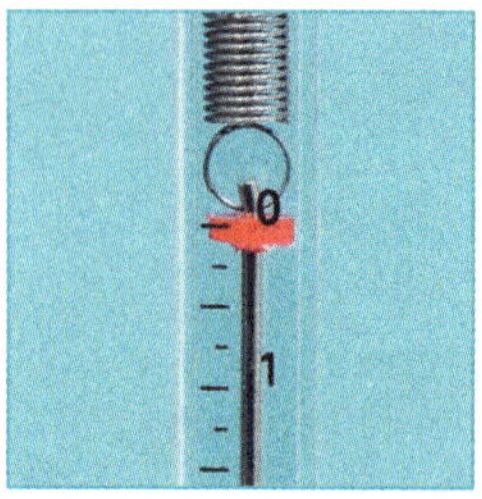

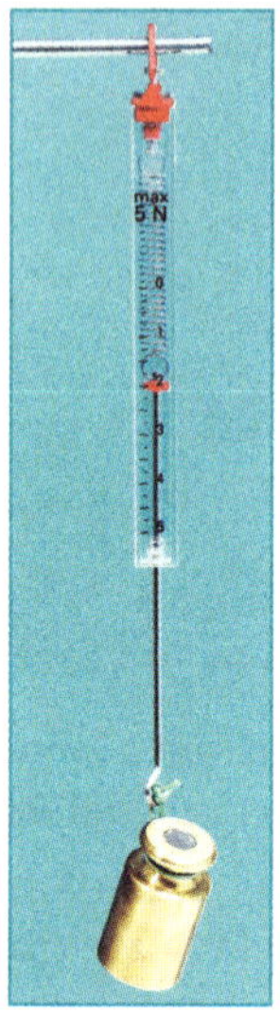

Étape 3A

Peser

- Accrocher l'objet à peser et lire la valeur du poids en visant l'index horizontalement. Ici $P = 2$ N.

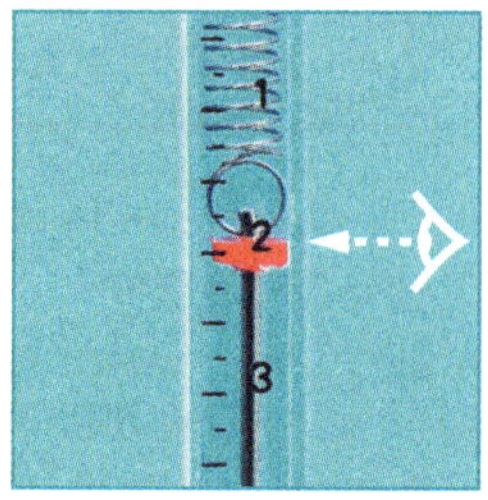

B. Avec un dynamomètre circulaire

Étape 1B

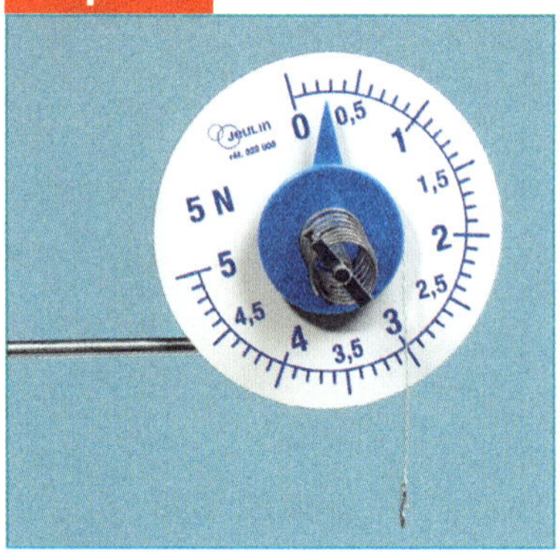

Régler le zéro

- Tourner le cercle gradué (ou l'index suivant les modèles), de telle sorte que l'index indique zéro.

Étape 2B

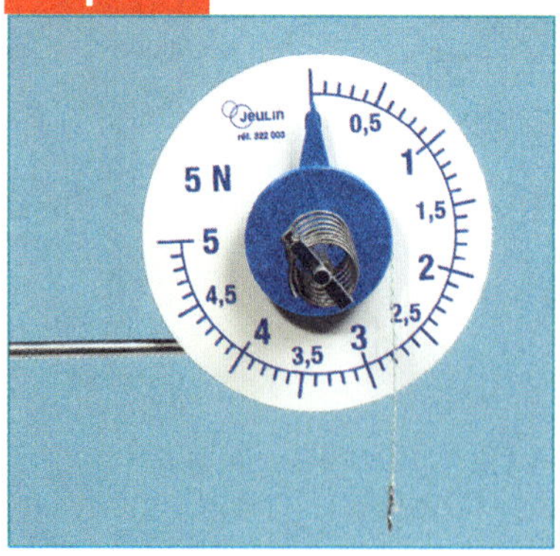

Préparer la pesée

- Vérifier que le fil passe bien dans la gorge de la poulie.

Étape 3B

Peser

- Accrocher l'objet à peser et lire la valeur du poids en se plaçant face au disque gradué. Ici, $P = 2$ N.

Vérifie que tu as bien compris

1. Tu lis 2,1 N au lieu de 2 N. Quelle faute de lecture as-tu commis ? Étape 3A

2. Aucun objet n'est pesé et le dynamomètre indique 0,3 N. Que faut-il modifier sur le montage ? Étape 1B

3. Le dynamomètre indique 0 alors que la masse est accrochée. Donnes-en une raison possible. Étape 2B

As-tu compris comment...

4 Conduire une activité expérimentale

Une activité expérimentale a pour objectif de démontrer une loi de la physique ou de la chimie ou d'exploiter une de ces lois.

ÉTAPE 1 Comprendre l'énoncé et l'objectif de l'expérience attendue

- Un énoncé comporte en général un contexte comportant un problème à résoudre, par exemple à l'aide d'une question.
- **Exemple :** Les jeunes enfants aiment le jus d'orange, mais lorsqu'il s'agit d'un jus d'orange pressé, ils sont souvent gênés par la pulpe du fruit. Comment faire, en utilisant du matériel de chimie, pour séparer le jus de la pulpe ?

ÉTAPE 2 Lister le matériel à disposition

- Le matériel disponible comporte du matériel utile à l'expérience mais peut aussi comporter du matériel inutile. L'objectif est de choisir du matériel approprié en respectant un maximum de précision, surtout lorsque des mesures doivent être faites.
- **Exemple :** On souhaite filtrer un jus d'orange avec de la pulpe et on dispose d'un bécher, un erlenmeyer, un entonnoir, du papier-filtre, du papier-pH, une baguette de verre, une spatule. Le papier-pH, le bécher et la spatule ne sont pas utiles.

ÉTAPE 3 Interpréter l'énoncé et établir le protocole

- Écrire le protocole revient à décrire les opérations à réaliser dans le but de répondre à la question posée.
- **Exemple :** En utilisant l'erlenmeyer, l'entonnoir, le papier-filtre, la baguette de verre et le jus d'orange chargé en pulpe, nous allons réaliser une filtration afin de séparer le solide présent dans le jus de la partie liquide.

ÉTAPE 4 Faire les expériences, relever ses observations et schématiser l'expérience

- **Exemple :**

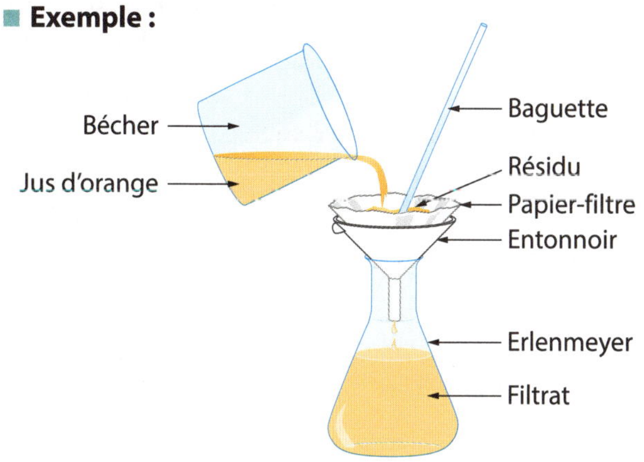

Le jus d'orange liquide passe à travers le papier-filtre. Il reste de couleur orange. Des petits morceaux de pulpe restent en suspension. Les gros morceaux de pulpes restent présents dans le papier-filtre sous la forme d'un résidu de filtration.

ÉTAPE 5 Interpréter les résultats obtenus

- **Exemple :** Le papier-filtre possède des fibres avec un certain écart entre elles. Les morceaux solides de tailles suffisamment grosses sont arrêtés mais les petits morceaux peuvent passer à travers le filtre.

ÉTAPE 6 Conclure en fonction de la question posée

- **Exemple :** Une filtration permet de séparer le liquide de la pulpe solide.

5 Comprendre les attendus d'un énoncé

L'énoncé d'une question posée comporte ou commence par un **verbe d'action** à laquelle correspond une réponse attendue.

Verbe d'action utilisée	Que faut-il que je fasse ?
Définir, donner	Il faut écrire une réponse sans donner de justification. Le plus souvent la réponse à la question posée est dans le cours et il suffit de restituer une ou des connaissances.
Représenter, schématiser	Une organisation de l'information sous une forme qui n'est pas du texte est attendue. Cela peut être un schéma, un graphique, un tableau… Il faut utiliser les codes attendus (voir p. 132).
Élaborer, construire	Il faut écrire une réponse complète. **Exemple :** imaginer une expérience ou un protocole expérimental afin de répondre à un problème posé.
Comparer	Dans le cas général, il s'agit d'énoncer les ressemblances et les différences entre deux affirmations différentes. Cela peut être fait dans un tableau à deux colonnes ou à l'aide d'une opération mathématique.
Interpréter	Il faut donner une explication concernant une observation, le résultat d'une mesure ou d'un calcul en utilisant son esprit critique et son objectivité. **Exemple :** le sulfate de cuivre anhydre devient bleu, **donc** la substance étudiée contient de l'eau.
Modéliser	Il s'agit de représenter un phénomène de façon simplifiée en le représentant par sa fonction principale. **Exemple :** un dipôle électrique est modélisé par son symbole.
Justifier	Un argument scientifique, donc objectif, est attendu, soit par rapport à une connaissance établie et indiquée dans le cours, soit à partir d'une loi physique ou chimique. **Exemple :** il n'est pas possible de dissoudre plus de 360 g de sel dans l'eau à 25 °C **car** la solution a dépassé la saturation.
Exploiter	Il est demandé d'extraire puis d'utiliser les différentes informations du document étudié et utiles au raisonnement.
Calculer	Une opération mathématique pouvant provenir d'une loi physique ou chimique doit être utilisée pour obtenir un résultat chiffré. **Remarque :** ne pas oublier l'unité du résultat quand il y en a une et faire attention aux chiffres significatifs (voir p. 138).
Commenter, critiquer	Il faut utiliser son esprit critique afin d'analyser la pertinence d'un résultat ou d'une observation. **Exemple :** le résultat semble-t-il correct ?
Valider, vérifier	Il faut reprendre la situation de départ fournie dans l'énoncé afin de contrôler si le résultat trouvé est cohérent avec ce qui avait été demandé.
Déduire	Il s'agit de tirer une ou des conclusions à partir des résultats ou observations trouvés juste avant.

Fiche outil
1 Les pictogrammes de sécurité

Sur les étiquettes des produits chimiques figurent des pictogrammes de sécurité, permettant de connaître les dangers de ces produits. En plus des pictogrammes, les étiquettes précisent les risques particuliers et les conseils de sécurité.

Explosif
(Ça explose)

Inflammable
(Ça flambe)

Comburant
(Ça fait flamber)

Gaz sous pression
(Ça peut exploser)

Corrosif
(Ça ronge)

Très toxique
(Ça tue)

Toxique ou irritant
(C'est dangereux pour la santé)

Très toxique pour certains organes ou cancérigène
(C'est très dangereux pour la santé)

Dangereux pour l'environnement
(Ça détruit la nature)

Fiche outil 2
Schémas et symboles

Ci-dessous sont représentés les schémas et symboles utilisés dans le cahier.

Schémas de quelques objets utilisés en chimie

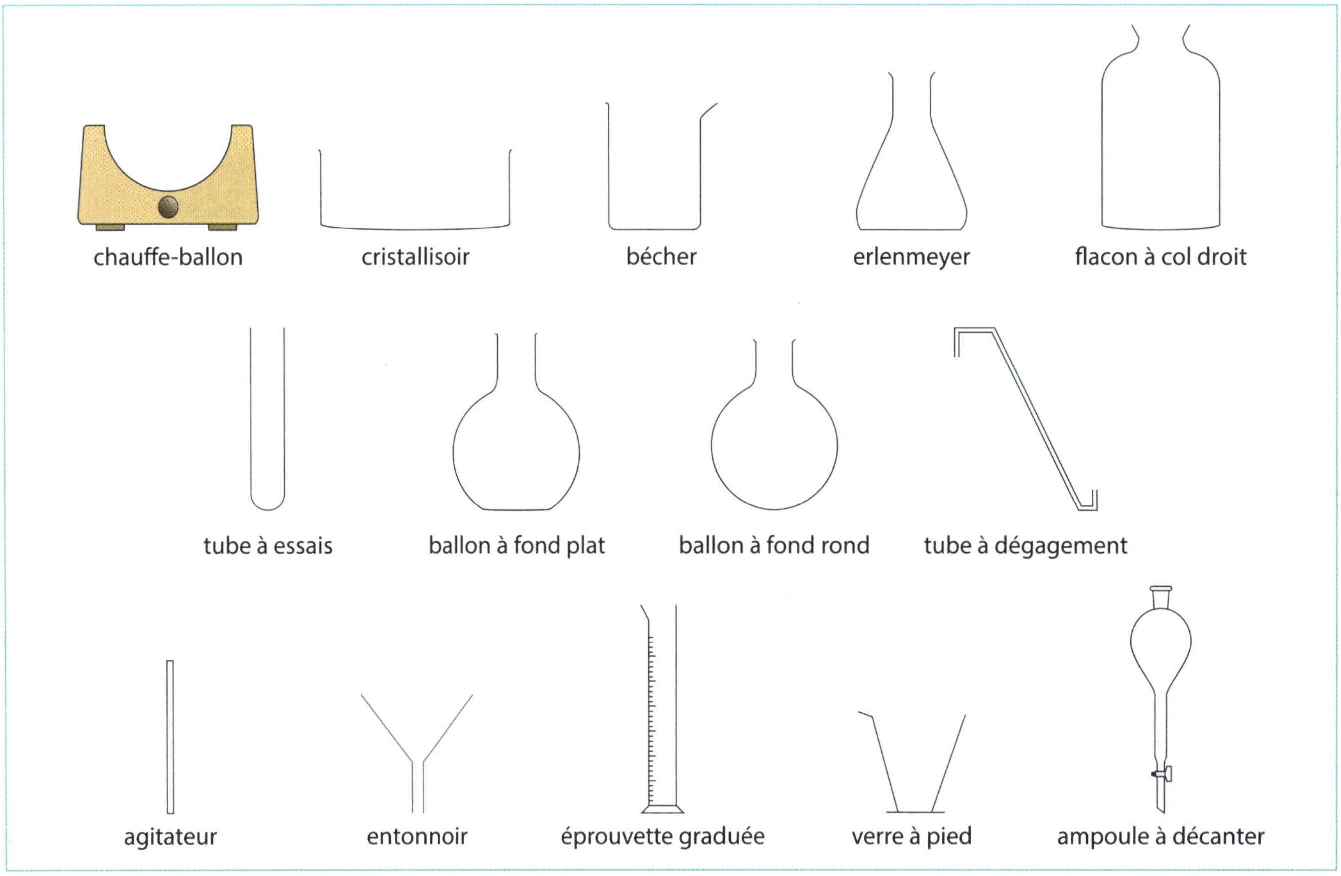

Symboles en électricité

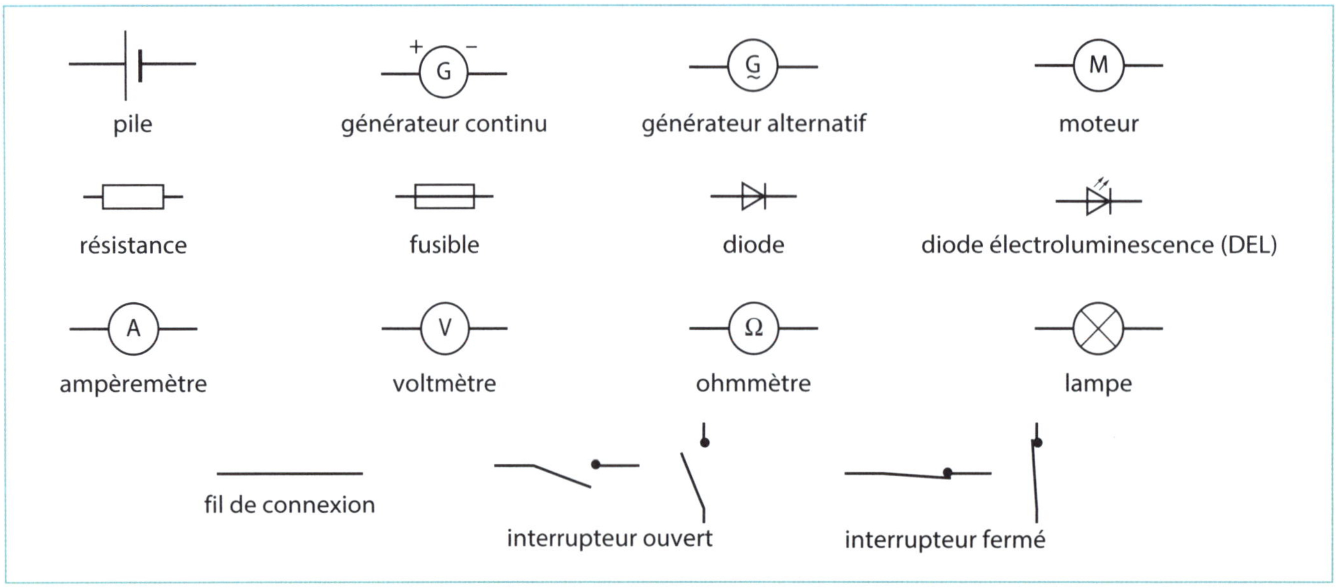

Fiche outil

3 Unités, multiples et sous-multiples

Les grandeurs mesurables se représentent par un nombre suivi d'une unité.
Voici les unités les plus courantes utilisées en physique-chimie.

Grandeurs	Unités	Multiples	Sous-multiples	Correspondances
longueur	mètre (m)	kilomètre (km)	• centimètre (cm) • millimètre (mm) • micromètre (µm) • nanomètre (nm)	• 1 km = 1×10^3 m • 1 mm = 1×10^{-3} m • 1 µm = 1×10^{-6} m • 1 nm = 1×10^{-9} m
surface	mètre carré (m^2)	kilomètre carré	centimètre carré (cm^2)	• 1 m^2 = 1×10^4 cm^2 • 1 km^2 = 1×10^6 m^2
volume	mètre cube (m^3)	–	• litre • décimètre cube • centimètre cube	• 1 m^3 = 1×10^3 dm^3 • 1 dm^3 = 1×10^3 cm^3 • 1 dm^3 = 1 L • 1 cm^3 = 1 mL
temps	seconde (s)	• heure (h) • minute (min)	–	• 1 h = 60 min • 1 min = 60 s • 1 h = 3 600 s
vitesse	mètre par seconde (m/s)	–	kilomètre par heure (km/h)	1 m/s = 3,6 km/h
masse	kilogramme (kg)	tonne (t)	gramme (g)	• 1 t = 1×10^3 kg • 1 kg = 1×10^3 g
intensité	ampère (A)	–	• milliampère (mA) • microampère (µA)	• 1 A = 1×10^3 mA • 1 A = 1×10^6 µA
tension	volt (V)	kilovolt (kV)	millivolt (mV)	• 1 kV = 1×10^3 V • 1 V = 1×10^3 mV
résistance électrique	ohm (Ω)	kiloohm (kΩ) mégohm (MΩ)	–	• 1 kΩ = 1×10^3 Ω • 1 MΩ = 1×10^6 Ω
énergie	joule (J)	kilojoule (kJ) wattheure (Wh)	–	• 1 kJ = 1×10^3 J • 1 Wh = $3{,}6 \times 10^3$ J
puissance	watt (W)	kilowatt (kW)	milliwatt (mW)	• 1 kW = 1×10^3 W • 1 W = 1×10^3 mW
poids	newton (N)	kilonewton (kN) décanewton (daN)	millinewton (mN)	• 1 daN = 10 N • 1 N = 1×10^3 mN
fréquence	hertz (Hz)	kilohertz (kHz) mégahertz (MHz)	–	• 1 kHz = 1×10^3 Hz • 1 MHz = 1×10^6 Hz
pression	pascal (Pa) et bar	hectopascal (hPa)	–	• 1 hPa = 100 Pa • 1 bar = 1×10^5 Pa

Fiche outil

4 Les puissances de 10

Les puissances de 10 doivent être utilisées pour simplifier l'écriture des nombres. Dans la pratique, voici comment les utiliser.

Les puissances de 10

	L'exposant est positif				L'exposant est négatif				
Nombres	1 000 000	1 000	100	10	0,1	0,01	0,001	0,000 001	0,000 000 001
Puissances de 10	10^6	10^3	10^2	10^1	10^{-1}	10^{-2}	10^{-3}	10^{-6}	10^{-9}
Préfixes	méga (M)	kilo (k)	hecto (h)	déca (da)	déci (d)	centi (c)	milli (m)	micro (µ)	nano (n)

L'écriture scientifique d'un nombre avec des puissances de 10

	L'exposant de 10 est positif			L'exposant de 10 est négatif		
Exemples de nombres	6 000 000	7 300	442	0,3	0,045	0,000 006 52
Écritures en puissances de 10	6×10^6	$7,3 \times 10^3$	$4,42 \times 10^2$	3×10^{-1}	$4,5 \times 10^{-2}$	$6,52 \times 10^{-6}$

La multiplication et la division de puissances de 10

Multiplication

Multiplication de deux puissances de 10 : $(x \times 10^m) \times (y \times 10^n)$	$(3 \times 10^3) \times (5,1 \times 10^4)$	$(4 \times 10^{-2}) \times (6 \times 10^{-3})$	$(9 \times 10^{-2}) \times (6 \times 10^4)$
Résultat : $xy \times 10^{(m+n)}$	$15,3 \times 10^7$	24×10^{-5}	54×10^2

Division

Division de 2 puissances de 10 : $\frac{x \times 10^m}{y \times 10^n}$	$\frac{3 \times 10^4}{2 \times 10^2}$	$\frac{6 \times 10^{-3}}{5 \times 10^4}$	$\frac{24 \times 10^{-6}}{8 \times 10^{-2}}$
Résultat : $\frac{x}{y} \times 10^{(m-n)}$	$1,5 \times 10^2$	$1,2 \times 10^{-7}$	3×10^{-4}

Mesurer un pH

Le pH d'une solution peut être estimé avec du papier-pH et mesuré avec un pH-mètre. Voici comment faire.

Avec du papier pH

Étape 1

- **Verser dans un bécher propre un peu de la solution** dont on veut mesurer le pH.
  Introduire dans cette solution une baguette de verre propre, préalablement rincée à l'eau distillée.

Étape 2

- **Découper un morceau de papier pH et le placer dans une coupelle.** Sur le papier, déposer une goutte de la solution prélevée.
  Attention ! Ne pas tremper le papier pH directement dans le flacon contenant la solution.

Étape 3

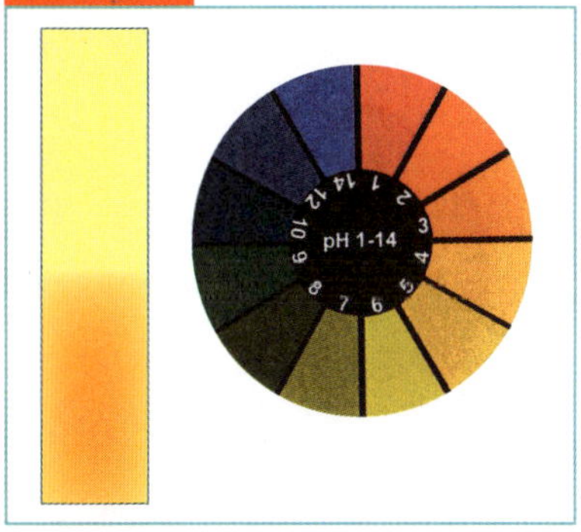

- **Comparer alors la teinte prise par le papier** à l'échelle de teintes donnée sur la boîte du papier pH. L'échelle indique un nombre qui est une estimation de la valeur du pH de la solution (ici, pH = 5).

Avec un pH-mètre

Étape 1

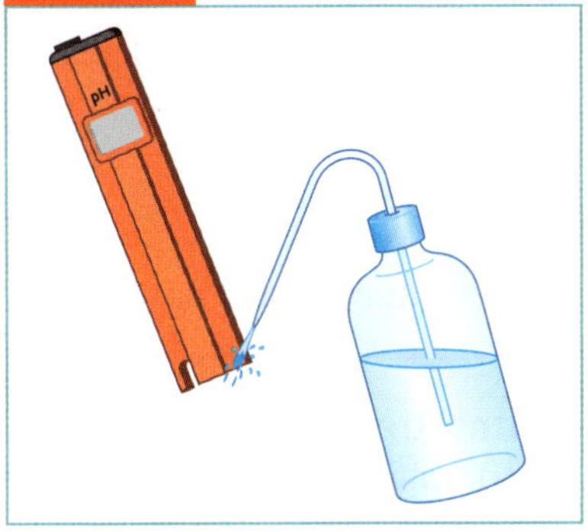

- **Retirer le bouchon protecteur de la cellule du pH-mètre.** Rincer celle-ci et l'essuyer avec un papier absorbant.

Étape 2

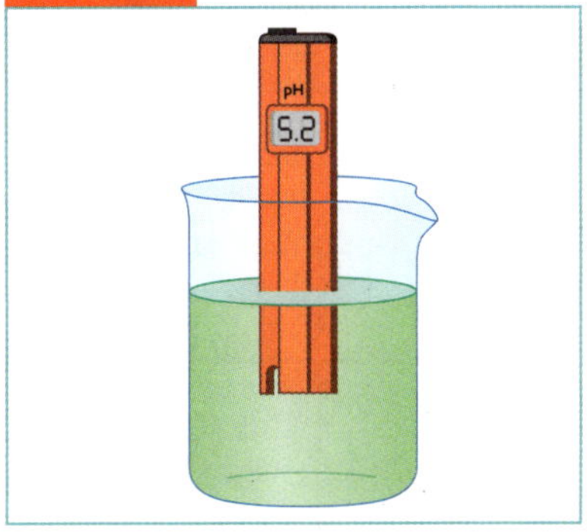

- **Mettre le pH-mètre en marche** et l'introduire dans un bécher contenant la solution dont on veut mesurer le pH. Une fois que l'affichage est stabilisé, prendre la mesure.
  Attention ! Ne pas introduire le pH-mètre directement dans le flacon contenant la solution.

Étape 3

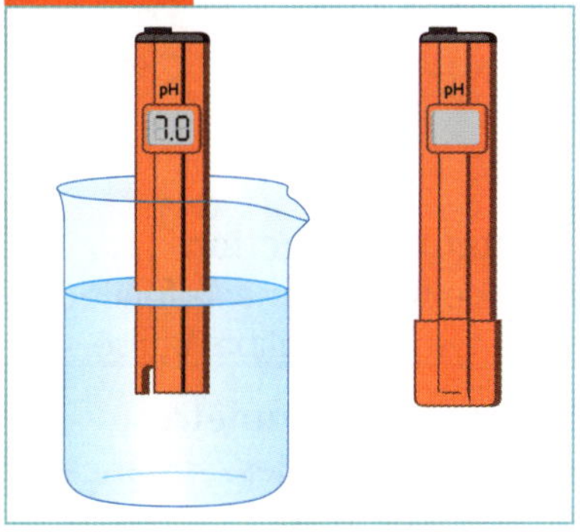

- **Retirer le pH-mètre de la solution et rincer la cellule.**
  Faire alors une nouvelle mesure ou éteindre l'appareil et remettre le bouchon protecteur.

Fiche outil
6 Les fonctions d'un multimètre

Le multimètre est un appareil de mesures électriques. Il peut être utilisé en voltmètre, en ampèremètre ou en ohmmètre.

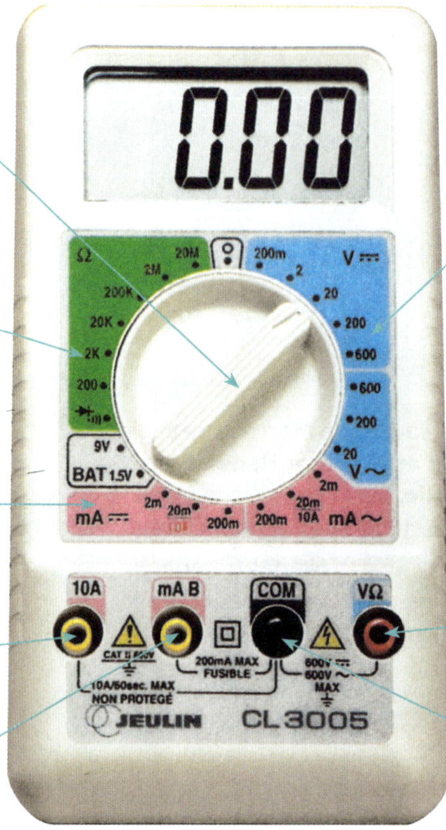

1 Sélecteur de fonction

2 Zone des calibres de l'ohmmètre

3 Zone des calibres de l'ampèremètre pour les courants continus

4 Borne spéciale pour la mesure de l'intensité (jusqu'à 10 A)

5 Borne pour la mesure de l'intensité (jusqu'à 200 mA)

6 Zone des calibres du voltmètre pour les tensions continues

7 Borne pour la mesure de la tension ou de la résistance

8 Borne appelée « commun »

1. Sélecteur de fonction
Il permet de sélectionner la fonction du multimètre et, en même temps, le calibre utilisé.

2. Calibres de l'ohmmètre
Cet appareil mesure des résistances dont la valeur maximale est de 20 MΩ.

3. Calibres de l'ampèremètre en continu
En utilisant la borne mA, l'appareil mesure des intensités pouvant atteindre la valeur de 200 mA. Pour les valeurs supérieures à 200 mA, on utilise la borne spéciale 10 A : l'appareil mesure alors des intensités pouvant atteindre la valeur de 10 A.

4 et 5. Bornes de l'ampèremètre
Le courant dont on mesure l'intensité doit entrer par l'une de ces bornes.

6. Calibres pour le voltmètre en continu
La tension maximale mesurable est de 600 V.

7. Borne du voltmètre
L'appareil mesure la tension entre cette borne et la borne COM.

8. Borne COM
Cette borne est toujours utilisée. Lors d'une mesure, le courant doit sortir par cette borne.

Fiche outil 7 Modéliser un graphique avec un tableur

Au cours d'une expérience, on a relevé les mesures ci-contre. Modélisons la variation de la tension U en fonction de l'intensité I, en utilisant le tableur.

I (mA)	0	15	32	49	65	80	95
U (V)	0	1,0	2,0	3,0	4,0	5,0	6,0

Étape 1

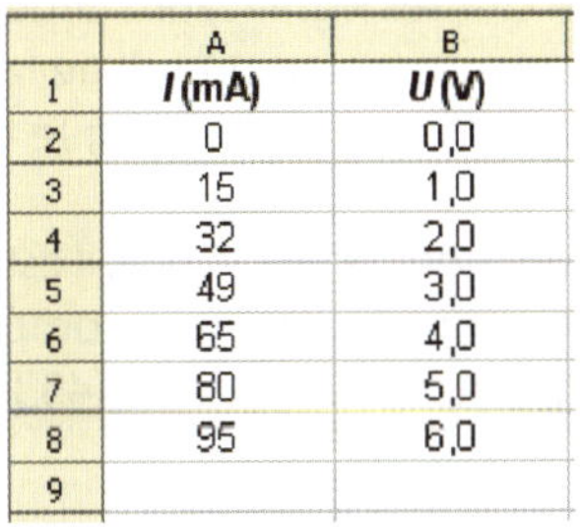

	A	B
1	I (mA)	U (V)
2	0	0,0
3	15	1,0
4	32	2,0
5	49	3,0
6	65	4,0
7	80	5,0
8	95	6,0
9		

- Recopier les valeurs dans le tableau d'un logiciel tableur.

Étape 2

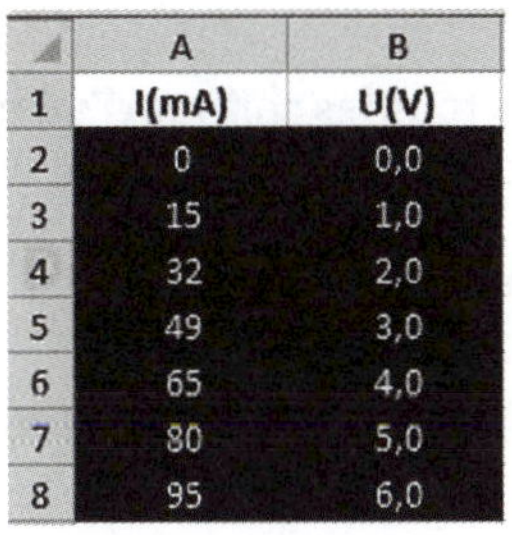

	A	B
1	I(mA)	U(V)
2	0	0,0
3	15	1,0
4	32	2,0
5	49	3,0
6	65	4,0
7	80	5,0
8	95	6,0

- Sélectionner les valeurs numériques à utiliser pour la construction du graphique.

Étape 3

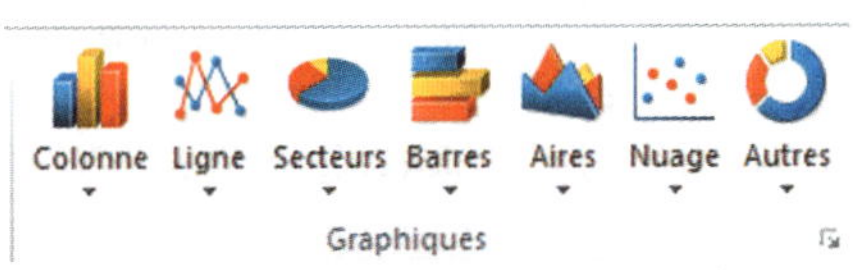

- Choisir le type de graphique : « Nuages », puis : « Nuage de points ».

Étape 4

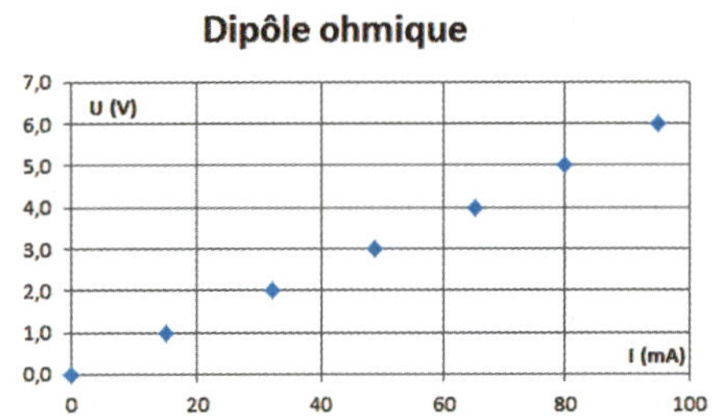

- Après avoir tracé le graphique, ajouter un titre général et une légende sur les axes.

Étape 5

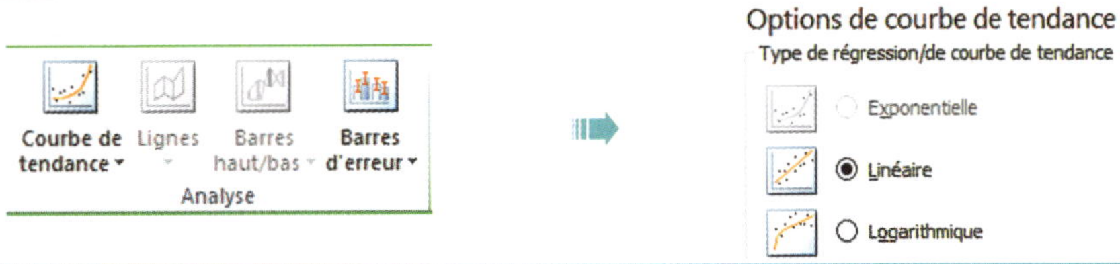

- Après avoir sélectionné les points d'un clic gauche, choisir le type de courbe : « Courbe de tendance », puis : modèle « Linéaire ».

Étape 6

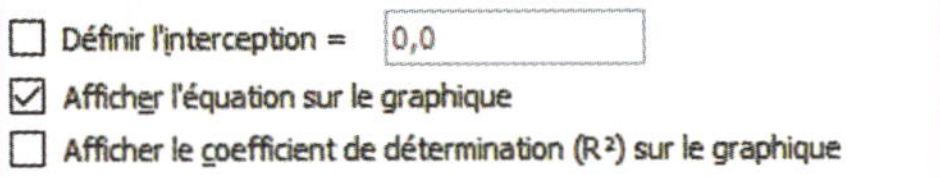

- Cocher : « Afficher l'équation sur le graphique ».

Étape 7

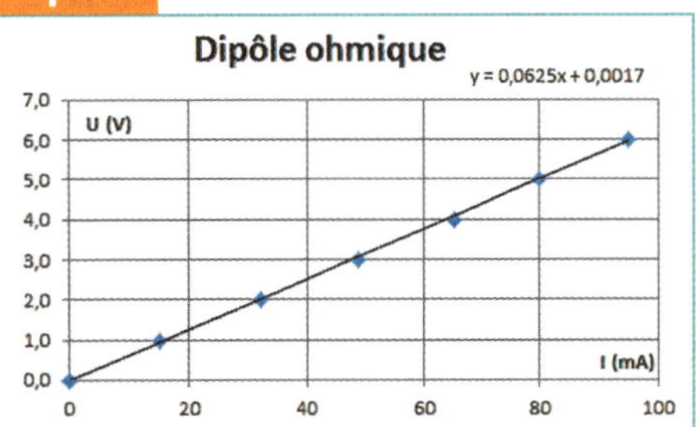

- Le résultat est une modélisation.

Fiche outil 8 Précision des mesures et des résultats

Les appareils de mesure ne donnent pas un résultat avec une précision infinie. Le résultat d'une mesure ou d'un calcul doit être indiqué avec un certain nombre de chiffres dits significatifs, suivis du symbole de l'unité de mesure.

Le nombre de chiffres significatifs d'un nombre

Les chiffres significatifs sont tous les chiffres d'un nombre sauf les zéros placés à gauche du premier chiffre différent de zéro.

Exemples :

0,0**50** — 2 chiffres significatifs

0,0**4108** — 4 chiffres significatifs

125,30 — 5 chiffres significatifs

La notation scientifique d'un nombre

Écrit en notation scientifique, un nombre comporte une partie décimale, avec un seul chiffre avant la virgule autre que 0, multiplié par une puissance de 10.

Exemples :

- 431 s'écrit $4{,}31 \times 10^2$ (3 chiffres significatifs)
- 0,020 s'écrit $2{,}0 \times 10^{-2}$ (2 chiffres significatifs)

Écrire le résultat d'une mesure

Chaque mesure est entachée d'une petite erreur due à l'appareil, à l'expérimentateur, et parfois aux deux. Par suite, il existe une petite différence entre la valeur trouvée et la valeur exacte d'une grandeur mesurée ; cette différence représente l'**erreur commise sur la mesure**.

Comme, en général, la valeur exacte n'est pas connue, il n'est pas possible de calculer précisément cette erreur. En revanche, il est possible d'évaluer cette erreur ou **incertitude**.

Le nombre de chiffres significatifs à conserver dans le résultat doit correspondre à l'incertitude de la mesure.

Exemple:

Le constructeur indique que la balance ci-dessous a une précision de 1 g.

Que signifient ces différentes indications ?

- 1 g est l'incertitude sur la mesure de la masse *m*.
- 433,0 comporte 4 chiffres significatifs. Cependant, comme la balance a une précision au g près, il ne faut garder que la valeur 433 g (3 chiffres significatifs), le dernier chiffre étant illusoire.
- Étant donné la précision de la balance, il est pratiquement certain que la valeur exacte de m est comprise entre 432 et 434 g. Le résultat s'écrit parfois $m = (433 \pm 1)$ g.

Écrire le résultat d'un calcul

Le résultat d'un calcul entre valeurs mesurées ne peut pas être plus précis que la valeur mesurée la moins précise.

Exemple 1 :

On mesure des dimensions d'une pièce : $L = 8{,}00$ m, $\ell = 6{,}00$ m, $h = 2{,}314$ m.

Le calcul du volume de la pièce donne :

$V = 8{,}00 \times 6{,}00 \times 2{,}314 = 111{,}072$ m^3 !

L et ℓ sont donnés avec 3 chiffres significatifs et h avec 4. Le résultat ne peut donc contenir que 3 chiffres significatifs.

Le résultat est donc $V = 1{,}11 \times 10^2$ m^3.

Exemple 2 :

On mesure la masse m d'une éprouvette contenant un liquide et la masse m' de la même éprouvette à vide :

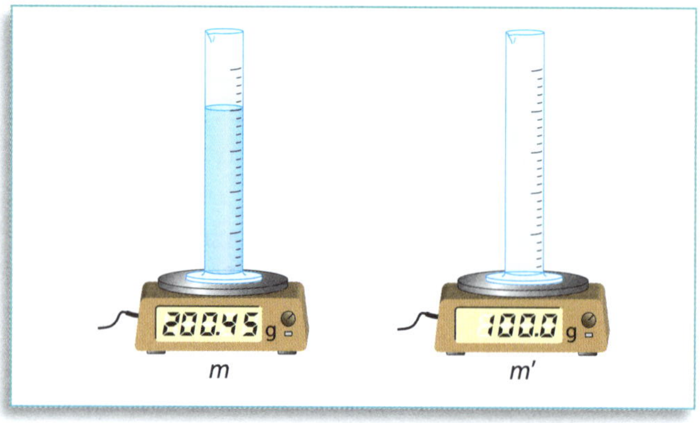

La masse m_l du liquide est donc :

$m - m' = 200{,}45 - 100{,}0 = 100{,}45$ g.

Il faut arrondir au dixième car c'est la précision de la mesure pour 100,0 g. Dans le cas d'un 5, il faut de plus arrondir à la valeur supérieure.

Le résultat est donc : $m_l = 100{,}5$ g.

Fiche outil

9 Rédiger la solution d'un exercice

❶ Les exercices « Prends des initiatives »

Exemple

Deux randonneurs préparent leur sac à dos.

Ils emportent de l'eau, des carrés de sucre et des sachets d'aliments lyophilisés.

Ils cherchent des solutions pour s'alléger au cours de leur randonnée. Ils pensent dissoudre le sucre dans l'eau et avaler son contenu.

Question

Les randonneurs seront-ils plus légers après dissolution du sucre dans l'eau, puis absorption de la boisson ?

a. Évaluation des exercices à « prise d'initiatives »

Ces exercices sont évalués par rapport à la solution trouvée, mais aussi par rapport à la **démarche** suivie.

Ils justifient les évaluations à quatre niveaux de maîtrise des **compétences** :

Insuffisant, Fragile, Satisfaisant, Très bien.

b. Analyse de l'énoncé

C'est une partie **essentielle** de la résolution.

Elle consiste à relever les idées importantes dans l'énoncé (dans l'exemple, elles sont surlignées en jaune), sur lesquelles il va falloir prendre des **initiatives** en formulant des **hypothèses**, sous forme de questions simples suivant la logique de l'énoncé.

Exemple

Deux randonneurs préparent leur sac à dos. Ils emportent de l'eau, des carrés de sucre et des sachets d'aliments lyophilisés. Ils cherchent des solutions pour s'alléger au cours de leur randonnée. Ils pensent dissoudre le sucre dans l'eau et avaler son contenu.

- Quand le sucre est dissous, il disparaît. Est-ce vraiment le cas ? S'il disparaît, l'ensemble est-il moins lourd ? Pourquoi ?
- Juste après l'absorption de l'eau sucrée, quel type de transformation se produit ? La masse est-elle conservée dans ce type de transformation ?

  Au bilan, le randonneur est-il plus léger ?
- Est-il possible de conclure en répondant à ces questions ?

❷ Les résolutions littérales

Exemple

Les bois de sapin étaient souvent transportés dans le passé par voie fluviale car ce bois flotte à la surface de l'eau. En effet, il possède une masse volumique de 0,45 g/cm^3.

Question

Quelle est la masse d'un bois de sapin ayant pour volume 100 cm^3 ?

a. Pourquoi utiliser des lettres dans les calculs ?

Le calcul **littéral** permet de décomposer une difficulté en sous-problèmes plus faciles à résoudre séparément. Pour cela, il a été décidé de représenter chaque grandeur par une lettre : *m* pour masse, *V* pour volume, *I* pour intensité, *U* pour tension…

Ce sont la plupart du temps les initiales des mots mais ce n'est pas toujours le cas car les grandeurs possèdent souvent des initiales identiques. D'autres lettres sont alors utilisées ou même d'autres alphabets, comme l'alphabet grec.

b. Plan à suivre pour la résolution littérale

1. Écris la **définition** ou la **loi** concernant la ou les données fournies.

Définition de la masse volumique : $\rho = \frac{m}{V}$

2. Isole la lettre souhaitée.

Masse : $m = \rho \cdot V$

3. Remplace les lettres par les nombres en convertissant les données dans les unités adaptées, si nécessaire.

Valeur de la masse : $m = 0{,}45 \times 100$

4. Donne le résultat avec le bon nombre de chiffres significatifs et n'oublie pas l'unité.

Pour finir, encadre ton résultat.

$\boxed{m = 45\ \text{g}}$

1 Utiliser le tableau périodique

L'élément azote est le plus présent dans l'atmosphère. Son symbole est N, il a pour numéro atomique $Z = 7$.

a. Quelle est la charge totale de l'atome d'azote ?

....

....

....

b. Combien de protons et d'électrons l'atome d'azote possède-t-il ?

....

....

....

c. En utilisant le tableau périodique, donne le numéro atomique du carbone et de l'oxygène et compare-les à celui de l'atome d'azote.

....

....

....

....

....

....

....

→ Tableau périodique sur le rabat

2 Faire des conversions

Convertis en watt ces puissances électriques :
- lave-linge : 1,5 kW ;
- centrale solaire *Solar One* : 10 MW ;
- centrale du barrage d'Assouan : 2,1 GW ;
- puissance électrique moyenne mondiale consommée en 2016 : 2,6 TW.

→ Fiches outils 3 et 4, pp. 133 et 134

....

....

....

....

....

....

....

....

....

3 Mesurer un pH

Décris les étapes à réaliser pour mesurer le pH d'une solution à l'aide d'un pH-mètre.

→ Fiche outil 5, p. 135

....

....

....

....

....

....

4 Utiliser un tableur

Un objet de masse 0,15 kg est lancé vers le haut à une vitesse de 10 m/s. Complète le tableau ci-dessous en utilisant un tableur. Justifie ta réponse.

v (m/s)	10	8,0	6,0	4,0	0,0
E_c (J)	....	....	....	....	....

....

....

....

....

....

....

5 Écrire le résultat d'un calcul

Un sonar de bateau a repéré différents obstacles et mesuré la durée de l'aller-retour d'un son entre le bateau et chaque obstacle.

Obstacle	Rocher	Fond	Banc de poisson
Δt (ms)	6,8	14,7	2

Calcule la distance entre le bateau et chaque obstacle.

....

....

....

....

....

....

Donnée
Vitesse des ultrasons dans l'eau : $v = 1\,500$ m/s.

→ Fiche outil 8, p. 138

6 Mesurer une force

Différentes masses sont suspendues à des dynamomètres. Relève la valeur de la force indiquée par chacun des dynamomètres :

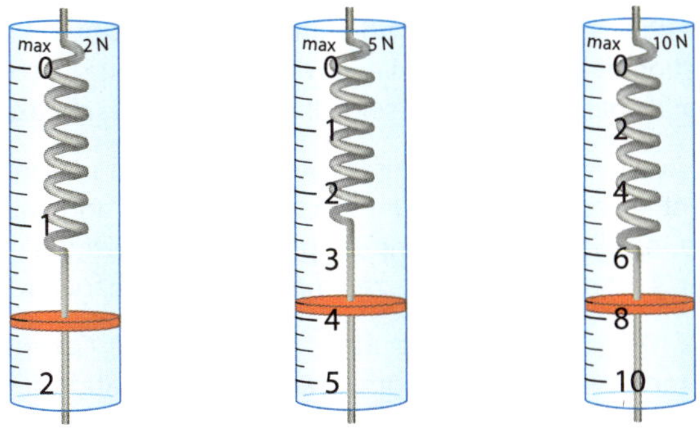

$F =$ .... $F =$ .... $F =$ ....

→ Fiche As-tu compris comment... 3, p. 128

7 Faire des calculs en tenant compte des chiffres significatifs

Tom pèse 60 kg et son scooter de 80 kg se déplace à 9,0 m/s. Calcule l'énergie cinétique de Tom et de scooter.

→ Fiche outil 8, p. 138

8 Représenter une chaîne énergétique

Un panneau solaire photovoltaïque capte le rayonnement solaire et fournit de l'énergie électrique. Une partie de l'énergie est dissipée sous forme d'énergie thermique. Représente le schéma du bilan énergétique d'un panneau solaire.

→ Fiche As-tu compris comment... 2, p. 127

9 Modéliser un graphique avec un tableur

Saisis les valeurs du tableau ci-dessous dans une feuille de calcul, modélise le graphique correspondant et indique la relation mathématique entre U et I.

I (mA)	0	15	32	49	65	80	95
U (V)	0	1,0	2,0	3,0	4,0	5,0	6,0

→ Fiche outil 7, p. 137

10 Convertir des unités de vitesse

Les vitesses de différents véhicules ont été portées dans ce tableau. Complète les cases vides :

	Vélo	Voiture	Avion	Bus
v (m/s)	....	36,0	....	23
v (km/h)	20	....	850	....

→ Fiche outil 3, p. 133

11 Calculer un pourcentage

Un flacon de sérum physiologique est rempli d'une solution de 125 mL d'eau dans laquelle on a dissous 10 g de sel. On considère que la masse de la solution est de 125 g. Sur l'étiquette du flacon, il est indiqué un pourcentage en masse de 8 %.

a. Quelle est la définition du pourcentage en masse d'un soluté dans une solution ?

b. Si on prélève 100 g de la solution, quelle masse de sel y est dissous ?

c. Retrouve, à l'aide d'un calcul, le pourcentage en masse de cette solution.

Le dico

Acide (solution). Une solution acide contient plus d'ions H^+ que d'ions HO^- ; son pH est inférieur à 7.

Acide chlorhydrique. Solution acide contenant des ions H^+ et des ions chlorure Cl^-. Elle agit sur le fer, le zinc et l'aluminium, mais pas sur le cuivre.

Action mécanique. Une action mécanique se manifeste par ses effets sur un objet : elle peut modifier son mouvement ou le déformer.

Alternateur. Un alternateur convertit de l'énergie mécanique en énergie électrique en produisant une tension alternative.

Anion. Ion portant une charge négative et se déplaçant vers l'anode dans une solution conductrice dans laquelle sont plongées des électrodes.

Anode. Électrode reliée à la borne positive d'un générateur. Le courant arrive à la solution conductrice par l'anode.

Atome. Les atomes sont des particules extrêmement petites, éléments fondamentaux de toute la matière qui nous entoure. Ils sont constitués d'un noyau entouré d'électrons.

Basique. Une solution basique contient moins d'ions H^+ que d'ions HO^- ; son pH est supérieur à 7.

BOHR. (Niels, 1885-1962). Physicien danois. Il a reçu le prix Nobel en 1922 pour ses travaux sur un modèle de l'atome qu'il a publiés en 1913.

Calibre. En électricité, ce mot désigne une valeur maximale :
– le calibre d'un appareil de mesure est la valeur maximale que peut mesurer cet appareil avec la fonction sélectionnée ;
– le calibre d'un fusible est la valeur maximale de l'intensité que peut supporter le fusible sans fondre.

Caractéristique. C'est la courbe représentant la tension aux bornes d'un dipôle en fonction de l'intensité du courant qui le traverse. La caractéristique d'une résistance est une portion de droite passant par l'origine.

Cathode. Électrode reliée à la borne négative d'un générateur. Le courant part de la solution conductrice par la cathode.

Cation. Ion portant une charge positive et se déplaçant vers la cathode dans une solution conductrice dans laquelle sont plongées des électrodes.

Chaleur. En physique, le mot « chaleur » est synonyme de transfert d'énergie thermique.

Compteur électrique. Appareil qui mesure, en kWh, l'énergie électrique consommée dans une installation électrique.

Conducteurs (ohmiques). Dipôles ayant la propriété de suivre la loi d'Ohm : $U = RI$. Ils sont caractérisés par leur résistance R, aussi les désigne-t-on souvent par le mot « résistances ».

Consignes de sécurité. Ensemble des instructions à respecter pour minimiser les risques.

Coupe-circuit. Un coupe-circuit est un dispositif de sécurité : il ouvre un circuit électrique en cas d'échauffement ou de surintensité. Il existe plusieurs types de coupe-circuits :
– **à fusible** : un fil ou une cartouche fondent sous l'action d'un courant trop intense ;
– **à disjoncteur** : un interrupteur s'ouvre grâce aux effets magnétiques du courant.

Dihydrogène. Gaz de formule H_2 ; il est très combustible et très peu dense.

Dilution. Opération consistant à ajouter de l'eau à une solution pour diminuer sa concentration.

Dioxyde de carbone. Gaz de formule CO_2 produit par la combustion de tous les matériaux d'origine organique ; il constitue le principal gaz à effet de serre. Il trouble l'eau de chaux.

Disjoncteur. Dispositif de sécurité interrompant automatiquement le passage du courant électrique en cas d'anomalie dans une installation. Fonctionnant par effet magnétique du courant, il est conçu pour être réarmé après dépannage du circuit.

DPE (Diagnostic de Performance Énergétique). Cet ensemble de mesures permet de comparer la consommation d'énergie des logements et de les classer en 7 niveaux allant de « économe » à « énergivore ».

Dynamomètre. Instrument servant à mesurer la valeur des forces. Il est donc gradué en **newton (N)**. ▶

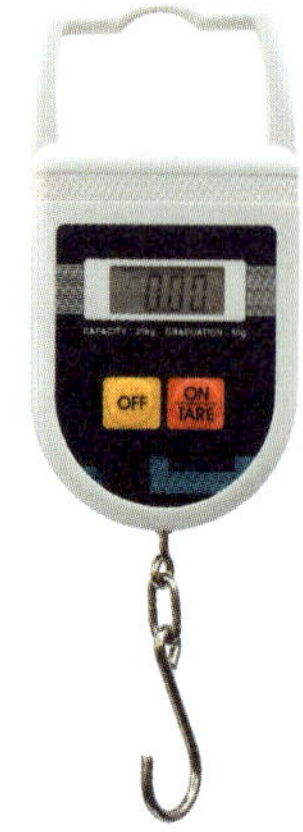

Électrisation. Passage d'un courant électrique dans le corps humain, provoquant des blessures plus ou moins graves.

Électrocution. Cas d'électrisation causant le décès de la victime par asphyxie, arrêt cardiaque…

Électrodes. Éléments conducteurs plongés dans une solution et reliés aux bornes d'un générateur.

Électron. Une des particules constituant l'atome. Les électrons ont une masse très faible et portent une charge électrique négative. Ils constituent le nuage électronique autour du noyau atomique.

Énergie cinétique. Énergie acquise par un corps du fait de sa vitesse. Elle dépend de la masse du corps et de sa vitesse et s'exprime par la formule : $E_c = ½\, mv^2$.

Énergie électrique. Énergie que reçoit un dipôle traversé par un courant électrique ; sa valeur s'exprime en **joule** (**J**). Pour un appareil domestique, cette énergie consommée est mesurée en kWh par le compteur électrique EDF.

Énergie mécanique. Elle est égale à la somme de l'énergie potentielle et de l'énergie cinétique.

Énergie potentielle. Énergie que possède un corps du fait de sa position. Par exemple, l'énergie potentielle de pesanteur d'un corps dépend de son altitude.

Équilibre statique. État d'un objet immobile dans un référentiel donné.

Fission (nucléaire). Transformation de certains noyaux atomiques dits fissiles. Sous l'impact de neutrons, les noyaux fissiles sont brisés en noyaux plus petits, en libérant d'autres neutrons et beaucoup d'énergie. La fission de l'uranium 235 est exploitée dans les centrales nucléaires.

Force. Une force est un segment fléché utilisé pour modéliser une action ou des actions agissant sur un corps. Les éléments définissant une force sont sa direction, son sens, son point d'application et sa valeur qui s'exprime en **newton** (**N**).

Fusion (nucléaire). Transformation dans laquelle des noyaux légers s'unissent pour former un noyau plus lourd, en libérant beaucoup d'énergie.

Fréquence. Pour un phénomène périodique, c'est le nombre de périodes par seconde. Elle est donc égale à l'inverse de la période : $f = 1 / T$. Sa valeur est exprimée en **hertz (Hz)** ; un hertz correspond à une période par seconde.

Gravitation. Phénomène universel désignant une action attractive réciproque entre tous les objets possédant une masse. Sur la Terre, la gravitation porte le nom de pesanteur.

HERTZ. (Heinrich, 1857-1894). Physicien allemand ayant fait de nombreuses découvertes concernant les ondes radio. L'unité de fréquence porte son nom (symbole : **Hz**).

Hydroxyde (ion). L'ion hydroxyde a pour formule HO^- ; il est prépondérant sur les ions H^+ dans les solutions basiques. Il permet d'identifier certains ions métalliques avec lesquels il forme des précipités d'hydroxydes caractéristiques.

Intensité de la pesanteur. Notée g, l'intensité de la pesanteur permet de calculer le poids d'un corps connaissant sa masse par la relation $P = m \cdot g$. À la surface de la Terre, $g = 9{,}8$ N/kg.

Interaction. Ce mot signifie qu'entre deux corps, les actions exercées ou subies sont réciproques. On appelle parfois l'une « action », l'autre « réaction ».

Ion. Les ions sont des particules formées à partir d'atomes ou groupes d'atomes ayant gagné ou perdu un ou plusieurs électrons. Les ions ont une charge électrique ; ils sont positifs (cations) ou négatifs (anions).

Isotopes. Des noyaux atomiques isotopes ont le même nombre de protons, mais diffèrent par le nombre de neutrons. Ils ont donc le même numéro atomique Z, mais des nombres de nucléons différents.

ITER (International Thermonuclear Experimental Reactor). Projet associant 35 pays dans la construction d'un réacteur, dans le Sud-Est de la France, destiné aux recherches sur la fusion nucléaire contrôlée.

JOULE. (James, 1818-1889). Physicien britannique. Il a effectué de nombreuses études sur l'énergie. L'unité d'énergie dans le SI porte son nom (symbole : **J**). ▶

LASER. Émis par une intense source de lumière (Light Amplification by Stimulated Emission of Radiations), un faisceau laser est très fin, a une couleur bien définie et peut se propager très loin sans s'élargir.

Masse. La masse d'un corps est l'une de ses caractéristiques car elle ne dépend que de la quantité de matière qu'il contient. Elle se mesure à l'aide d'une balance et sa valeur s'exprime en **kilogramme** (**kg**) dans le SI.

Modèle. En physique, un modèle est une représentation simplifiée de la réalité permettant d'expliquer le plus simplement possible les observations ou les mesures de phénomènes. *Exemple* : modèle de l'atome.

Neutre.
- Une solution neutre n'est ni acide, ni basique ; son pH est égal à 7,0.
- Un corps électriquement neutre a une charge électrique nulle.
- Dans une installation électrique, le fil neutre a une tension nulle par rapport au sol.

Neutron. Nucléon ayant la même masse que le proton, mais de charge électrique nulle.

NEWTON. (Isaac, 1642-1727). Savant anglais célèbre pour ses travaux sur la gravitation universelle et sur la composition de la lumière. L'unité de force porte son nom (symbole : **N**). ▶

Nombre de masse. Nombre de nucléons d'un noyau atomique.

Nominale (valeur). Les valeurs nominales de la tension, de l'intensité ou de la puissance correspondent au fonctionnement normal d'un appareil électrique.

Noyau (atomique). Constitué de nucléons, le noyau est la partie centrale de l'atome. Il est chargé positivement, ses dimensions sont extrêmement petites et il contient presque toute la masse de l'atome.

Nucléons. Beaucoup plus lourds que les électrons, les nucléons sont les particules constituant les noyaux des atomes : protons et neutrons.

Numéro atomique. Ce nombre, noté Z, désigne le nombre de protons contenus dans le noyau d'un atome ou d'un ion.

OHM. (Georg, 1789-1854). Physicien allemand ; il a découvert la loi qui porte son nom, distinguant tension et intensité. Son nom a été donné à l'unité de résistance électrique (symbole : Ω)

Ohmmètre. Appareil servant à mesurer la résistance d'un dipôle (en **ohm**).

Pesanteur. Nom donné au phénomène de la gravitation au voisinage ou à la surface d'une planète. *Exemple* : la pesanteur terrestre est la cause de l'existence du poids d'un corps.

pH. Ce nombre sans unité est lié à la concentration des ions H^+ dans une solution. Il permet donc de mesurer l'acidité ou la basicité d'une solution. Pour les solutions aqueuses à 25 °C, il est compris entre 0 et 14.

Pictogramme de sécurité. Symbole qui indique la dangerosité d'une substance chimique.

Poids. Le poids d'un corps situé au voisinage de la Terre est dû principalement à la gravitation, c'est-à-dire à l'attraction que la Terre exerce sur ce corps, appelée aussi « force de pesanteur ».

Poids apparent. C'est la force ressentie par le passager d'un véhicule dont la vitesse varie brusquement lors d'une accélération, d'un freinage ou d'un virage.

Précipité. Solide insoluble, en suspension dans un liquide et se formant par suite d'une réaction chimique.

Proton. Nucléon ayant la même masse que le neutron, mais portant une charge électrique positive, exactement opposée à celle de l'électron.

Puissance. Grandeur désignant l'énergie reçue ou fournie par un appareil pendant une seconde. Dans le SI, elle s'exprime en **watt** (symbole : **W**).

Puissance électrique reçue. Cette grandeur (en **W**) correspond à l'énergie électrique reçue par un appareil pendant une seconde. Elle s'exprime par la relation $P = U \cdot I$ avec les unités SI.

Résistance (électrique). Grandeur caractérisant la propriété d'un dipôle à laisser passer plus ou moins facilement le courant électrique ; elle se mesure en **ohm** (symbole Ω).

RUTHERFORD. (Ernest, 1871-1937). Physicien britannique. Il a découvert le noyau atomique et a proposé un modèle planétaire de structure des atomes en 1911.

SCHRÖDINGER. (Erwin, 1887-1961). Physicien autrichien. Il a reçu le prix Nobel en 1933 pour ses travaux sur le modèle de l'atome. ▶

Secteur. Le secteur est le réseau de distribution de l'énergie électrique de ERDF pour les particuliers.

SI (système international d'unités). Le SI définit les unités légales qui doivent être utilisées dans les applications numériques des formules de physique. Les quatre unités de base sont : le **mètre (m)** pour les longueurs, le **kilogramme (kg)** pour les masses, la **seconde (s)** pour les durées et l'**ampère (A)** pour les intensités électriques.

Sons (ou ondes sonores). Les sons sont des vibrations se propageant dans l'air et dans toute matière. Les fréquences des sons audibles par l'oreille humaine sont comprises entre 20 Hz et 20 kHz. Les **ultrasons** ont des fréquences supérieures ; les **infrasons**, des fréquences inférieures.

Soude. Solution d'hydroxyde de sodium ($Na^+ + HO^-$). C'est une solution basique.

Structure lacunaire. Dans l'Univers, la matière connue présente de grands espaces vides. Dans les atomes, elle est concentrée dans les noyaux extrêmement petits ; dans les galaxies, elle est concentrée dans les étoiles, considérablement espacées les unes des autres.

Tableau périodique. Tableau comportant l'ensemble des atomes connus, classés par numéros atomiques croissants et par similitude de leurs propriétés chimiques.

Télémètre. Instrument permettant de mesurer la distance séparant l'opérateur d'un point cible éloigné, grâce à la propagation et à la réflexion d'ondes (ou de signaux) sonores ou lumineux.

Tension alternative. Une tension alternative est variable et elle change de sens au cours de ses variations. Ses valeurs sont alternativement positives et négatives.

Tension continue. Une tension continue conserve une valeur constante au cours du temps.

Tension efficace. C'est la valeur d'une tension alternative mesurée par un voltmètre utilisé en mode « alternatif ». Elle correspond à la tension continue qui produirait le même effet dans une résistance.

Tension du secteur. C'est la tension électrique alternative périodique et sinusoïdale fournie par ERDF aux particuliers. En France, sa valeur efficace vaut 230 V et sa fréquence 50 Hz.

Tension sinusoïdale. Tension alternative périodique et dont la représentation graphique dans le temps est une sinusoïde.

Test d'identification. Opération qui permet de déterminer la présence ou l'absence d'une espèce chimique dans un mélange ou dans les produits d'une transformation chimique. Chaque espèce chimique possède au moins un test d'identification caractéristique.

Transfert thermique (ou chaleur). Au niveau microscopique c'est le transfert d'énergie qui correspond à une modification de l'agitation désordonnée des particules, à la suite des chocs aléatoires qui se produisent entre elles. Un transfert thermique peut s'effectuer suivant trois modes :
- par **conduction** : c'est un transfert thermique provoqué par une différence de température entre deux corps. Il s'effectue, sans déplacement d'ensemble de matière, du corps le plus chaud vers le plus froid ;
- par **convection** : c'est le mode de transfert thermique de proche en proche dans un fluide, avec déplacement de matière, de la zone chaude vers la zone froide ;
- par **rayonnement** : ce mode de transfert thermique, sous forme d'ondes électromagnétiques, s'effectue même dans le vide.

Turbine. Roue ou cylindre muni de nombreuses pales, une turbine tourne sous l'action de l'eau, de la vapeur ou de gaz. Dans les centrales électriques, les turbines entraînent des alternateurs dans leur rotation.

Unités SI ou USI. Unités du système international, c'est-à-dire les quatre unités de base (**m**, **kg**, **s**, **A**) et toutes les unités dérivées, définies à partir des formules de physique.

Uranium. Métal très dense de numéro atomique Z = 92. Il existe plusieurs isotopes de l'uranium mais seul l'uranium 235 peut subir une réaction de fission nucléaire.

WATT. (James, 1736-1819). Ingénieur écossais, célèbre grâce à ses travaux sur la machine à vapeur. Son nom a été donné à l'unité de puissance (symbole : **W**) ▶

Wattheure. Unité usuelle d'énergie électrique (symbole : **Wh**). Les compteurs électriques mesurent la consommation d'énergie électrique en kilowattheure (symbole : **kWh**).

MIXTE
Papier issu de sources responsables
FSC® C022030
FSC www.fsc.org

Bordas est un éditeur qui s'engage pour la préservation de l'environnement et utilise du papier issu de forêts gérées de manière responsable et d'autres sources contrôlées.

Ce cahier a été imprimé en France en Aout 2021 par IPS, imprimeur certifié IMPRIM'VERT®

N° de projet : 10276781 • Dépôt légal : m